1146 698

Späth | Grabitzki
Leben und Arbeit in Balance

Thomas Späth
Sylvana Grabitzki

Leben und Arbeit in Balance

Strategien und Übungen für Trainer, Coaches und Berater

BELTZ

Thomas Späth, Dr., Dipl.-Biologe. Seit 1989 Berater, Trainer, Coach. Schwerpunkte Mentaltraining, Stressmanagement, Life-Balance, Konfliktmanagement und Multiplikatorenschulungen.
Homepage: www.thomas-spaeth.de

Sylvana Grabitzki, Dipl.-Forstwissenschaftlerin. Seit 1998 Prozessberaterin, Trainerin und Coach. Schwerpunkte Life-Balance, Mentaltraining, Konfliktmanagement und Performance-Coaching.
Homepage: www.sylvana-grabitzki.de

Dieses Buch ist auch als E-Book erhältlich
(ISBN 978-3-407-29232-2).

Das Werk und seine Teile sind urheberrechtlich geschützt.
Jede Nutzung in anderen als den gesetzlich zugelassenen Fällen
bedarf der vorherigen schriftlichen Einwilligung des Verlages.
Hinweis zu § 52a UrhG: Weder das Werk noch seine Teile dürfen
ohne eine solche Einwilligung eingescannt und in ein Netzwerk
eingestellt werden. Dies gilt auch für Intranets von Schulen
und sonstigen Bildungseinrichtungen.

© 2012 Beltz Verlag · Weinheim und Basel
www.beltz.de

Lektorat: Ingeborg Sachsenmeier
Herstellung, Satz und Innengestaltung: Sarah Veith
Illustrationen: BlütezeitDesign, Stefanie Rinkenbach
Druck: Beltz Druckpartner GmbH & Co. KG, Hemsbach
Umschlagkonzept: glas ag, Seeheim-Jugenheim
Umschlaggestaltung: Nancy Püschel
Umschlagabbildung: Getty Images, Jonathan Kingston
Printed in Germany

ISBN 978-3-407-36520-0

Inhaltsverzeichnis

↗01 Im großen Ganzen

Einleitung — 8
Zeitgeist im Wandel? — 8
An wen richtet sich dieses Buch? — 9
Wie ist das Buch aufgebaut? — 9
Unsere Arbeitshypothesen — 10
Unser Rollenverständnis — 17

Was ist Balance? — 18
Balance verlieren, Balance gewinnen – Was steckt dahinter? — 18
Orientierungshilfen – Wie bringe ich es rüber? — 21

Das Balancemodell — 26
Das Auf und Ab erkennen – Was steckt dahinter? — 26
Das Auf und Ab gestalten – Wie bringe ich es rüber? — 33

↗02 Acht Strategien zu mehr Balance

Die Balance-8 — 38
Kraft aufbauen und Energielöcher stopfen – Was ist wirklich wichtig? — 38
Wie generieren wir neue Kraft und Energie und wo verlieren wir sie? — 39
Die acht Balancestrategien im Schnelldurchlauf — 41
Die Balancezugänge im Zusammenspiel – Wie bringe ich es rüber? — 44

Mentale Balance 1: Bewusstheit & Signalzone – die Kraft des Jetzt — 49
Bewusstheit als Ratgeber im Alltag – Was ist wirklich wichtig? — 49
Innehalten, Bewusstmachen und Wahrnehmen – Wie bringe ich es rüber? — 59

**Mentale Balance 2: Selbstmanagement –
die Kraft des Wesentlichen** — 68
Die zentrale »Was-ist-wirklich-wichtig?«-Frage — 69
Sich organisieren und behaupten – Wie bringe ich es rüber? — 73

Mentale Balance 3: Einstellungen – die Kraft der Vorstellung — 81
Einstellungen erkennen, annehmen und nutzen –
Was ist wirklich wichtig? — 82
Förderliches fördern, Hinderliches verändern –
Wie bringe ich es rüber? — 93

Mentale Balance 4: Umsetzung – die Kraft der Selbstdisziplin — 118
Gelingende Umsetzung – Was ist wirklich wichtig? — 118
Umsetzung unterstützen – Wie bringe ich es rüber? — 127

**Körper-Balance 1: Bewegung & Körperhaltung –
die Kräfte des Körpers** — 138
Der Körper als Visitenkarte – Was ist wirklich wichtig? — 138
Bewegung und Körperhaltung als Ressourcen –
Wie bringe ich es rüber? — 146

Körper-Balance 2: Entspannung – in der Ruhe liegt die Kraft — 157
Entspannen in bewegten Zeiten – Was ist wirklich wichtig? — 157
Pausen, Schlaf und Muße – Wie bringe ich es rüber? — 164

Körper-Balance 3: Atmung – die Kraft des Atems — 170
Mehr Balance durch Atmung – Was ist wirklich wichtig? — 170
Atemtechniken im Alltag – Wie bringe ich es rüber? — 172

Körper-Balance 4: Ernährung – mehr Kraft aus Nahrung — 183
Ernährung für Kopfarbeiter – Was ist wirklich wichtig? — 183
Tipps für den Alltag – Wie bringe ich es rüber? — 191

↗03 Übergreifende Methoden

Methoden im Vorfeld — 201
Methoden zu Beginn — 205
Methoden während der Veranstaltung — 212
Methoden zum Abschluss — 221
Methoden im Nachgang (Transfer) — 224

Literaturverzeichnis — 231

Im großen Ganzen

- **Einleitung**
- **Was ist Balance?**
- **Das Balancemodell**

↗ 01

Einleitung

Zeitgeist im Wandel?

»Unser Wirtschaftssystem wandelt sich rapide von einer Geld- in eine Zufriedenheitswirtschaft. Diese Trendkurve ist an- und absteigend (sind Jobs rarer, zählt persönliche Zufriedenheit etwas weniger; gibt es Jobs im Überfluss, zählt persönliche Zufriedenheit mehr), aber der Gesamttrend geht mit Bestimmtheit in Richtung persönlicher Zufriedenheit.« Das schreibt Martin Seligman, »der Freud des 21. Jahrhunderts« gemäß *Psychology Today*, einer der einflussreichsten modernen Psychologen und die Leitfigur der positiven Psychologie, in seinem Bestseller »Der Glücksfaktor« (Seligman 2011, S. 263).

Auf der anderen Seite stehen die vielerorts nachlesbaren (validierten) Zahlen, Daten und Fakten über die dramatische Zunahme psychischer Erkrankungen innerhalb der letzten Jahre, die massiv ansteigenden Kosten im Gesundheitswesen durch Stressstörungen (nicht nur am Arbeitsplatz) und die wachsende Unzufriedenheit am Arbeitsplatz. Die Burnout-Thematik hat Einzug gehalten in alle gesellschaftlichen Schichten, in Boulevardblätter und in Schwarzwälder Stammtischgespräche (und das will was heißen).

Was denn jetzt? Zufriedenheitswirtschaft oder Burnout-Kultur? – Die New York Times titelte: »Geld kann wirklich kein Glück kaufen« (19. Mai 2001), basierend auf den Daten, dass das Realeinkommen in den USA innerhalb der letzten 30 Jahre um 16 Prozent angestiegen ist, während der Prozentsatz der Menschen, die sich als glücklich bezeichnen, von 36 Prozent auf 29 Prozent gesunken ist. Aber woher kommen dann Glück und Zufriedenheit?

Dieser Frage gehen wir in unserem Buch nach. Wir erläutern in den Kapiteln »Was ist Balance?« und »Das Balancemodell« die Verbindung zwischen Zufriedenheit und Balance und zeigen in Teil 2 (»Acht Strategien zu mehr Balance«) die verschiedenen Wege dazu auf. Das zentrale Anliegen des Buches ist zum einen, die wesentlichen Hintergründe und Fakten dazu in Essenz darzureichen (»Was ist wirklich wichtig?«) und zum anderen, unsere mehr als 30 Jahre Praxiserfahrung an Methoden, Übungen und Strategien (»Wie bringe ich es rüber?«) anderen Multiplikatoren zugänglich zu machen.

Beispiel

Downloads

Info

Übung

An wen richtet sich dieses Buch?

Dieses Buch richtet sich in erster Linie an Menschen in lehrenden, beratenden, begleitenden und unterstützenden Berufen, wie Berater, Trainer, Coaches, Seminarleiter, Lehrer, aber auch Personalentwickler. Der Einfachheit halber im Weiteren nur noch als »Multiplikatoren« bezeichnet. Die Grundidee von diesem Buch ist, Multiplikatoren unser Praxiswissen an die Hand zu geben, damit sie einerseits die eigene Balance von Leistungsfähigkeit und Regeneration (zum Beispiel das Abschaltenkönnen) bewahren, andererseits diese Fähigkeit auch weitergeben können. Wer dieses Wissen für sich tagtäglich in die Praxis umsetzt, ist geradezu prädestiniert, dieses Thema anderen Menschen authentisch zu vermitteln und damit den Bedarf an authentischen Vorbildern zu bedienen. Der besondere Fokus auf faktische Essenzen und methodisches Praxis-Know-how soll Multiplikatoren helfen, Balancekompetenzen inhaltlich und methodisch für die eigene Zielgruppe aufzubereiten.

Letztlich wird hier jeder, der sein Geld mit dem Kopf verdient, konkrete Anregungen und Hilfestellungen finden, die eigene Balancefähigkeit zwischen Hochleistung und Regeneration zu optimieren oder vielleicht einfach Bestätigung zu finden.

Als Multiplikatoren wissen wir um den hohen Druck in unserer Branche, täglich Spitzenleistungen zu erbringen, und wissen aus eigener Erfahrung, wie wichtig Regeneration für die nachhaltige Performance ist. Wir sehen leider auch viele »Kopfarbeiter« (vor allem viele Führungskräfte, aber auch Kollegen), die mehr ernten als säen, langfristig wahrscheinlich auf Kosten ihrer Performance und ihrer Gesundheit. Wir hoffen, mit diesem Buch viele Menschen zu erreichen, die für sich selbst und für andere einen Weg suchen, ausgeglichener, gesünder und zufriedener zu sein, um sich für die Herausforderungen des Lebens besser aufzustellen.

Wie ist das Buch aufgebaut?

Auf den Seiten 18 ff. und 38 ff. erhalten Sie einen Überblick über das, was Menschen nachhaltig balanciert, sie also ausgeglichen, stark und zufrieden macht. Das Balancemodell (s. S. 26 ff.) erklärt und veranschaulicht die Gesetzmäßigkeiten von Balance, die Balance-8 stellt die acht konkreten Balanceansätze vor. In den anschließenden acht Kapiteln führen wir die acht Balanceansätze kurz und prägnant ein (»Was ist wirklich wichtig?«) und beschreiben die Praxisübungen als methodische Herangehensweise (»Wie bringe ich es rüber?«). Die Praxisübungen – über Jahre entwickelt und angepasst – sind so konzipiert, dass sie Menschen berühren, motivieren und dadurch helfen, die Umsetzung in die Alltagspraxis und damit den (Lern-)Transfer zu erleichtern. In Teil 3 (»Übergreifende Methoden«) beschreiben wir eine Reihe weiterer, übergeordneter Methoden, die den verschiedenen Phasen einer Veranstaltung zugeordnet sind.

Der einheitliche Aufbau in Hintergrund (»Was ist wirklich wichtig?«) und die Methoden (»Wie bringe ich es rüber?«) dient der Klarheit und der Orientierung. Die Methoden sind in Steckbriefen einheitlich und übersichtlich beschrieben. Die Sensibilisierung für mögliche »Stolpersteine« soll dem Leser helfen, die uns bereits bekannten Fallen schnell zu erkennen und zu vermeiden.

Unsere Arbeitshypothesen

Erfahrungsorientierung, Ressourcenorientierung und Lösungsorientierung sind unsere grundlegenden Arbeitshypothesen. Sie bilden das »Rückgrat« oder besser noch das »Herz« unserer Arbeit. Von der Wirksamkeit dieser Herangehensweisen sind wir – dank der vielen Jahre unterstützender Begleitung und Beratung von Menschen – zutiefst überzeugt.

Das berühmte Zitat »Alles Wissen ist an Erfahrung gebunden« von Jean Piaget (siehe folgenden Literaturtipp) wird von der Hirnforschung mittlerweile eindrucksvoll belegt. Unsere methodischen Wurzeln, mit langer Erfahrung in der Multiplikatorenschulung, liegen in der Hirnforschung und der Erlebnispädagogik. Erlebnispädagogik ist Erfahrungs- und Handlungslernen.

> **Literaturtipp:**
>
> Im »Handbuch Bildung, Training und Beratung« von Karl F. Meier-Gantenbein und Thomas Späth (2012) finden Sie dazu in den Kapiteln »Hirnforschung: Gebrauchsanleitung für das menschliche Gehirn« und »Handlungslernen: Training by Doing« ausführliche Informationen. Hier eine kurze Zusammenfassung der Kapitel:

- **Hirnforschung:** Die moderne Hirnforschung zeigt, dass Wissen kein objektiver Tatbestand ist, sondern eine aktive und individuelle Konstruktion, die auf persönlichen Erfahrungen basiert. Lernen sollte daher Emotionen wecken, im besten Falle Neugier und Begeisterung. Lernen sollte zudem in einem förderlichen Rahmen stattfinden, der das Ausprobieren ermöglicht und an bestehenden Erfahrungen anknüpfen lässt. Lernen braucht praxisnahe Beispiele, ein Einbeziehen unwillkürlicher und körperorientierter Methoden und emotional attraktive Ziele. Und: Lernen benötigt zur Integration Wiederholungen, reichlich Schlaf und reizarme Ruhephasen. Das sind die entscheidenden Botschaften der Hirnforscher.
- **Handlungslernen:** Von Aristoteles bis hin zu John Deweys »Learning by Doing« zieht sich Handlungslernen als roter Faden durch die Geschichte des Lernens. Handlungslernen lässt sich als ein ganzheitlicher Ansatz definieren, der die Möglichkeit bietet, neues Verhalten zu erproben und zu integrieren. Ziel ist es, Menschen zu entwicklungsfördernden Erlebnissen, Erfahrungen und Einsichten zu verhelfen. Entscheidend für eine höhere Umsetzungswahrscheinlichkeit der individuellen Lernerfahrungen in das Alltagsverhalten ist die gelungene Verbindung zwischen Erlebnis und Reflexion, unterstützt durch den Trainer (Coach, Berater). Handlungslernen stellt in idealer Weise den Rahmen für das Lernen miteinander in »reiz«vollen Situationen bereit und ist daher nicht mehr aus der modernen Trainingsszene wegzudenken.

Der Ressourcenorientierung liegt die Annahme zugrunde, dass Menschen alle notwendigen Ressourcen zwar in sich tragen, sie diese nur nicht zu jeder Zeit und in jedem Kontext abrufen können. Alle uns bekannten systemischen und humanistisch-psychologischen Schulen folgen dieser Annahme. Besonders relevant wird die Ressourcenorientierung beim Konzept des verdeckten Nutzens (synonym: positive Absicht) »hinderlicher« Einstellungen und deren »unangenehmen« Folgeerscheinungen, wie zum Beispiel Störgefühle und körperlicher Schmerz. So ergeben Phänomene wie »schlechtes Gewissen« (als Erinnerung an bestimmte Einstellungen), »Faulheit« (als Energiesparmodus), »Angst« (als Schutzmechanismus) oder »regelmäßige Migräneanfälle« (als Ruheimpuls) plötzlich Sinn und können für Veränderungen utilisiert werden. Wir beschreiben dazu viele praktische Beispiele.

Der Lösungsorientierung haben wir nachfolgend noch einen separaten Abschnitt gewidmet.

Nicht zuletzt sind unsere drei grundlegenden Arbeitshypothesen identisch mit den zentralen Wirkfaktoren für das Gelingen von Veränderungsprozessen bei Menschen, die Professor Klaus Grawe in seiner richtungsweisenden Metaanalyse von 897 Wirksamkeitsstudien herausgearbeitet hat (siehe Grawe 2001).

Im Folgenden beschreiben wir acht weitere Arbeitshypothesen, die vor allem in Bezug auf das Thema dieses Buches relevant sind.

»Gedankenkarussell« als Berufskrankheit – »Gedankenhygiene« als Lösungsstrategie Ein Mann, der täglich auf der Baustelle ranklotzt und seinen Körper einseitig belastet, wird früher oder später über Rückenbeschwerden klagen. Weniger offensichtlich ist der Fall bei Menschen, deren Kapital ihr Gehirn ist. Menschen, die ihr Geld mit dem Kopf verdienen, speziell die Menschen in lehrenden Berufen, haben die »Denk«-Fähigkeit perfektioniert. Ein Gehirn, das nach einem Acht- (oder mehr) Stundentag hochbezahlt nach Hause geht, macht, was es am besten kann: Weiterdenken. Um den Vergleich zu bemühen: Bauarbeiter haben es im Kreuz, Kopfarbeiter im Gehirn.

Wir wissen heute (siehe Übung »Gedanken zählen«, S. 59 f.):

- Kopfarbeiter denken etwa 50.000 Gedanken pro Arbeitstag.
- Zu 90 Prozent denken wir stets das Gleiche.
- Die meisten Menschen haben einen (unbewussten) Fokus auf Probleme.

Zählt man diese drei Fakten zusammen, haben wir ursächlich verstanden, warum Kopfarbeiter oft nicht abschalten können, unter innerer Unruhe, Nervosität, Gereiztheit oder Schlafstörungen leiden.

Der Lösungsansatz, den wir in unserer Arbeit verfolgen, zielt erstens darauf, sich durch Training des Denkens bewusst zu werden. Wenn wir erst einmal gelernt haben, uns unserer gedanklichen Endlosschleifen bewusst zu werden, gewinnen wir selbst die Wahl, ob wir einen Gedanken weiterdenken oder ob wir den Gedanken loslassen. Durch die entstehende »Lücke« gewinnen wir achtsame Kontrolle beziehungsweise Bewusstheit. An zweiter Stelle steht die Fähigkeit zur quantitativen Reduktion der Gedanken. In Zeiten, wo ein gedankliches »Mehr desselben« nicht hilfreich ist, wie zum Beispiel in Regenerationsphasen, wünschen wir uns manchmal den Knopf zum Abschalten, finden ihn jedoch nicht. Mentale Kontrolle über unsere Gedanken zu erreichen ist für jedermann machbar. Es braucht lediglich Training. Der Lohn ist die Kompetenz zur Gedankenhygiene und damit der Zugang zu innerer Ruhe und Abschaltenkönnen.

▶ **Kurz gesagt:** Je mehr Bewusstheit, desto mehr Gedankenhygiene.

Gefühle sind im Körper materialisierte Gedanken Mit dieser Aussage liefert die moderne Hirnforschung spannende Hinweise über die Wechselwirkungen von Gehirn und Körper: Gedanken erzeugen Gefühle. Wie bereits beschrieben, denken Menschen – speziell Kopfarbeiter – viel. Wenn nun die Gedanken um ein Problem, eine Sorge kreisen (was leider oft der Fall ist), ist die Wahrscheinlichkeit hoch, dass diese Gedanken unangenehme Gefühle (wir nennen diese »Störgefühle«) erzeugen. Zu den sorgenschweren Gedanken stellt sich also bald ein ebenso schweres Gefühl ein. Das Gefühl wechselwirkt wieder mit den Gedanken und liefert neues Futter für neue sorgenvolle Gedanken. Auf diese Weise stabilisiert sich ein unangenehmes Gefühl. Die gute Nachricht ist, dass sich auch Störgefühle wieder abbauen, wenn kein gedanklicher Nachschub geboten wird. Die Hirnforschung sagt, dass ein bestimmtes Gefühl ungefähr 30 Sekunden braucht, bis es aus einem Gedanken entsteht und etwa 90 Sekunden, bis es wieder »verstoffwechselt« ist. Achtsame Kontrolle der Gedanken erscheint auch deshalb als eine zielführende Strategie für mehr »Stimmungsmanagement« im Hinblick auf Zufriedenheit.

▶ **Kurz gesagt:** Je mehr Bewusstheit, desto mehr aktives Stimmungsmanagement.

Negativer Stress ist ein gedanklich vorweggenommener negativer Zustand Die meisten Erfolge erreicht man zuerst im Kopf. So verhält es sich auch mit Misserfolgen. Führende Stressforscher vertreten die These: Negativer Stress ist hausgemacht. Wir denken entweder an alles, was schiefgegangen ist, was schiefgehen könnte, was noch nicht gut genug ist, oder wir fühlen uns getrieben und sind gedanklich schon beim nächsten Schritt. Unkontrolliertes (unbewusstes) Denken in Form von negativen Vergangenheits- und Zukunftsszenarien ist eine der Hauptstressquellen. Daraus entstehen zum Beispiel Frust, Ärger, Niedergeschlagenheit, Ängste und Sorgen. Auch hier können wir mit dem Hebel Bewusstheitstraining und mentalen Strategien ansetzen.

▶ **Kurz gesagt:** Je mehr Bewusstheit, desto weniger Stress.

Mehr Umsetzungserfolg mit »emotional attraktiven« Zielen Was motiviert uns, das zu tun, was wir tun? Was motiviert uns beispielsweise, die Strapazen einer langen Flugreise auf uns zu nehmen? Oder morgens zwei Stunden vor Arbeitsbeginn aufzustehen, um zu joggen, gemeinsam mit der Familie zu frühstücken oder zu meditieren? Vermutlich, weil es uns hinterher besser geht als vorher und weil es uns – langfristig gesehen – guttut. Beides bedeutet »besser fühlen als«, bei beidem bietet das Ziel eine emotionale Attraktion. Das ist der zentrale Beweggrund für unsere Erfahrungsorientierung. Unsere Teilnehmer erhalten die Chance auf einen bunten Blumenstrauß selbstgemachter Erfahrungen. Ist die Erfahrung positiv, kann sie zur emotionalen Attraktion werden. Erst mit diesem emotional attraktiven Referenzgefühl kann ein Veränderungs*angebot* zu einem persönlichen Umsetzungs*ziel* werden. Folglich finden Sie zu jedem Balanceangebot eine angeleitete Übung, die Sie für sich selbst und für Ihre Zielgruppe nutzen können.

▸ **Kurz gesagt:** Je emotional attraktiver das Ziel, desto größer die Umsetzungswahrscheinlichkeit.

In Lösungen denken statt in Problemen »Wer verändern will, sucht Lösungen. Wer nicht verändern will, sucht Gründe«, so der pfiffige Spruch der »Weightwatchers«. Wie bereits erwähnt, sind wir davon überzeugt, dass eine konsequente Lösungsorientierung in unserer Arbeit hilfreich, weil zielführend ist. Als Berater und Begleiter in Veränderungsprozessen haben wir die Erfahrung gemacht, dass eine gewisse Penetranz zur Lösung bisweilen sogar vonnöten ist. In diesem Sinne muten wir unseren Klienten immer wieder Fragen zu (wertschätzend, aber bestimmt), wie zum Beispiel: »Was wäre eine mögliche Lösung?«, »Bislang war …, was könnten Sie ab jetzt …?«, »Angenommen, Sie würden …, was erwarten Sie …?« oder »Was genau werden Sie tun, wenn der Stressfaktor XY wieder da ist?«. Im Kapitel »Umsetzung – die Kraft der Selbstdisziplin« (s. S. 118 ff.) beschreiben wir ausführlich, wie lösungsorientierte Ziele mit ihrer »emotionalen Attraktivität« Zugkraft entwickeln und Veränderungsvorhaben Energie geben.

▸ **Kurz gesagt:** Je mehr Lösungsorientierung, desto mehr Veränderungsenergie.

Kleine Veränderungen mit großer Wirkung In unserer »Vollgasgesellschaft« wird das Potenzial, das kleine Schritte entfalten können, meist unterschätzt.

In unserer Arbeit haben wir häufig gesehen, dass mehr als ein kleiner Schritt Umsetzung oft nicht gegangen werden kann. Viele unserer Kunden stehen unter so starkem Druck, dass wenig freie Kapazitäten für Veränderungen zur Verfügung stehen. Für uns als Lehrende ist es daher wichtig, die Veränderungsfähigkeit und -willigkeit unserer Zielgruppe sehr einfühlsam und klar zu sehen. Allerdings sind kleine Schritte nicht zwangsläufig schlechter als große. Im Gegenteil, der Bedarf an kleinen Veränderungen ist alltagsnäher und erfolgversprechender.

In Bezug auf die Balance unserer Teilnehmer lauten die Fragen folglich: »Welches konkrete kleine Umsetzungsziel, welches überschaubare Umsetzungsvorhaben nehmen Sie aus der Maßnahme mit?«, »Welchen Dominostein stoßen Sie als Erstes an?«, »An welchem Schräubchen werden Sie als Erstes drehen?«

▶ **Kurz gesagt:** Ein kleiner Schritt für Sie ist ein großer Schritt für Ihre Balance.

Innerlich gestärkt – äußerlich gewappnet Die in diesem Buch vorgestellten acht Balancestrategien zielen auf Ausgleich, Stärkung und Flexibilisierung unseres mentalen, emotionalen und körperlichen Zustands. Wir sind davon überzeugt: Wer sich in einem energievollen, ressourcenreichen Zustand befindet, ist gewappneter für die Herausforderungen und Widrigkeiten, denen wir tagtäglich begegnen. Darüber hinaus glauben wir: Wir können nur dann andere Menschen unterstützen und gute Arbeit machen, wenn wir selbst über genügend Kraft und Energie verfügen. Bildlich gesprochen können wir nur dann Geld ausgeben, wenn der Geldbeutel voll ist. Wir bieten ein Handwerkszeug, das es Menschen vor allem in lehrenden Berufen ermöglicht, auch unter Stress häufiger Gelassenheit und Souveränität zu bewahren, öfter zur inneren Ruhe finden und abschalten zu können sowie sich auf Herausforderungen gezielter einstellen zu können. Die Hebel für unsere persönliche Balancekompetenz liegen in uns, nicht außerhalb von uns.

▶ **Kurz gesagt:** Je mehr Ausgeglichenheit und innere Stärke, desto besser im Umgang mit der Mitwelt.

Mustererkennung und Musterprägung anstelle von Detailflut Unser Gehirn ist grundsätzlich ein »Mustererkenner«. Aus der enormen Fülle von Detailinformationen, die permanent auf uns eindringen, versucht unser Gehirn, Sinn und Orientierung durch das Erkennen von Mustern zu gewinnen. Es versucht, den Wald anstelle aller Einzelbäume zu erkennen. Wenn jedoch zu viele Informationen in zu kurzer Zeit, bei gleichzeitig zu wenig Gehirnregeneration, ungefiltert auf unser Gehirn eindringen, tritt diese Mustererkennung zugunsten von Detailorientierung zurück. Das Gehirn verliert den Überblick und hält sich – um nicht völlig Orientierung und Kontrolle zu verlieren – am »Strohhalm« Detail fest. Eine Situation, die im heutigen Informations-, Kommunikations- und Hochgeschwindigkeitszeitalter fast schon normal ist. Die Ursache vieler mentaler und emotionaler Disbalancen – Sinnkrisen, Orientierungs- und Priorisierungsschwierigkeiten sowie Stressstörungen und Burnout – liegen darin begründet. Deshalb versuchen wir, unseren Teilnehmern Mustererkennung systematisch nahezubringen und zu trainieren. Unsere Methoden zielen daher auf Mustererkennung (zum Beispiel bei den Selbsttests, in den Übungsreflexionen und in den kollegialen Coachings). Auch die Fakteninputs sind auf Muster und Essenzen »eingedampft«. Im Rahmen der Ausführungen im Kapitel »Einstellungen« (Einführung, s. S. 81 ff.), zur Übung »Zwei Fäuste« (s. S. 172 f.) und der »Erfahrungspyramide« (s. Abbildung auf S. 53) beschreiben wir die Muster, wie unser Gehirn arbeitet.

▶ **Kurz gesagt:** Je mehr Mustererkennung, desto mehr Orientierung in der Informationsflut.

Ferner nutzen wir die dem Gehirn innewohnende Mustererkennung, um (balance-)förderliche Muster aufzubauen. Daher arbeiten wir mit Musterprägung. Muster (Einstellungen) entstehen zum einen durch Emotionalisierung (je stärker die Emotion, desto prägender): Wir müssen zum Beispiel »den Griff auf eine heiße Herdplatte« nicht 15-mal trainieren. Zum anderen entstehen sie durch Wiederholung (je häufiger, desto prägender): So arbeitet zum Beispiel Werbung. Daher arbeiten wir – stets für die Teilnehmer transparent – methodisch so oft wie möglich mit Musterprägung, das heißt wir emotionalisieren und wiederholen viel.

▶ **Kurz gesagt:** Je mehr Emotionalisierung und Wiederholung, desto besser die Musterprägung.

Nicht zuletzt arbeiten wir mit Musterbrüchen, um unsere Teilnehmer auf (meist unbewusste) alte Muster hinzuweisen (siehe zum Beispiel die Übung »Zitategalerie«, S. 206 f., oder die Reflexionsleitfragen beim »Kollegialen Coaching«, S. 215 ff.). Das Ziel von Musterbrüchen ist, zu irritieren (nämlich das alte Muster) und zu emotionalisieren. Beides bringt unsere Hirnzellen zum Glühen und schafft dadurch überhaupt erst die Voraussetzung für Veränderung. Momente derart erhöhter Aufmerksamkeit ermöglichen den Teilnehmern, neue Angebote offener anzunehmen.

▶ **Kurz gesagt:** Je stärker die alten Muster, desto wichtiger sind Musterbrüche.

Unser Rollenverständnis

Unser Rollenverständnis als Dienstleister lässt sich gut mit einem guten Lebensmittelgeschäft vergleichen: Wir sind gut sortiert und haben nur im Angebot, was wir selbst (aus-)probiert haben und empfehlen können. Dabei versuchen wir, möglichst vielen Geschmäckern etwas anzubieten. Wir haben kein Patentrezept und nicht alle können mit allem. Wir machen Angebote. Probieren Sie es aus. Wenn Ihnen etwas von dem, was wir hier vorschlagen, zusagt, nehmen Sie es mit, wenn nicht – lassen Sie es stehen.

Es ist uns ein zentrales Anliegen, Menschen dahingehend zu unterstützen, mehr Ausgeglichenheit, Gesundheit und Zufriedenheit zu finden. Da dies oft mit einem Erkennen und einer Veränderung alter Muster einhergeht, versuchen wir Menschen im positiven Sinne nahezutreten, sie zu berühren und manchmal auch zu irritieren.

Download Arbeitsblätter, Tests und weiteres Zusatzmaterial zum Downloaden finden Sie auf der Homepage des Beltz Verlags unter www.beltz.de direkt beim Buch.

Was ist Balance?

»Wir sind immer in einer Übergangsphase.«
Trungpa Rinpoche

Balance verlieren, Balance gewinnen – Was steckt dahinter?

Die Geschichte vom Hochseilartisten: »Ein Kind schaut staunend einem Hochseilartisten zu, wie er in schwindliger Höhe über das schmale Seil balanciert. Voller Bewunderung fragt das Kind später: »Wie machst du das nur, dass du nie dein Gleichgewicht verlierst?« Darauf erwidert er: »Ich habe mein Gleichgewicht ständig verloren, aber ich finde es auch immer wieder.«

Sehr treffend beschreibt diese Geschichte unser Verständnis von Balance. Es ist das eines dynamischen Fließgleichgewichts. Das heißt, wir (genauer: unser Denken, Fühlen und Handeln) bewegen uns permanent in meist kurzen Phasen (wie der Hochseilartist) von Gleichgewicht, Ungleichgewicht und den Übergängen dazwischen. Wie in der Abbildung (s. S. 26) zu sehen, ist ein Gleichgewicht aus unserer Sicht ein dynamischer Prozess, bei dem wir aktiv (wie der Hochseilartist oder wie ein Surfer) versuchen können, die Amplituden der jeweiligen Phasen elegant zu surfen. Surfen, indem wir zum Beispiel Hochleistung durch gute Regeneration ausgleichen. Außerdem können wir aktiv versuchen, die Spitzen der Amplituden zu puffern, indem wir Über- und Unterforderungen, Stressspitzen und Erschöpfungszustände erkennen und reduzieren.

Aus unserer Sicht geht es also weniger darum, den Fokus darauf zu richten, das Gleichgewicht nicht zu verlieren, sondern einen passenden Ausgleich zur aktuellen Phase zu finden. Vergleichbar einem Surfer, der beides braucht, Wellentäler und Wellenkämme, um einen guten, prickelnden und kraftvollen Wellenritt zu surfen. Das Leben, insbesondere das Lehren und das Arbeiten mit Menschen, ist voller Impulse, die uns aus dem Gleichgewicht bringen können. Wer diesen Beruf kennt, weiß das. Wir setzen den Fokus auf die Möglichkeiten, wie wir die Wellen unseres Lebens als Lehrende kraftvoll und mit Freude surfen können und immer wieder schnell zurück in unsere Mitte finden wie der Hochseilartist. Damit meinen wir das aktive Gestalten unserer Balance im Sinne eines Balancemanagements, wie wir es mit der Balance-8 in Teil 2 beschreiben.

Wege zu mehr Balance beginnen mit einer Standortbestimmung Klarheit über die eigene momentane Befindlichkeit hilft, den nächsten Schritt zu beschreiben. Den besten Überblick über eine Situation verschafft man sich aus der Vogelperspektive: Erst der Überblick, dann die Details. Auf dieser Flughöhe bieten die vier Lebensbereiche Leistung, Körper, Kontakt und Muße einen hilfreichen Kompass.

Leistung Leistung ist »Geben«. Leistung ist physikalisch gesehen »Arbeit pro Zeit« (und Arbeit ist »Kraft mal Weg«), also in Leistung steckt Zeit und Kraft, unsere Zeit und unsere Kraft. Leistung bringen wir im Job: Leistung für Geld, Leistung, um etwas zu bewegen, Leistung für Anerkennung. Für die meisten geht Leistung nach der Arbeit weiter: Mancher trainiert für den (Halb-)Marathon, ist in Vereinen oder politisch engagiert oder »leistet sich sogar« Partner oder Familie, die ebenfalls Ansprüche an Zeit und Kraft stellen.

Körper Schon in der Antike war bekannt: »In einem gesunden Körper steckt ein gesunder Geist.« Doch Wissen heißt noch nicht Tun, das wissen wir nur zu gut. Oft hören wir in unseren Veranstaltungen: »Früher, als ich noch Zeit hatte, da habe ich regelmäßig Sport gemacht!« oder »Für Bewegung bleibt mir keine Zeit«. Der körperliche Ausgleich wird bei vielen Menschen als Erstes geopfert – keine Zeit, keine Lust, keine Kraft. Ein bemerkenswertes Muster ist, dass Menschen, die aus Krisen (zum Beispiel Burnout, Krankheit, Trennung) gestärkt hervorgegangen sind, ihren Körper wieder wichtiger nehmen und ihre Gesundheit proaktiv gestalten.

Kontakt Hierunter fallen alle beruflichen (zum Beispiel Teilnehmer, Kunden, Kollegen, Chefs) und privaten Sozialkontakte (zum Beispiel Partner, Familie, Freunde, Bekannte). Besonders für Lehrende macht Kommunikation (auf der Sach- und Beziehungsebene) einen Großteil der Tätigkeit aus. Dauer und Häufigkeit der Kontakte und der Kontaktformen (zum Beispiel Internet, Mobiltelefone, Web-Ex, Telkos, Meetings) haben in den letzten Jahren dramatisch zugenommen, mit viel zusätzlichem Zeit- und Krafteinsatz.

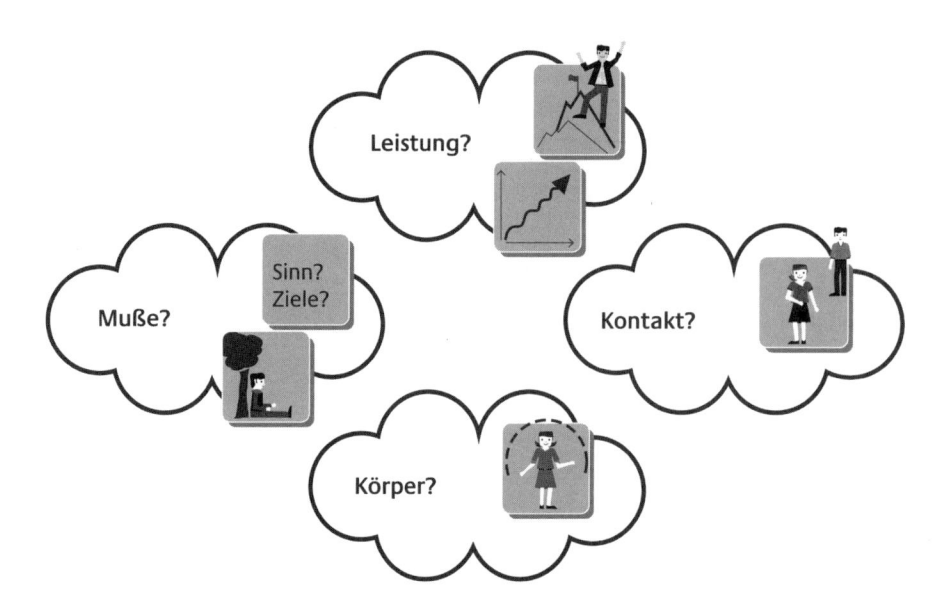

Der Balancekompass der vier Lebensbereiche (verändert nach Peseschkian)

Muße »Muße« ist ein altdeutsches Wort und beschreibt die Zeit, die man für sich selbst hat. Im Wort Muße steckt auch »Maß (halten)«. Während man bei den Kontakten »im Außen« ist, meint Muße »im Kontakt mit sich« zu sein, Zeit für sich zu haben und Kraft für sich zu schöpfen. Muße für sich zu haben scheint heute (noch) häufig ein Makel zu sein. Wer heute Zeit hat, ist entweder arbeitslos, krank oder faul. Hier deutet sich erfreulicherweise ein Bewertungs- und Paradigmenwechsel an. Früher, in Zeiten von Goethe und Bismarck, war Muße ein Statussymbol. Wer Muße hatte, der war was wert. Sowohl Goethe als auch Bismarck haben sich – trotz ihrer vielen Ämter – oft wochenlang zurückgezogen, für Muße und Inspiration. Bundeskanzlerin Angela Merkel wochenlang auf den Malediven? Kaum vorstellbar. Muße heißt auch Innehalten und Reflektieren, die Zeit zum Nachdenken über Sinn und Ziele.

Orientierungshilfen – Wie bringe ich es rüber?

Die nachfolgenden Übungen zielen darauf ab, den Teilnehmern (Klienten) einen erfahrungsorientierten (Balancekompass), handlungsorientierten (Körperübung »Wie der Hochseilartist«) und/oder einen intuitiv-metaphorischen Zugang (Geschichten) zum Thema »Balance« zu eröffnen.

Übung: Balancekompass

Ziel: Standort- und Zielbestimmung (15–20 Minuten). »Warmstart« mitten in das Thema hinein.

Methode: Soziometrie im Plenum mit Interviews.

Material: Vier Bodenanker (Papierwolken oder große Kärtchen) »Leistung«, »Körper«, »Kontakt«, »Muße«.

Kernleitfragen: Wo stehen Sie jetzt? Wohin richten Sie sich (möglicherweise) aus?

Reflexionsleitfragen:
- Wo in diesen vier Lebensbereichen sehen Sie sich derzeit? Wohin geben Sie Ihre Zeit und Ihre Kraft? »Wieso stehen Sie hier (und nicht woanders)?« (A)
- Wovon hätten Sie gerne mehr? Wofür hätten Sie gerne mehr Zeit/mehr Kraft? (B)

Beschreibung:
- **Schritt 1:** Legen Sie die vier Bodenanker (»Leistung« gegenüber »Körper«, »Kontakt« gegenüber »Muße«) im Raum so aus, dass sich bequem alle Teilnehmer dazwischen positionieren können.
- **Schritt 2:** Beschreiben Sie die vier Lebensbereiche kurz und prägnant (wie auf den Seiten vorher beschrieben).
- **Schritt 3:** Lassen Sie die Teilnehmer sich dann zu den Reflexionsleitfragen (A) in den Raum stellen und führen Sie Interviews entlang dieser Reflexionsleitfragen.
- **Schritt 4:** Nach einigen Interviews stellen Sie die Reflexionsleitfragen (B) und fordern die Teilnehmer erneut auf, sich zu diesen Fragen in den Raum stellen. Führen Sie auch hier kurze, informative Einzelinterviews.

Variation 1: Bei wenig Zeit oder größeren Gruppen ist es geschickter, wenn die Teilnehmer sich gegenseitig interviewen (Zweier- bis Dreiergruppen, beispielsweise die Teilnehmer, die am nahsten zueinander stehen). Dabei lernen sich die Teilnehmer auch gleich etwas kennen.

Variation 2: Man kann den dritten Schritt, wie bei Variation 1, auch als Teilnehmerinterview machen und Schritt 4 dann mit Einzelinterviews durchführen, um gegebenenfalls Ziele oder Erwartungen für die Veranstaltung zu erfragen. Das klingt dann zum Beispiel so: »Wovon hätten Sie gerne mehr, und was genau könnte diese Veranstaltung dazu beitragen?«

- Beispielhaft finden Sie nachfolgend noch weitere mögliche Reflexionsleitfragen während beziehungsweise nach dem Balancekompass: »Welcher Bereich kommt zu kurz?«, »Was genau könnten Sie tun, die von Ihnen gewünschten Bereiche zu verstärken (noch weiter zu schwächen)?«, »Welche Sozialkontakte leiste ich mir (nicht mehr)?«, »Inwiefern bin ich in meinem Job (in meinem Leben) da, wo ich hinwollte?«, »Was ist Ihnen wirklich wichtig (und was nicht)?«, »Was für Konsequenzen nehmen Sie für sich persönlich aus der Übung (nicht) mit?«

Stolpersteine:
- Bei den Interviews besteht die Gefahr, dass mitteilsame Teilnehmer in ermüdend lange Einzelbeiträge oder in Diskussionen verfallen. Führen Sie durch klare Leitfragen und unterbinden Sie dadurch lange Beiträge und Diskussionen konsequent.
- Achten Sie auf die Ressourcenorientierung. Wenn es Teilnehmer gibt, die sehr auf Probleme statt auf Lösungen fokussieren, nutzen Sie freundlich, aber penetrant lösungsorientierte Fragen (zum Beispiel »Was könnte zukünftig helfen, um …?«).
- Nach dem genannten Motto »Wer verändern will, sucht Lösungen, wer nicht verändern will, sucht Gründe« lenken wir die Interviews immer wieder auf die Ressourcen der Teilnehmer (zum Beispiel durch die Frage »Wie sind Sie in ähnlichen Situationen vorgegangen?«) und mögliche Lösungsansätze (mit Fragen wie zum Beispiel »Was könnte da möglicherweise unterstützen?«).

Körperübung: Wie der Hochseilartist

Ziel: Einen körperorientierten (erfahrungs- und handlungsorientierten) Ansatz zum Thema »Balance verlieren – Balance gewinnen« vermitteln.

Methode: Körperorientierte Partnerübung (pro Person ungefähr drei Minuten) mit anschließendem Feedback und Erfahrungsaustausch.

Kernleitfrage: Wie können wir einen entspannt-flexiblen Umgang mit Disbalance-Impulsen von außen (aus unserer Mitwelt) vermitteln?

Reflexionsleitfragen: Wie fühlt sich die eigene Mitte, der eigene Standpunkt, im Körper (nicht) an? Wie ist es, wenn wir flexibel und geschmeidig auf Impulse von außen reagieren, die uns aus dem Gleichgewicht bringen? Was hilft uns (wie in der Geschichte mit dem Hochseilartisten), zügig unsere Mitte wiederzufinden?

Beschreibung: Die Leitmetaphern der Übung sind zum einen »den eigenen Standpunkt, die eigene Mitte finden und spüren« und zum anderen, trotz äußerer Disbalance-Impulse zügig und geschmeidig die »eigene Mitte, den eigenen Standpunkt wiederfinden«. Die Übung gewinnt noch an Kraft, wenn sie mit weiteren Metaphern (während der Übungsphase) angereichert wird (zum Beispiel »Wie der Hochseilartist: er verliert sein Gleichgewicht ständig, findet es aber immer wieder«, oder »Wie ein Baum: verwurzelt, bodenständig und dennoch flexibel – er kann mit jedem Windstoß von außen angemessen umgehen«). Wir empfehlen vor der Partnerübung eine kurze Demonstration der Übung.

- **Schritt 1:** Die Teilnehmer gehen paarweise zusammen.
- **Schritt 2:** Teilnehmer A steht schulterbreit und entspannt »mit gutem Standpunkt und in Kontakt mit sich selbst, die eigene Mitte suchend«. Wenn möglich mit geschlossen Augen.
- **Schritt 3:** Teilnehmer B gibt nun Impulse, um Teilnehmer A vorsichtig »aus der Mitte« zu bringen (zum Beispiel durch sanften Druck mit den Händen gegen die linke oder rechte Schulter, die linke oder rechte Hüfte, die linke oder rechte Kniekehle, den Kopf, den linken oder rechten Arm schieben oder anheben und so weiter). Teilnehmer B wartet mit dem nächsten Impuls so lange, bis A wieder »in seiner Mitte« ist.
  Teilnehmer A versucht, so flexibel und entspannt wie möglich den Impuls anzunehmen. Wenn der Impuls vorbei ist, versucht A, zügig aber geschmeidig (wie eine Schwungfeder) in die Ausgangsposition (den festen Standpunkt, die eigene Mitte) zurückzukehren.
- **Schritt 4:** Rollentausch.
- **Schritt 5:** Feedback und Erfahrungsaustausch zu den Reflexionsleitfragen.

Variation:
Die Übung bieten wir bei manchen Gruppen erst zu einem späteren Zeitpunkt an (zum Beispiel am zweiten Tag eines Trainings beziehungsweise bei einem weiteren Termin eines Coachings), nachdem eine vertrauensvolle Beziehung aufgebaut und mehr Nähe entstanden ist.
Die Übung profitiert ferner, wenn bereits eine Einführung über die Wirkungsprinzipien des Bodyfeedbacks gegeben wurde (s. S. 144).

Stolpersteine:
- Die Anschlussfähigkeit beachten. Bei manchen Gruppen kann die Übung als zu wenig bodenständig oder als zu esoterisch ankommen. In solchen Fällen zu einem späteren Zeitpunkt anbieten (siehe Variation).
- Damit die Teilnehmer besser ins Spüren kommen, bitten Sie sie, die Übung schweigend durchzuführen, und verweisen Sie auf den anschließenden Erfahrungsaustausch.

Übung: Geschichten zum Thema

Ziel: Bewusstmachen bestimmter Einstellungen und Zusammenhänge. Einen weiteren, intuitiven (metaphorischen) Zugang zum Thema eröffnen. Priming (im Sinne von »innere Suchprozesse auslösen«).

Methode: Geschichte erzählen oder vorlesen.

Kernleitfragen: Inwiefern können wir mit einer Geschichte die Teilnehmer berühren, bewegen, irritieren, inspirieren, öffnen, konfrontieren? Was ist Balance? Wie funktioniert Balance?

Reflexionsleitfragen: (optional – manchmal ist es zielführender, eine Geschichte einfach stehen zu lassen) Was kommt Ihnen jetzt gerade in den Sinn? Was löst diese Geschichte bei Ihnen (nicht) aus? Was nehmen Sie aus der Geschichte für sich (sicher nicht) mit?

Stolpersteine:
- Vermeiden Sie es, vor oder nach der Geschichte mögliche Interpretationen vorzugeben, damit die metaphorische Wirkung nicht verloren geht.

Geschichte: »Der Hochseilartist« (siehe Kapitelanfang, S. 18)

Geschichte aus dem Orient: »Es liegt allein in eurer Hand« (eine von dem Shaolin-Mönch Shi Yan Bao mündlich überlieferte Geschichte)

»In einem fernen Ort lebte ein alter weiser Mann. Er war beliebt im ganzen Land. Wann immer Menschen Sorgen hatten, gingen sie zu ihm, um Rat zu holen. Denn der alte weise Mann konnte aus einer reichen Lebenserfahrung schöpfen und gab stets guten Rat. Dies wiederum machte einige Mitbürger neidisch, die selbst gern für klug und weise gehalten worden wären. Sie beschlossen, dem alten Mann eine Falle zu stellen. Aber wie? Nach längerem Beraten kam man auf folgende Idee: Man wollte eine kleine Maus fangen, diese dem alten Mann in der geschlossenen Hand präsentieren und ihn fragen, was sich in der Hand befände. Sollte der alte Mann die Frage wider Erwarten richtig beantworten, so würde er mit Sicherheit an einer zweiten Frage scheitern, nämlich der, ob es sich bei der Maus um ein lebendes oder um ein totes Tier handelte. Würde er nämlich sagen, es handele sich um ein lebendes, so könne man die Hand zudrücken und die Maus töten. Würde er hingegen sagen, es handele sich um eine tote Maus, so könne man die Hand öffnen und die Maus herauslassen. So vorbereitet, erschien man vor dem weisen Mann und fragte ihn wie ausgemacht. Nach wenigen Überlegungen antwortete der weise Mann auf die erste Frage: ›Das, was ihr in der Hand haltet, kann nur eine kleine Maus sein.‹ ›Nun gut‹, sagten die Neider, ›da magst du recht haben, aber handelt es sich um ein lebende oder um ein tote Maus?‹ Der weise Mann wiegte seinen Kopf eine Weile hin und her, dann schaute er seinen Mitbürgern in die Augen und sagte: ›Ob das, was ihr in der Hand habt, lebt oder tot ist, das liegt allein in eurer Hand.‹«

Das Balancemodell

>»Die Weise weiß, dass nichts Extremes von Dauer ist.
>Deshalb erlaubt sie ihrem Leben eine gewisse Amplitude.«
>
>aus dem I Ging

Das Auf und Ab erkennen – Was steckt dahinter?

Das Auf und Ab, die Wellen, die Amplituden des Lebens weisen bestimmte Gesetzmäßigkeiten und Muster auf. In diesem Kapitel versuchen wir, diese Muster erkennbar zu machen.

Schlüsselbegriffe sind: Wellensurfen (Eustress, Disstress), Froschkochen, Signalzone, Moments of Excellence, Blackout, Komfortzone, Überforderung und Unterforderung, Erschöpfung (Burnout).

Leben als ständiger Übergang Das folgende Balancemodell (s. Abbildung) lenkt den Blick auf die Gesetzmäßigkeiten von Balance und führt in die wichtigsten Schlüsselbegriffe ein.

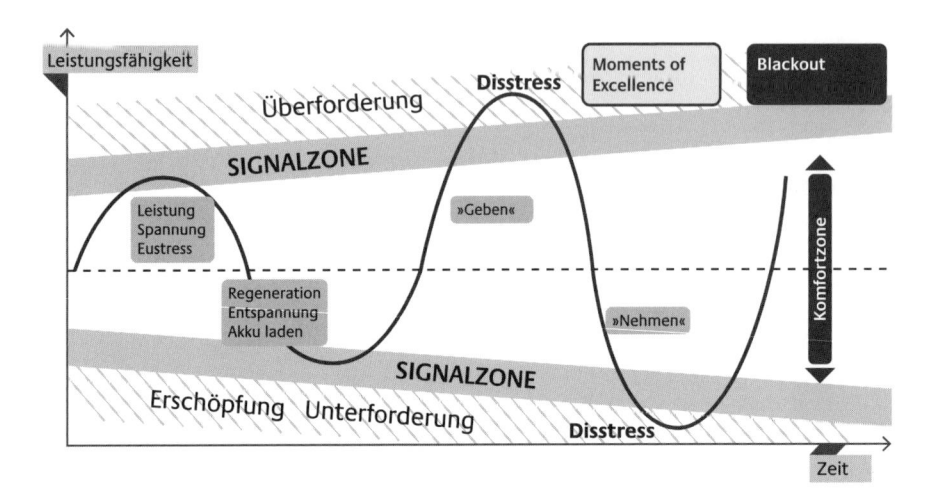

Das Balancemodell

Die Kernaussagen im Überblick:

- **Kernaussage 1:** Phasen von Leistung und Regeneration wechseln sich ab (Wellensurfen).
- **Kernaussage 2:** Frühwarnsystem Signalzone: Übergang von Eustress zu Disstress (»Froschkochen erkennen«). Disstress kann Über- und Unterforderung sein, aber auch Erschöpfung.
- **Kernaussage 3:** Hochleistung hat zwei Gesichter (Moment of Excellence und Blackout).
- **Kernaussage 4:** Die Komfortzone ist veränderbar.

Kernaussage 1 Betrachten wir zuerst den grünen Bereich (unsere Komfortzone): Phasen von Leistung (Geben, Aktivität, Spannung, Konzentration, Kontakt) und Regeneration (Nehmen, Entspannung, Erholung, Energietanken, Muße, Abschalten, Akkus laden) wechseln sich ab, um langfristig (nachhaltig) im Fließgleichgewicht zu sein. Wir sind motiviert, neugierig, begeistert, fühlen eine angenehme Spannung, wir haben Lust auf Leistung. Hier macht uns die Arbeit Spaß und wir haben Zugriff auf unsere Ressourcen. Wir sind gerne herausgefordert und empfinden die Arbeitsanforderungen als willkommene Reibungs- und Wachstumschance (= Eustress).

Dennoch: So schön solche Herausforderungen sein mögen, es kommt der Punkt, wo es reicht. Auf jede Leistungsphase folgt ganz natürlich das Bedürfnis nach Regeneration. Wir suchen Regeneration in Tätigkeiten, die unsere Akkus wieder aufladen. Die Arten und Weisen, neue Energie und neue Kraft zu schöpfen, sind vielfältig und individuell: Die einen erholen sich durch Sport, durch ein besonders gutes Essen, durch Musikhören, durch Reisen, andere an der Werkbank, beim Angeln, beim Plaudern, beim Meditieren. Für uns Lehrende und »Kopfarbeiter« ist entscheidend, dass wir vor allem unserem Gehirn eine Regenerationspause ermöglichen. Ein Holzfäller käme wohl kaum auf die Idee, als Freizeitausgleich Gewichte zu heben. In der Studienzeit haben wir beide auf dem Bau gearbeitet, um Geld zu verdienen. Das war harte körperliche Arbeit, und abends war nur noch Essen und Entspannung angesagt. Heutzutage, nach einem Tag Kontakt, Kopfarbeit und Konzentration, gibt es für uns nichts Erholsameres als körperliche Bewegung: den Kopf »freilaufen«. So zeigt sich das Balanceprinzip für jeden anders: Menschen, die ihr Geld mit dem Kopf verdienen, werden ihre Leistungskurve anders gestalten als körperlich Tätige.

»Nichts Extremes ist von Dauer«, darum braucht es die Balance von Leistungsphasen und Regeneration. Wer sich den Spaß und die Leistungsfähigkeit nachhaltig bewahren möchte, der kann den Acker nicht nur abernten, der muss auch säen und düngen. Allein das Wissen um unsere Tankstellen bringt uns jedoch nicht zurück in die Balance, wir müssen die Zapfsäule auch regelmäßig anfahren.

Kernaussage 2 Der »gesunde« Bereich wird begrenzt durch die Signalzone (in der Abbildung auf Seite 26 hervorgehoben durch die schraffierte Fläche). Die Signalzone ist unser Frühwarnsystem. Sie schützt uns vor Überforderung (zu viel Leistung, zu viel Geben), vor Unterforderung (zu wenig gefordert sein, Leistung geben können/dürfen) und vor Erschöpfung und Burnout (völlige Kraft- und Energielosigkeit). Ein alltägliches Beispiel für die Signalzone ist das Gefühl von Durst. Unser System meldet uns: »Flüssigkeit fehlt – trink etwas«. Die Signalzone zeigt uns damit, dass die Unterbrechung des bisherigen Zustands oder der Tätigkeit notwendig ist. Die Signalzone ist wie der Treibstoffanzeiger im Auto. Wenn dieser leuchtet und piept, heißt das: Benzin geht aus, zur Tankstelle fahren. Sportlich ausgedrückt zeigt uns unser Körper hier die gelbe Karte.

Den Übergang von Eustress zu Disstress, das heißt von »Lust auf Leistung« zu »Überlastung durch Leistung«, signalisiert jedes Körpersystem individuell an seiner »Sollbruchstelle«. Beispiele sind: (häufige) Migräne, (erhöhte) Nervosität oder Gereiztheit, Heißhunger, Appetitlosigkeit, (öfter) Schlaf- und Abschaltstörungen. Folglich ist die Sensibilität für die Symptome der Signalzone mitentscheidend für die eigene Balance. Das ist der verdeckte Nutzen dieser unangenehmen Signale (s. Kapitel »Einstellungen«, S. 81 ff.).

Jenseits der Signalzonen erleben wir gesundheitsschädlichen Disstress, den eigentlich negativen Stress (s. Abbildung auf Seite 26, gestreifte Flächen). Typische Anzeichen hierfür bei Lehrenden und Kopfarbeitern sind nervöse Unruhe, Schlafstörungen, Gedankenkarussell (nicht mehr abschalten können), Kopfschmerzen, aggressive oder depressive Tendenzen bis hin zu Erschöpfung und Burnout. Oberhalb der oberen Signalzone erleben wir länger anhaltende Leistungsanforderung als Druck (»Stress« kommt aus dem Englischen und heißt wörtlich »Druck«), als Überforderung. Unterhalb der unteren Signalzone als Unterforderung oder Erschöpfung/Burnout. Unterforderung tritt häufiger bei Langzeitarbeitslosigkeit, Krankheit und Pensionierung ein (ein Beispiel für die Tragweite der erlebten Unterforderung: die höchste relative Sterblichkeit bei Erwachsenen liegt sechs bis neun Monate nach der Pensionierung!).

Erschöpfung (Burnout) tritt vor allem bei leistungsbereiten Menschen mit zu viel Leistungsdruck und zu wenig Regeneration auf. Denn letztendlich führen unsere eigenen (häufig unbewussten) Einstellungen (zum Beispiel »Das muss ich noch schaffen«, »Das kann ich nur selbst richten«, »Wenn ich das nicht mache, dann …«) zur Erschöpfung. Menschen mit Einstellungen, wie: »Mache ich es heute nicht, mache ich es eben morgen«, »Ich tue, was ich kann, aber dann ist gut« oder »Passt schon« sind deutlich weniger burnoutgefährdet. Als Lehrende sind wir viel häufiger mit Überforderung konfrontiert. Geben, Unterstützen, Helfen, viel »im Außen sein«, Kontakte, Fremdsteuerung, Leistungs- und Zeitdruck, viele Reize, lange Kommunikations- und Konzentrationsphasen sind die Regel. Kurzfristige Disstressspitzen sind oft unvermeidlich und für einen gesunden Organismus normalerweise leicht zu verkraften. Langanhaltendes oder ständiges Disstresserleben führt zu der Vielfalt stressbedingter Krankheiten, die wir heute in einem bisher nicht da gewesenen Ausmaß vorfinden, vor allem auch bei Lehrenden.

»Nichts Extremes ist von Dauer«, darum brauchen wir nach erbrachter Leistung eine angemessene Regenerationsphase. Wie im Modell sichtbar, ist die Amplitude entsprechend größer, wenn wir Hochleistung erbringen. So hoch, wie wir über den grünen Bereich hinausgeschossen sind, so tief fällt die Kurve nach unten ab. Kennen Sie auch das Unwohlsein am Wochenende oder zum Urlaubsstart? In diesen Zeiten (siehe Abbildung auf Seite 26: Disstress unterhalb der unteren Signalzone) machen sich die persönlichen Sollbruchstellen am stärksten bemerkbar, zeitversetzt zu den Leistungspeaks und dadurch als Folge von Überlastung meist nicht erkannt (so ereignen sich zum Beispiel 80 Prozent aller Herzinfarkte am Wochenende, zu Urlaubsbeginn und im Schlaf zwischen drei und fünf Uhr morgens).

Ein Kardinalfehler unserer heutigen Leistungsgesellschaft ist es, diese (meist unangenehmen) Signale erstens falsch zu interpretieren und zweitens nicht auszuhalten, sondern sie zu verdrängen. Die Fehlinterpretation besteht darin, dass wir die unangenehmen Gefühle (als eine zeitversetzte Folge der Leistungsspitzen) den Ruhephasen danach zuschreiben. Nach dem Motto »Entspannung und Ruhe sind nichts für mich, abschalten kann ich nicht« oder »Ich bin ein aktiver Mensch« meiden die Betroffenen Regeneration wie der Teufel das Weihwasser und fackeln auf diese Weise ihre eigene Regenerations- und Balancefähigkeit ab. Jede Vermeidung von Ruhe bedeutet letztlich Vermeidung von Regeneration. Studien belegen, dass bereits 20 Prozent aller Führungskräfte leistungssteigernde »Brainbooster« einnehmen, um sich aus ihren Leistungstiefs herauszuputschen, Tendenz steigend – und die Dunkelziffer ist vermutlich höher. Man vermutet bei lehrenden Menschen ähnlich hohe Werte. Natürlich kann man seine Leistungskurve auch mithilfe von Psychopharmaka surfen, aber zu was für einem Preis?

> **Brainbooster**
>
> Brainbooster sind chemische Substanzen (Psychopharmaka), die eine gezielte Verbesserung der Hirnleistung herbeiführen können. Brainbooster sind Doping für Intelligenz, Konzentrationsfähigkeit und geistige Ausdauer, mit dem Ziel, bessere Leistungen erbringen zu können.
> Den größten Anstieg verzeichnen verschreibungspflichtige Medikamente wie Ritalin, Modafinil oder Provigil – amphetaminhaltige Aufputscher, die zweckentfremdet zur Leistungssteigerung eingesetzt werden. Ritalin ist eigentlich ein Arzneimittel für Kinder mit Aufmerksamkeitsdefiziten. Bei gesunden Erwachsenen steigert es die Konzentration. Modafinil (als Provigil im US-Handel) ist ebenfalls ein Amphetamin, das etwa an die Piloten der US Air Force ausgegeben wird. Auch amphetaminhaltige Appetitzügler und Diätpillen werden als Aufputscher eingesetzt.

Wenn wir unsere Leistungskurve richtig surfen, gehen wir mit der Welle bis auf den Grund, den tiefen Regenerationspunkt. Dazu mehr im Kapitel »Entspannung« (s. S. 157 ff.).

> **Sympathikus / Parasympathikus – die beiden Antagonisten des vegetativen Nervensystems**
>
> Die physiologische Grundlage für das Auf und Ab, also für die Kurven des Balancemodells, ist die antagonistische Wirkungsweise von Sympathikus und Parasympathikus (Vagus). Der Sympathikus verläuft in Form von zwei Hauptnervensträngen entlang der Wirbelsäule und aktiviert – vor allem über die Ausschüttung der Hormone Noradrenalin/Adrenalin – unsere Leistungsfähigkeit (Lust auf Leistung, unser Eustresssystem). Der Parasympathikus ist diffus im Körper verteilt und aktiviert – vor allem über das Hormon Acetylcholin – unsere Regenerationsfähigkeit (Erholung, Verdauung, Entspannung und Immunabwehr, unser Rest-and-Repair-System).
> Bildlich gesprochen ist der Sympathikus das Gaspedal, der Parasympathikus die Bremse. Beides ist für ein funktionierendes Fahrzeug unerlässlich. Vor allem brauchen in unserer »Highspeed-Zeit« die Rennwägen gute Bremsen.

Kernaussage 3 Hochleistung hat zwei Gesichter. Was bedeutet das? Mit Hochleistung sind hier Leistungsspitzen gemeint. Im Sport spricht man von den »Moments of Excellence«, unseren Sternstunden. Das ist das erste Gesicht. Bestimmt können Sie sich noch an eine sehr wichtige Prüfungssituation erinnern, auf die Sie sich auch entsprechend lange fachlich wie mental vorbereitet haben. Irgendwann war dieser Prüfungstag da. Wenn alles gut lief, haben Sie ihr Wissen abrufen können und eine Punktlandung vollbracht, einen »Moment of Excellence«.

Tatsache ist, dass wir außergewöhnliche Hochleistungen nicht ständig oder gar täglich vollbringen. Permanente Sternstunden sind unter gesunden Rahmenbedingungen nicht zu erbringen. Bei großen Sportturnieren wie Weltmeisterschaften oder Olympischen Spielen können wir die Leistungskurve von Spitzensportlern gut beobachten. Besonderes Merkmal: Nach Hochleistung steht Regeneration auf dem Programm, Überlastungen auskurieren und die Akkus wieder aufladen.

»Nichts Extremes ist von Dauer« – wir erlauben uns die Amplitude selbst, um die Disbalance durch Balance zu ersetzen, um dadurch unser Fließgleichgewicht aktiv wiederherzustellen.

Das zweite Gesicht der Leistungsspitze in dem Beispiel der Prüfungssituation ist der Blackout. Hier war der Druck zu hoch, der Zugriff auf unsere Ressourcen blieb aus, nichts fiel uns vom Gelernten ein, wir scheiterten. Dieses Beispiel zeigt, wie schmal der Grat vom »Moment of Excellence« zum »Blackout« sein kann.

Wollten Sie schon mal einen Frosch kochen? Brächte man einen Frosch in einen Topf mit heißem Wasser, würde er umgehend aus dem Topf herausspringen. Wollte man ihn kochen, müsste er ins kalte Wasser – also in sein gewohntes Lebensumfeld – und die Temperatur müsste allmählich zunehmen. Der Frosch würde die schleichende Veränderung bis zum Siedepunkt nicht wahrnehmen und sterben. Auch wenn die Geschichte vom Frosch und dem kochenden Wasser wissenschaftlich widerlegt wurde, enthält sie einen wahren Kern für uns Menschen: Wir nehmen schleichende Veränderungen nicht oder kaum wahr.

> **Beispiele für schleichende Veränderungen**
>
> Ein Beispiel dafür ist schleichend schlechter werdende Raumluft: Die Menschen im Raum bemerken dies kaum, aber jeder, der gerade hereinkommt. Entsprechend kann sich auch ein Wohlfühlfaktor im Job schleichend verändern, wenn zum Beispiel ein Konflikt mit einem Kollegen nicht konstruktiv angegangen wird oder ständig mehr Aufgaben (bei gleichem Personal) dazukommen. Auch unser Verhalten verändert sich häufig schleichend. Wenn wir zum Beispiel gerne mit einem guten Gläschen Rotwein entspannen, um dadurch besser abschalten zu können: Wie oft und wie viel Wein trinken wir pro Woche? Und wie oft und wie viel haben wir zum Beispiel noch vor zwei, drei oder fünf Jahren Wein getrunken, um das gleiche Gefühl der Entspannung zu erleben? Oder wenn wir momentan vielleicht schwer einschlafen und mitten in der Nacht aufwachen: Wie oft in der Woche/im Monat geht es uns so? Wie oft erging es uns so noch vor zwei, drei oder fünf Jahren? Ist unser »Wohlfühlklima« (noch) wohltemperiert? Sind wir vielleicht schon ein gekochter Frosch?

Wohlwollend kritisches Feedback von Menschen in unserem Umfeld und gezielte Selbsttests mit Unterscheidungsfragen helfen, Veränderungen bewusst zu machen (Methoden finden Sie hierzu zum Beispiel beim Test »Meine Signalzone«, s. S. 63 ff., oder bei der Übung »Kollegiales Coaching«, s. S. 215 ff.).

Kernaussage 4 Die Komfortzone ist veränderbar. Die Komfortzone ist unser Wohlfühlbereich. Buchstäblich ist hier alles im grünen Bereich. Hier sind wir in einem energievollen, ressourcenreichen Zustand. Leistung und Regeneration, Spannung und Entspannung halten sich die Waage. Die Leistungskurve ist nachhaltig stabil. Wir sind in der Regel gesund und zufrieden. Allerdings ist die Komfortzone kein statisches Konstrukt, vielmehr ist sie veränderbar – in beide Richtungen. Mehr Balance können wir erreichen, indem wir einerseits die Disstressamplituden reduzieren und andererseits besser regenerieren. Unser Ansatz hier ist es ferner, die Komfortzone zu erweitern, so dass die eine oder andere unangenehme Disstress-Situation zusätzlich entschärft wird und dadurch mehr Ausgeglichenheit, Kraft und Zufriedenheit (Wohlfühl-Eustress-Situationen) im Leben entstehen.

Konkrete Strategien und Werkzeuge für die Erweiterung unserer Komfortzone liefert das nachfolgende Modell der Balance-8 (s. S. 38).

Das Auf und Ab gestalten – Wie bringe ich es rüber?

Neben den beiden folgenden Übungen ist der Test: »Meine Signalzone« ab Seite 63 für das Erkennen der eigenen Signalzone hilfreich.

Übung: In die Waagschale werfen

Ziel: Bewusstmachen (und Mustererkennung) der persönlichen Balance- und Disstressfaktoren. Integration und Emotionalisierung des Balancemodells sowie Erfahrungsaustausch.

Methode: Kärtchenabfrage (10–15 Minuten).

Kernleitfrage: Wie machen wir den Teilnehmern Balance- und Disstressfaktoren bewusst?

Reflexionsleitfragen: Was tut Ihnen gut (Balancefaktoren)? Was bringt Sie (immer wieder) aus der Balance (Disstressfaktoren)?

- **Beschreibung:**
- **Schritt 1:** Die Teilnehmer schreiben zu beiden Reflexionsleitfragen ganz konkrete Stichworte aus ihrem Alltagserleben auf Kärtchen (zum Beispiel die Balancefaktoren auf grüne, die Disstressfaktoren auf rote Moderationskarten).
- **Schritt 2:** Lassen Sie die Teilnehmer ihre Kärtchen auf einer Pinnwand (zu den beiden Reflexionsleitfragen als Überschriften) anpinnen und schauen Sie im Plenum noch mal auf alle Kärtchen. Im Sinne eines Erfahrungsaustauschs ist es immer wieder hilfreich zu erkennen, was bei anderen Menschen förderliche beziehungsweise hinderliche Faktoren sind.

Variation: Lenken wir die Reflexion in Richtung »Mustererkennung«, spuren wir gedanklich auch schon mal auf die noch kommende Balance-8 vor. Die Leitfrage hierfür lautet: »Welche zugrunde liegenden Muster können Sie bei den Kärtchen erkennen?«

Stolpersteine:
- Unser Tipp: Machen Sie den Erfahrungsaustausch und die Mustererkennung im Stehen – das verkürzt die Übung. Führen Sie stringent und mit klaren Leitfragen, sodass keine zu langen Beiträge und Diskussionen entstehen.

Übung: Signalzone schärfen

Ziel: Bewusstmachen der individuellen Signalzone. Integration und Emotionalisierung des Balancemodells.

Methode: Zurufmoderation im Plenum (5–10 Minuten).

Kernleitfrage: Wie können wir Teilnehmer für ihre Signalzone sensibilisieren?

Reflexionsleitfragen: Wie macht sich der Übergang von »Lust auf Leistung« (Eustress) zu »Überlastung durch Leistung« (Disstress) bei Ihnen konkret bemerkbar? Welches ist Ihre persönliche Sollbruchstelle? Wie genau zeigt Ihnen Ihr Körper/Geist die gelbe Karte? Was zeichnet eine persönliche Signalzone aus?

Beschreibung: Sammeln Sie alle Nennungen der Teilnehmer auf Flipchart. Häufig kommen Antworten wie: Kopfschmerzen, Migräne, Erschöpfung, Gereiztheit, Nervosität, Ungeduld, Frust, Lidzucken, Nacken- und Rückenschmerzen, Heißhunger und vieles mehr.

Stolpersteine:
- Die Signale sind sehr individuell. Achten Sie hier auf eine offene Einstellung gegenüber allen Beiträgen und meiden Sie ein Richtig-oder-falsch-Denken. Es geht um den Prozess der Sensibilisierung für die eigene Signalzone, nicht um medizinische Korrektheit.
- Beachten Sie die Resscourcenorientierung. Es macht einen Unterschied, ob die Signale als negativ (weil unangenehm) bewertet werden oder ob die Signalzone als Körperwissen und »Helfer« wertgeschätzt wird.

Übung: Geschichten zum Thema

Ziel: Bewusstmachen bestimmter Einstellungen und Zusammenhänge zum Thema Balance. Einen weiteren, intuitiv-metaphorischen Zugang zum Thema eröffnen. Priming (im Sinne von »innere Suchprozesse auslösen«).

Methode: Geschichte vorlesen.

Kernleitfragen: Inwiefern können wir mit einer Geschichte die Teilnehmer berühren, bewegen, irritieren, inspirieren, öffnen, konfrontieren? Was ist Balance? Wie funktioniert Balance?

Reflexionsleitfragen: (optional, denn manchmal ist es zielführender, eine Geschichte einfach unkommentiert zu lassen): Was kommt Ihnen jetzt gerade in den Sinn? Was löst diese Geschichte bei Ihnen (nicht) aus? Was nehmen Sie aus der Geschichte für sich (sicher nicht) mit?

Stolpersteine:
- Vermeiden Sie es, vor oder nach der Geschichte mögliche Interpretationen vorzugeben, damit die metaphorische Wirkung nicht verloren geht.

Buddhistische Geschichte: »Die Suche nach Zufriedenheit« oder: **»Der mittlere Weg«** (von dem Shaolin-Mönch Shi Yan Bao mündlich überlieferte Geschichte)
»Als ein Mann zur Suche nach Zufriedenheit aufbrach, führte er ein Leben voller Entbehrungen und strenger Askese. Eines Tages gingen zwei Musikanten an dem Baum vorüber, unter dem er saß. Einer sagte zum anderen: ›Spann die Saiten deiner Gitarre nicht zu fest, oder sie werden reißen. Und lass sie nicht zu locker hängen, denn dann kannst du darauf keine Musik machen. Halte dich an den mittleren Weg.‹ Diese Worte trafen den Mann mit solcher Wucht, dass sie seinen Weg der Suche grundlegend veränderten. Er war überzeugt, dass die Worte für sein Ohr bestimmt waren. Von dieser Minute an gab er alle strengen Grundsätze auf und begann, einem Weg zur Zufriedenheit zu folgen, der leicht und hell war, den Weg der Mäßigung, den mittleren Weg.«

Geschichte aus Nordamerika: »Zwei Wölfe« (von einem schamanischen Lehrer mündlich überlieferte Geschichte)
»Ein alter Indianer saß mit seinem Enkelsohn am Lagerfeuer. Die Nacht hatte sich über das Land gesenkt und das Feuer knackte und krachte, während die Flammen hoch hinaus in den Himmel züngelten. Nach einer langen Weile des Schweigens sagte der Alte zu seinem Enkel: ›»Weißt du, manchmal fühle ich mich, als wenn zwei Wölfe in meinem Herzen miteinander kämpfen würden. Einer der beiden ist rachsüchtig, aggressiv und grausam. Der andere hingegen ist liebevoll, sanft und mitfühlend.‹ Nach einer Weile fragte der Junge nachdenklich: ›Welcher der beiden wird den Kampf um dein Herz gewinnen?‹ ›Der Wolf, den ich füttere.‹ antwortete der Alte.«

Acht Strategien zu mehr Balance

- **Die Balance-8**
- **Mentale Balance 1:
  Bewusstheit & Signalzone**
- **Mentale Balance 2: Selbstmanagement**
- **Mentale Balance 3: Einstellungen**
- **Mentale Balance 4: Umsetzung**
- **Körper-Balance 1:
  Bewegung & Körperhaltung**
- **Körper-Balance 2: Entspannung**
- **Körper-Balance 3: Atmung**
- **Körper-Balance 4: Ernährung**

↗ 02

Die Balance-8

> »Du kannst die Wellen nicht stoppen.
> Du kannst nur lernen, auf ihnen zu reiten.«
>
> Laotse

Kraft aufbauen und Energielöcher stopfen – Was ist wirklich wichtig?

Fische kann man nur fangen, wenn man ein Netz mitbringt, so ein chinesisches Sprichwort. Das Balance-8-Modell ist das Netz, die acht Ansätze sind die Maschen. Fangen wollen wir Kraft und Energie, Zufriedenheit und Ausgeglichenheit.

Schlüsselbegriffe sind: Checkliste für unseren Energiehaushalt, Vernetzung von Kopf und Körper, Bewusstheit, Selbstmanagement, Einstellungen, Umsetzung, Selbstdisziplin, Bewegung, Entspannung, Ernährung, Atmung.

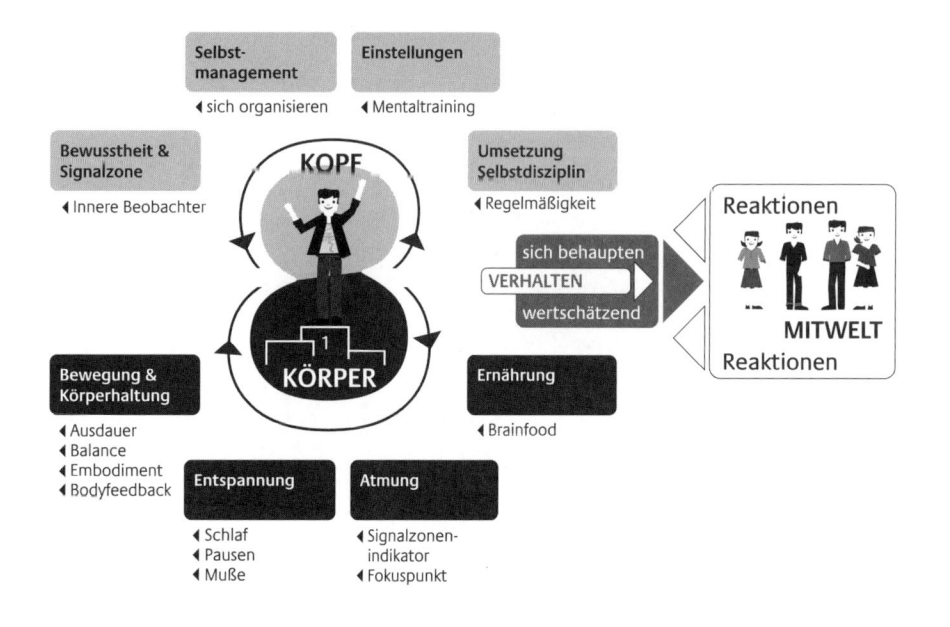

Das Balance-8-Modell

Haben wir uns dem Thema »Life-Balance« mit dem Balancekompass und dem Balancemodell bisher noch aus der Vogelperspektive genähert, verringern wir jetzt die Flughöhe und werden konkreter.

Getreu dem gehirngerechten Imperativ »Erst der Überblick, dann die Details!« werden wir die Balance-8 (s. Abbildung, S. 38) an dieser Stelle erst im Überblick einführen, um dann jeden der acht Balanceansätze theoretisch wie methodisch konkret zu beschreiben.

In unseren Veranstaltungen führen wir das Modell kurz und prägnant ein, um unseren Teilnehmern das (neudeutsch) »Big Picture« zu bieten und unsere Arbeitshypothesen offenzulegen. Welche der acht Ansätze vertieft werden, bestimmen dann maßgeblich die Teilnehmer selbst (Prozessorientierung).

Wie generieren wir neue Kraft und Energie und wo verlieren wir sie?

Die Balance-8 – Kernaussage 1 Die hier vorgestellten acht Balancestrategien sind eine Checkliste für unseren persönlichen Kraft- und Energiehaushalt. Die acht Zugänge beschreiben, wie wir Kraft und Energie gewinnen und wo wir diese verlieren können. Die acht Ansätze zielen auf Ausgleich, Stärkung und Flexibilisierung unseres mentalen, emotionalen und körperlichen Zustands. Bildlich gesprochen sind es acht Schräubchen, an denen wir drehen oder acht Felder, die wir beackern können, um Energielöcher zu stopfen und um mehr Balance und Energie zu bekommen. Auch auf die Gefahr, dass wir uns wiederholen: Wer sich in einem energievollen, ressourcenreichen Fließgleichgewicht befindet, ist gewappneter für die Herausforderungen und Widrigkeiten, vor die uns das Leben tagtäglich stellt. Wer Herausforderungen mit innerer Stärke und Flexibilität anpackt, erhöht die Wahrscheinlichkeit, diese auch erfolgreich zu meistern. Wir können nur dann andere Menschen unterstützen und gute Arbeit machen, wenn wir selbst über genügend Kraft und Energie verfügen. Bildlich gesprochen können wir nur dann Geld ausgeben, wenn der Geldbeutel voll ist. Statt ständig zu versuchen, ideale äußere Bedingungen herzustellen, geht unser Fokus dahin, uns selbst zu erkennen, zu balancieren, uns körperlich und mental zu flexibilisieren und dadurch zu stabilisieren. Es ist wie beim Surfen: Wenn sich alles um uns herum bewegt, nimmt man die Wellen am besten so, wie sie kommen: Flexibilität wird zum stabilsten Zustand. Oder wie bei der anfänglichen Geschichte mit dem Hochseilartisten: Wir verlieren unser Gleichgewicht ständig, daher ist es umso wichtiger, es so schnell wie möglich wiederzufinden.

Die Balance-8 – Kernaussage 2 Die zweite Bedeutung der »8« ist die Vernetzung von Kopf (Geist) und Körper, das heißt von allen acht Ansätzen (siehe dazu die Übung »Zwei Fäuste«, S. 172 f.). Drehen wir an einem Rädchen, so hat das Auswirkungen auf das gesamte System. Ein Beispiel einer Untersuchung (aus dem Kapitel »Ernährung – Brainfood«, S. 183): Trinken Grundschüler mehr als 2,5 Liter am Tag (»Zugang Körper«), verbessert sich ihre Leistung um fast 20 Prozent (»Auswirkung Kopf«). Die gute Nachricht daran ist, dass wir an jedem beliebigen Rädchen der »8« drehen können und trotzdem eine Gesamtwirkung »ernten« dürfen. Das erleichtert vielfach den Einstieg in Veränderungen zu mehr Balance, ohne gleich ein schwieriges Kernthema konfrontieren zu müssen. Die Hirnforschung nennt diesen Effekt »Vigilanz« (= Fokus): Nimmt unser Unbewusstes einen Veränderungsimpuls in eine bestimmte Richtung wahr (und sei es lediglich eine Kleinigkeit, wie zum Beispiel: »Ab jetzt trinke ich 2,5 Liter am Tag, um etwas mehr Energie und Balance zu gewinnen«), beginnen häufig weitere innere Suchprozesse (siehe »Selbstpriming« im Kapitel »Einstellungen«, Seite 81 ff.), um die gewünschte Veränderung herbeizuführen. »Auch der längste Weg beginnt mit dem ersten Schritt«, so das bekannte Laotse-Zitat.

Neben den aktuellsten Erkenntnissen aus Ernährungs- und Sportwissenschaften liegen der Balance-8 Erkenntnisse der Positiven Psychologie, der modernen Hirnforschung, der Verhaltens- und der Resilienzforschung (»Was Menschen stark macht«) sowie der Systemtheorie zugrunde. Ferner haben wir die Kernaussagen aus der traditionell chinesischen Medizin und dem Yoga-Ayurveda-System eingewoben.

Während wir Ihnen nun die acht »Strategien, Schräubchen, Felder« in Essenz vorstellen, könnten Sie sich bereits bewusst (oder unbewusst) fragen: Inwiefern bekomme ich in diesem konkreten Bereich neue Energie oder verliere ich hier meine Kraft? Die Übung »Kräftefeldanalyse Balance-8« (s. S. 44 f.) ist ein methodischer Zugang zu genau diesen Fragen.

Die acht Balancestrategien im Schnelldurchlauf

Mentale Balance 1: Bewusstheit & Signalzone – die Kraft des Jetzt »Erkenne dich selbst« ist die Schlüsselkompetenz für menschliche Entwicklung und damit für Ausgeglichenheit, Zufriedenheit, Gesundheit und Erfolg. Die trainierbare Fähigkeit zur bewussten, nichtwertenden Selbstbeobachtung (der innere Beobachter) ist für jedermann jederzeit zugänglich. Der Lohn ist Selbstbewusstheit im eigentlichen Wortsinne, das heißt Unbewusstes bewusst zu machen. Dadurch gewinnen wir die Möglichkeit, hinderliche Einstellungen und Dynamiken zu erkennen (um sie gegebenenfalls zu verändern) sowie förderliche zu fördern.

Mentale Balance 2: Selbstmanagement – die Kraft des Wesentlichen Die Essenz von Selbstmanagement steckt in einer einzigen Frage: Was ist mir wirklich wichtig? Als zweite Frage folgt umgehend, insbesondere in der heutigen Zeit mit ihren beinahe unbegrenzten Möglichkeiten: Was kann ich weglassen, um mehr Zeit für das Wesentliche zu gewinnen? Selbstmanagement ist das Steuerungselement unserer Balance. Im Kern geht es dabei um Prioritäten, Zeitplanung und Freiräume (sich organisieren) und darum, die eigene Balance zu bewahren beziehungsweise zu behaupten.

Mentale Balance 3: Einstellungen – die Kraft der Vorstellung Alle Einstellungen haben zunächst erst einmal eine positive Absicht, einen (verdeckten) Nutzen – auch wenn manche davon uns aus dem Gleichgewicht bringen. Erkennen wir unsere Einstellungen, schaffen wir mehr Selbstbewusstheit darüber, welche Einstellungen für unsere Balance förderlich und welche hinderlich sind und welche wir möglicherweise verändern möchten.

Die Veränderung von Einstellungen beginnt mit Bewusstheit. Der zweite Schritt ist das Erkennen des (verdeckten) Nutzens der hinderlichen Einstellung beziehungsweise deren Folgeerscheinungen und das daraus resultierende Annehmen und Akzeptieren. Im dritten Schritt geht es um das Loslassen der Fixierung auf den hinderlichen Aspekt der Einstellung im Sinne einer Einstellungserweiterung und um die Schaffung von mehr Wahlmöglichkeiten.

Wirksame Methoden zur Veränderung von Einstellungen und deren Folgeerscheinungen sind unter anderem »(Selbst-)Priming und Mentaltraining«

auf der mentalen Ebene, »Benennen« auf der emotionalen und »Bodyfeedback« auf der körperlichen Ebene.

Mentale Balance 4: Umsetzung – die Kraft der Selbstdisziplin »Menschen, die die Fähigkeit zur Selbstdisziplin haben, leben länger, sind gesünder und verdienen mehr«, so die Zusammenfassung mehrerer Langzeitstudien. Selbstdisziplin ist die regelmäßig aufgebrachte Aktivierungsenergie im Dienste einer gelingenden Umsetzung. Die Energie für Selbstdisziplin gewinnen wir durch emotional attraktive Ziele, durch Utilisieren von Hindernissen und durch sorgfältige Planung von Umsetzungsvorhaben. Weitere Energiespender sind – neben der konsequenten Vermeidung von Überlastungen – regelmäßige Pausen, Mußezeiten und andere »Akkulader« im Sinne der Balance-8.

Je größer die emotionale Attraktivität des Ziels, desto wahrscheinlicher gelingt die Zielerreichung (Umsetzung). Je besser wir die Grundbedürfnisse hinter den Umsetzungshindernissen erkennen, desto leichter können wir deren verdeckten Nutzen für ein gelingendes Umsetzungsvorhaben gewinnen. Wir reduzieren dadurch destruktive innere Dialoge und gewinnen daraus zusätzlich Energie für die Umsetzung.

Körperliche Balance 1: Bewegung & Körperhaltung – die Kräfte des Körpers
Körperarbeit bedarf mentaler Aktivität als Ausgleich, Kopfarbeit bedarf körperlicher Bewegung als Ausgleich. Regelmäßiges Herz-Kreislauf-Training ist eine nachhaltige und hochwirksame Ausgleichsstrategie für Kopfarbeiter, ohne negative Nebenwirkungen und (schwäbisch gedacht) enorm preiswert.

Sogenannte »Balance-Bewegungsformen«, wie zum Beispiel Qigong und Yoga, eröffnen zusätzliche Möglichkeiten als Ausgleich für Kopfarbeiter. So ist Qigong zum Beispiel ein »Triplewhopper«, um Körper, Gefühle und Verstand in einen balancierten, vitalen und kraftvollen Zustand zu bringen.

Durch Bodyfeedback-Übungen können wir – dank der engen Verschaltungen von Gehirn und Körper – auch tiefgehende und langfristige Veränderungsprozesse in Gang setzen.

Körperliche Balance 2: Entspannung – in der Ruhe liegt die Kraft Die (Un-)Fähigkeit zur Entspannung ist die Achillesferse unserer Leistungsgesellschaft. Entspannung schafft die Basis für innere Ruhe, für Bewusstheit, für Klarheit der Gedanken und damit für Fokus und Orientierung. Entspannt sehen wir

Herausforderungen gelassener entgegen und sind eher in der Lage, uns mental so auszurichten, dass wir angemessener handeln können. Entspannung fördert bei den meisten Menschen angenehme Gefühle wie Zufriedenheit und Einstellungen wie Zuversicht und Optimismus. Entspannung eröffnet den Zugang zu unseren unbewussten Ressourcen und damit zu Intuition und Kreativität.

Entspannung braucht Spannung – Spannung braucht Entspannung. Da wir in unseren beruflichen (und oft auch in den privaten) Kontexten in der Regel ausreichend Spannung erleben, ist der balancierende Ausgleich in der regelmäßigen und ausreichenden Praxis von Schlaf, Pausen und Entspannungsmethoden zu finden.

Entspannungsmethoden bewirken eine Harmonisierung (Balancierung) des gesamten Systems und führen zu einer Erhöhung der Belastbarkeit. Verspannungen der Muskulatur werden gelöst, bestehende psychosomatische Beschwerden werden abgebaut und das Immunsystem wird messbar gestärkt.

Muße ist die Pause im Menü des Lebens. Was wäre ein Fünfgängemenü ohne die Pausen dazwischen? Muße ist Freiraum und damit ein wichtiger Ausgleich zur Fremdsteuerung und Durchstrukturierung unseres Lebens. Dennoch will Muße – paradoxerweise – geplant sein, sonst geht sie leicht verloren. Muße als geistiger Leerlauf ist, so die Vermutung der Hirnforscher, wichtig für den Prozess der Bewusstseinsbildung und damit lebenswichtig für unsere geistige Gesundheit.

Körperliche Balance 3: Atmung – die Kraft des Atems Atmen ist Leben. Atmen ist das Allererste, was ein Mensch lernt. Atmen begleitet uns das ganze Leben, in schönen wie in schwierigen Momenten. Da der Unterschied zwischen schönen und schwierigen Momenten die im Körper wahrnehmbare, gefühlte Folge einer (gedanklichen) Bewertung der jeweiligen Situation ist, ist die Atmung zwangsläufig mitbetroffen. Atmung ist daher auch ein Indikator unserer momentanen Befindlichkeit. Folglich macht es Sinn, sich bewusst zu machen, wie wir in ressourcevollen Zuständen atmen, nämlich ruhig, tief und gleichmäßig. Dann können wir uns genau dieses Atemmuster zur gezielten Veränderung negativer Zustände zunutze machen. Mit gezielten Atemübungen können wir uns in positivere Zustände versetzen und so Stimmungsmanagement betreiben.

Körperliche Balance 4: Ernährung – mehr Kraft aus Nahrung Mit »Brainfood« bezeichnen wir die Balance-Ernährung für Kopfarbeiter. Drei Viertel der täglichen Nahrungsmenge sollten für eine gehirngerechte, balancierende und insgesamt vitalisierende Ernährung aus den Quellen Salat, Gemüse, Obst und (Nicht-Weißmehl-)Getreideprodukte kommen. Nehmen wir hinzu, dass wir aus diesen Bereichen das essen, worauf wir Lust haben (was uns schmeckt), belassen Fett und Zucker im Genussbereich (das heißt, weniger ist mehr), fokussieren bei den Fetten auf Nahrungsmittel mit hochwertigen, mehrfach ungesättigten Fettsäuren, trinken reichlich (mehr als 2,5 Liter täglich) und ergänzen das mit hochwertigen Proteinen (je nach Lust ein leckeres Fleisch, Milchprodukte, Fisch oder Eierspeisen) haben wir das Fazit von »Brainfood«.

Die Balancezugänge im Zusammenspiel – Wie bringe ich es rüber?

Die nachfolgende Übung zielt darauf ab, den Teilnehmern (Klienten) einen kurzen und selbsterfahrungsorientierten Überblick über die acht Ansätze zu ermöglichen.

Übung: Kräftefeldanalyse Balance-8

Ziel: Bewusstmachen und Analysieren der acht Balance-Strategien in Bezug auf den persönlichen Kraft- und Energie-Haushalt. Integration und Emotionalisierung der Balance-8.

Methode: Selbsttest (5–10 Minuten).

Material: Arbeitsblatt »Kräftefeldanalyse Balance-8«.

Kernleitfragen: Wie sensibilisieren wir unsere Teilnehmer in Bezug auf die acht Ansätze? Wodurch gewinnen wir Kraft, wo geht diese möglicherweise verloren?

Reflexionsleitfragen: Welcher dieser Ansätze kostete Sie *bisher* Kraft/Energie? Woraus möchten Sie *ab jetzt* mehr Kraft/Energie schöpfen?

Beschreibung: Die Teilnehmer verorten sich zu jedem Ansatz auf einer Skala von –5 bis +5. Ein Aspekt der Frage richtet sich auf »bisher« und eröffnet damit möglicherweise eine Veränderung. Der zweite Aspekt der Frage richtet sich auf »ab jetzt« und eröffnet damit möglicherweise ein Umsetzungsziel.

Variation: Bei einer längeren Begleitung von Personen (zum Beispiel in einem Coachingprozess) kann der Test zu Beginn und am Schluss durchgeführt werden und als Evaluierungsmethode der erlebten Veränderung zum Einsatz kommen.

Stolpersteine:
- Hier gibt es keine harten Kennzahlen, an denen sich Teilnehmer orientieren können. Bei aufkommender Irritation ermuntern wir unsere Teilnehmer, die Einschätzung intuitiv, spontan vorzunehmen.

Arbeitsblatt: Kräftefeldanalyse Balance-8

Schätzen Sie sich selbst in Bezug auf die jeweiligen Aussagen ein und kreuzen Sie dies auf der Skala an (0 = bisher, X = ab jetzt).

Bewegung

Ich bewege mich, wo immer möglich (zum Beispiel Treppensteigen statt Fahrstuhl nehmen, zu Fuß zum Bäcker statt mit den Auto, Abendspaziergang statt endlos Zapp-TV und so weiter).

kostet Kraft –5 –4 –3 –2 –1 0 1 2 3 4 5 6 7 gibt Kraft

Ich bewege mich regelmäßig (das heißt mindestens dreimal pro Woche für 30 Minuten) im Ausdauerpulsbereich.

kostet Kraft –5 –4 –3 –2 –1 0 1 2 3 4 5 6 7 gibt Kraft

Entspannung

Ich mache regelmäßig kurze Pausen (je Stunde 2–5 Minuten).

kostet Kraft –5 –4 –3 –2 –1 0 1 2 3 4 5 6 7 gibt Kraft

Ich schlafe ausreichend (etwa 7,5 Stunden/Nacht).

kostet Kraft –5 –4 –3 –2 –1 0 1 2 3 4 5 6 7 gibt Kraft

Ernährung

Ich trinke täglich mehr als 2,5 Liter.

kostet Kraft −5 −4 −3 −2 −1 0 1 2 3 4 5 6 7 gibt Kraft

Ich esse reichlich (3/4 der Tagesmenge) Gemüse, Salat, Obst und (Nicht-Weiß-mehl-)Getreideprodukte.

kostet Kraft −5 −4 −3 −2 −1 0 1 2 3 4 5 6 7 gibt Kraft

Atmung

Ich atme so oft wie möglich bewusst tief, lang und ruhig (Tiefatmung).

kostet Kraft −5 −4 −3 −2 −1 0 1 2 3 4 5 6 7 gibt Kraft

Ich atme immer wieder bewusst mit »offenem Herzen« (Herzkohärenzatmung).

kostet Kraft −5 −4 −3 −2 −1 0 1 2 3 4 5 6 7 gibt Kraft

Bewusstheit / Signalzone

Ich kenne und spüre meine Signalzone-Indikatoren.

kostet Kraft −5 −4 −3 −2 −1 0 1 2 3 4 5 6 7 gibt Kraft

Ich halte oft inne, um mich (und andere) zu beobachten.

kostet Kraft −5 −4 −3 −2 −1 0 1 2 3 4 5 6 7 gibt Kraft

Selbstmanagement

Ich habe meine Top-Prios (beruflich wie privat) fest im Blick und handle danach.

kostet Kraft −5 −4 −3 −2 −1 0 1 2 3 4 5 6 7 gibt Kraft

Ich grenze mich einerseits gut ab und schaffe mir Mußefreiräume, andererseits unterstütze und entlaste ich gerne auch andere.

```
              -5  -4  -3  -2  -1   0   1   2   3   4   5   6   7
kostet Kraft  ├───┼───┼───┼───┼───┼───┼───┼───┼───┼───┼───┼───┤  gibt Kraft
```

Einstellung

Ich kenne meine Einstellungen und Werte und weiß um deren Chancen und Risiken.

```
              -5  -4  -3  -2  -1   0   1   2   3   4   5   6   7
kostet Kraft  ├───┼───┼───┼───┼───┼───┼───┼───┼───┼───┼───┼───┤  gibt Kraft
```

Ich nutze meine mentalen Möglichkeiten ziel- und lösungsorientiert (»Tiger Woods«).

```
              -5  -4  -3  -2  -1   0   1   2   3   4   5   6   7
kostet Kraft  ├───┼───┼───┼───┼───┼───┼───┼───┼───┼───┼───┼───┤  gibt Kraft
```

Selbstdisziplin / Umsetzung

Ich kenne meine persönlichen »Umsetzungshilfen« und nutze diese konsequent.

```
              -5  -4  -3  -2  -1   0   1   2   3   4   5   6   7
kostet Kraft  ├───┼───┼───┼───┼───┼───┼───┼───┼───┼───┼───┼───┤  gibt Kraft
```

Ich weiß, wie sich gelungene Umsetzung und Selbstdisziplin anfühlt, und nutze diese Zugkraft bewusst für meine (weiteren) Vorhaben.

```
              -5  -4  -3  -2  -1   0   1   2   3   4   5   6   7
kostet Kraft  ├───┼───┼───┼───┼───┼───┼───┼───┼───┼───┼───┼───┤  gibt Kraft
```

Übung: Geschichte zum Thema

Ziel: Bewusstmachen bestimmter Einstellungen und Zusammenhänge zum Thema innere Stärke. Einen weiteren, intuitiv-metaphorischen Zugang zum Thema eröffnen. Priming (im Sinne von »innere Suchprozesse auslösen«).

Methode: Geschichte vorlesen.

Kernleitfragen: Inwiefern können wir mit einer Geschichte die Teilnehmer berühren, bewegen, irritieren, inspirieren, öffnen, konfrontieren? Was ist innere Stärke? Wie gewinnen wir mehr innere Stärke?

Reflexionsleitfragen (optional – manchmal ist es zielführender, eine Geschichte einfach stehen zu lassen): Was kommt Ihnen jetzt gerade in den Sinn? Was löst diese Geschichte bei Ihnen (nicht) aus? Was nehmen Sie aus der Geschichte für sich (sicher nicht) mit?

Stolpersteine:
- Vermeiden Sie es, vor oder nach der Geschichte mögliche Interpretationen vorzugeben, damit die metaphorische Wirkung nicht verloren geht.

Geschichte: »Ein Bild vom Frieden« (aus dem Internet, siehe Literaturverzeichnis »Geschichten«)

»Es war einmal ein König, der schrieb einen Preis im ganzen Land aus. Er lud alle Maler dazu ein, den Frieden zu malen. Das beste Bild sollte eine hohe Belohnung bekommen. Alle Maler im Land machten sich eifrig an die Arbeit und brachten dem König ihre Bilder. Von allen Bildern, die gemalt wurden, gefielen dem König zwei am besten. Zwischen denen musste er sich nun entscheiden. Das erste war ein perfektes Abbild eines ruhigen Sees. Im See spiegelten sich die malerischen Berge, die den See umrandeten, und man konnte jede kleine Wolke sich im Wasser spiegeln sehen. Jeder, der das Bild sah, dachte sofort an den Frieden.

Das zweite Bild war ganz anders. Auch hier waren Berge zu sehen, aber diese waren zerklüftet, rau und kahl. Am düsteren, grauen Himmel über den Bergen jagten sich wütende Wolkenberge und man konnte den Regen fallen sehen, Blitze zucken und auch fast schon den Donner krachen hören. An einem der Berge stürzte ein tosender Wasserfall in die Tiefe, der tote Bäume und Geröll mit sich riss. Keiner, der dieses Bild sah, verstand, wieso es hier um Frieden gehen sollte. Doch der König sah hinter dem Wasserfall einen winzigen Busch, der auf der zerklüfteten Felswand wuchs. In diesem kleinen Busch hatte ein Vogel sein Nest gebaut. Dort – in dem wütenden Unwetter an diesem unwirtlichen Ort – saß der Muttervogel auf seinem Nest.

Welches Bild gewann den Preis? Der König wählte das zweite Bild und begründete das so: ›Lasst euch nicht von schönen Bildern in die Irre führen: Frieden braucht es nicht dort, wo es keine Probleme und keine Kämpfe gibt. Wirklicher Frieden bringt Hoffnung und heißt, auch unter schwierigsten Umständen und größten Herausforderungen ruhig und friedlich im eigenen Herzen zu bleiben.‹«

Mentale Balance 1: Bewusstheit & Signalzone – die Kraft des Jetzt

> »Es gibt Bekanntes und es gibt Unbekanntes.
> Dazwischen gibt es Türen.«
> William Blake

Das Wesentliche im Überblick können Sie der folgenden Abbildung entnehmen:

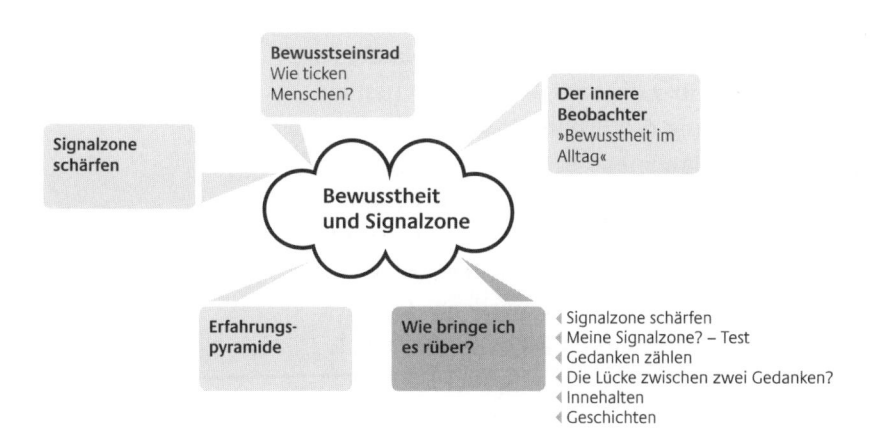

Bewusstheit und Signalzone

- Bewusstseinsrad – Wie ticken Menschen?
- Signalzone schärfen
- Der innere Beobachter »Bewusstheit im Alltag«
- Bewusstheit und Signalzone
- Erfahrungspyramide
- Wie bringe ich es rüber?
  - ◁ Signalzone schärfen
  - ◁ Meine Signalzone? – Test
  - ◁ Gedanken zählen
  - ◁ Die Lücke zwischen zwei Gedanken?
  - ◁ Innehalten
  - ◁ Geschichten

Bewusstheit als Ratgeber im Alltag – Was ist wirklich wichtig?

»Erkenne dich selbst« ist eine nicht nur aus der Antike überlieferte Schlüsselkompetenz für menschliche Entwicklung, Gesundheit und Erfolg. Auch Peter Drucker, Vordenker, Managementguru und Bestsellerautor, antwortete damit (als er schon über 90 Jahre alt war) auf die Frage eines Studenten, was für ihn die wichtigste Kompetenz für ein zufriedenes, vitales und erfolgreiches Leben sei.

Bewusste Selbstbeobachtung als Werkzeug – der innere Beobachter Zu Beginn eine kurze Bewusstheitsübung: Bitte richten Sie Ihre Aufmerksamkeit für einen Moment auf Ihre Atmung. Beobachten Sie, wie Sie ein- und ausatmen, beobachten Sie die kleinen unscheinbaren Bewegungen, die die Atmung begleiten. Tun Sie dies für ein paar Atemzüge und lesen Sie dann weiter. Nun richten Sie bitte den Fokus auf Ihre Gedanken und beobachten Sie genau, was Ihnen im Moment durch den Kopf geht. Verweilen Sie für ein paar Momente in dieser Selbstbeobachtung. Ist es Ihnen gelungen, sich beim Atmen und/oder beim Denken zu beobachten?

Bewusstheit – im Sinne des inneren Beobachters – meint die Fähigkeit, sich seiner selbst (also seiner eigenen Wahrnehmungen, Gedanken, Gefühle und Handlungen) gewahr zu werden. In der obigen Übung entspricht dies der Fähigkeit, das eigene Atmen und Denken aus einer distanzierten Beobachtersicht wahrzunehmen (»die kleine Distanz, die Freiheit bedeutet« sagte Goethe dazu). Obwohl Atmen (und Denken) meist unbewusst ablaufen, verfügen wir mit dem inneren Beobachter über die Fähigkeit, Unbewusstes bewusstzumachen – eine nützliche Erfindung der Evolution, wie wir noch sehen werden. Wie ein Fernglas auf die Phänomene in der uns umgebenden Welt schaut, betrachtet der innere Beobachter die Phänomene unserer Innenwelt, ohne sie zu bewerten. Diese nicht-wertende Selbstbeobachtung der eigenen Gedanken unterstützt die Gedankenhygiene, also das Loslassen hinderlicher Gedanken und im Gegenzug den Aufbau förderlicher Gedanken. Das klingt vielleicht zunächst wie ein Widerspruch, ist es aber insofern nicht, als der nicht-wertende innere Beobachter unbewusste negative (und positive) Gedanken aufspüren hilft, um uns dann eine bewusste und willentliche Entscheidung zu ermöglichen, was wir denken wollen und was nicht. Das Auflösungsvermögen unseres »Fernglases nach innen« entsteht durch Training. Ziel ist, dieses Auflösungsvermögen zu verbessern und die Sensibilisierung für die Signale aus dem Unbewussten zu erhöhen. Auf dem Konzept der nicht-wertenden Selbstbeobachtung (synonym »Achtsamkeit«) basieren viele Meditationstechniken und auch die validierte und sehr erfolgreiche Methode zum Stressabbau MBSR (Mindfulness Based Stress Reduction) von John Kabat-Zinn. Einige in diesem Buch beschriebene Übungen eignen sich besonders, um diese Schlüsselkompetenz zu trainieren (zum Beispiel »Innehalten und Beobachten«, S. 61; »Die Lücke zwischen zwei Gedanken«, S. 62 f.; »Mentaltraining«, S. 105 f.; Qigong-Übungsreihe »Erde-Himmel-Mensch«, S. 148 ff.; »Bodyscan«, S. 163 ff., »Tiefatmung«, S. 174 ff.). Selbsterkenntnis bildend sind ferner die Selbsttests, wie zum Beispiel »Metaprogramme« (S. 94f.), Test »Meine Signalzone« (S.63 ff.) und »Kräftefeldanalyse Balance-8« (S. 44 f.).

▶ **Kurz gesagt:** Die Fähigkeit zur bewussten, nicht-wertenden Selbstbeobachtung (der innere Beobachter) ist für jedermann jederzeit zugänglich. Der Lohn ist Selbst-Bewusstheit im eigentlichen Wortsinne, das heißt Unbewusstes bewusstzumachen, und damit die Kompetenz zur Selbsterkenntnis und zur Gedankenhygiene.

Gedanken kommen und gehen und mit ihnen die Gefühle – das Bewusstseinsrad

Ein Modell für die Entstehung von Gedanken, Gefühlen und Körperreaktionen (beziehungsweise Verhalten) ist das »Bewusstseinsrad« (s. folgende Abbildung), welches wir, inspiriert durch Virginia Satir, weiterentwickelt haben. Gedanken (und Vorstellungen als bildhafte Form von Gedanken) entspringen zwei Quellen.

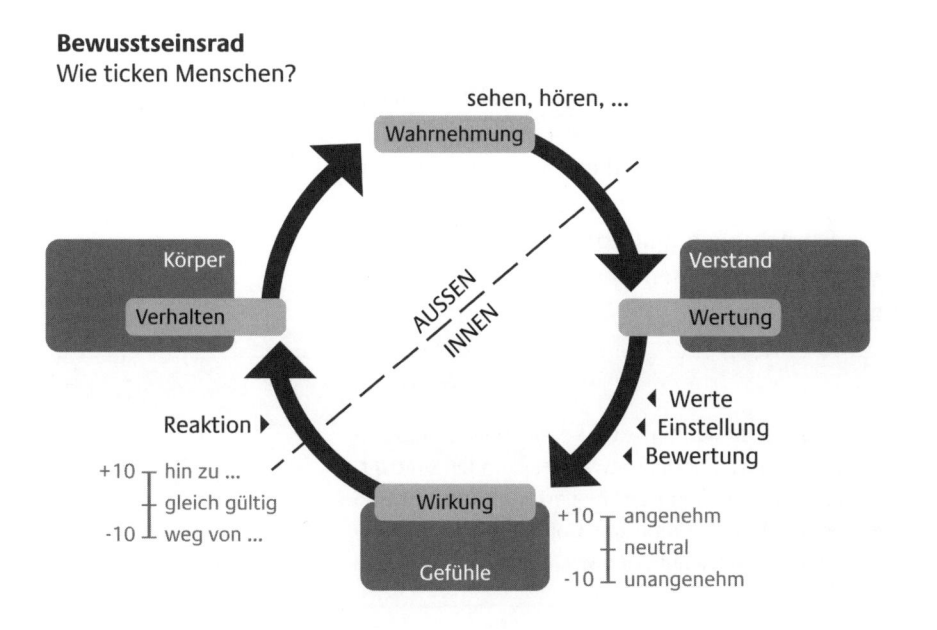

Bewusstseinsrad
Wie ticken Menschen?

Das Bewusstseinsrad

Die erste Quelle sind unsere Wahrnehmungen über die fünf Sinneskanäle: Sehen, Hören, Riechen, Schmecken, Spüren. Hören wir zum Beispiel »Hundegebell«, entsteht der Gedanke (die Vorstellung) »Hundegebell« – vorausgesetzt natürlich, wir haben die Erfahrung »Hundegebell« bereits gemacht und als Referenz (Muster) im Gehirn gespeichert (siehe dazu auch die Einführung im Kapitel »Einstellungen«, S. 81 ff.). Danach bewertet unser Gehirn blitzschnell und meist unbewusst in Sekundenbruchteilen (als Teil eines alten Überlebensprogramms), was gehört wurde. Je nachdem, ob wir mit Hundegebell überwiegend positive oder negative Erfahrungen gemacht haben, fällt die Bewertung entsprechend aus. Wenn wir zum Beispiel oft durch lautes Hundegebell aus der Nachbarschaft mitten in der Nacht geweckt wurden, werden wir Hundegebell sehr wahrscheinlich spontan anders bewerten (»blöder Köter!«), als wenn unser geliebter Familienhund bei unserer Ankunft zu Hause freudig gebellt hat (»lieber treuer Fifi!«).

Bewertungen entstehen somit aus unseren (Vor-)Erfahrungen. Wenn sich Erfahrungen durch Wiederholung (je öfter, desto stärker) und Emotionalität (je intensiver, desto stärker) zu einem Muster verdichten, entstehen Einstellungen und Werte.

Aus der Einstellung »Ich kann nur schlafen, wenn es absolut still ist«, und der darin impliziten negativen Bewertung von Hundegebell (»blöder Köter«) resultieren Erwartungen und Annahmen: Erwartungen wie »Kann der blöde Köter nicht endlich mal aufhören zu kläffen!« oder »Können die Nachbarn den Kläffer nicht endlich ruhigstellen!« und Annahmen wie »Diese Nachbarn sind so unfähig, dass sie nicht einmal einen Hund erziehen können!«

Im zweiten Schritt entstehen aus unseren Gedanken und Vorstellungen (genauer: aus den Folgeerscheinungen unserer Einstellungen, das heißt aus den gedanklichen Bewertungen, Erwartungen und Annahmen) – wiederum blitzschnell und meist unbewusst – die begleitenden Gefühle von unangenehm bis angenehm, manchmal auch neutral.

> **Gefühle und Zeit**
>
> Erkenntnisse aus der Hirnforschung weisen darauf hin – wie bereits bei den Arbeitshypothesen erwähnt – dass ein Gefühl durchschnittlich etwa 30 Sekunden braucht, bis es aus einem Gedanken (bzw. einer Vorstellung oder Bewertung) entsteht und nach etwa 90 Sekunden wieder abgebaut wird. Wenn uns Gefühle länger einnehmen, dann liegt das an dem gedanklichen Nachschub, den wir liefern.

Diese Gefühle rufen im dritten Schritt ihrerseits die unmittelbaren Körper- und Verhaltensreaktionen hervor. Die Skala reicht von ablehnend-aversiv, also »weg von« (Blöder-Köter-Gefühl) über »neutral« (Da-bellt-ein-Hund-Gefühl) bis zugewandt-verlangend, also »hin zu« (Lieber-treuer-Fifi-Gefühl). Also: Wenn wir Hundegebell positiv bewerten, ist unser Gefühl dazu angenehm und unsere Reaktion fällt entsprechend positiv aus. Vielleicht ruft es bei uns ein Lächeln hervor oder wir wollen zu dem Hund hingehen und ihn streicheln. Bewerten wir Hundegebell dagegen negativ, entstehen ablehnende Gefühle, wie zum Beispiel Ärger oder Angst. Wir reagieren, indem wir zum Beispiel das Fenster schließen, verärgert den Nachbarn anrufen oder einen großen Bogen um den Hund machen.

Die zweite Quelle für die Entstehung von Gedanken ist das Unbewusste (Anmerkung: Das »Unbewusste« wird in das »unzugängliche Unbewusste« und das »potenziell zugängliche Vorbewusste« unterschieden. Zur Vereinfachung sprechen wir aber nur von *dem* Unbewussten).

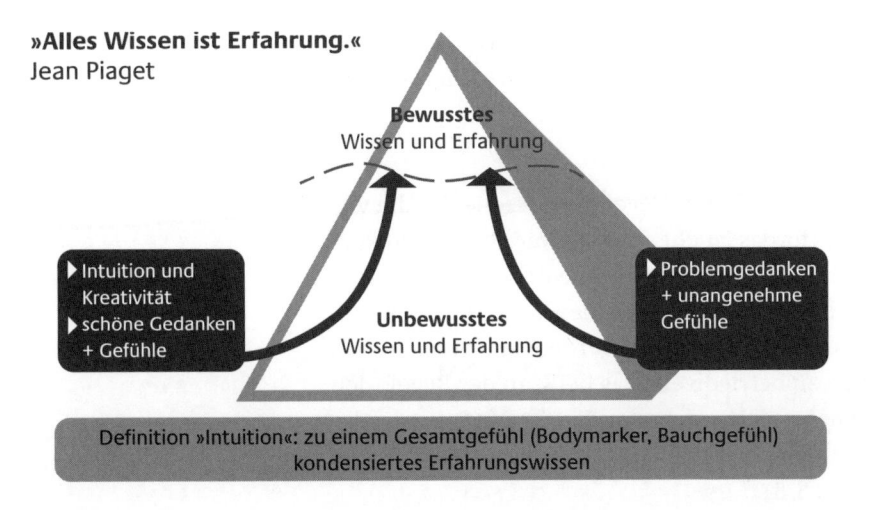

»Alles Wissen ist Erfahrung.«
Jean Piaget

Die Erfahrungspyramide

Bewusstes
Wissen und Erfahrung

▶ Intuition und Kreativität
▶ schöne Gedanken + Gefühle

Unbewusstes
Wissen und Erfahrung

▶ Problemgedanken + unangenehme Gefühle

Definition »Intuition«: zu einem Gesamtgefühl (Bodymarker, Bauchgefühl) kondensiertes Erfahrungswissen

Wie die Abbildung der Erfahrungspyramide zeigt, können Gedanken (angenehme wie unangenehme) auch zufällig aus den Tiefen des Unbewussten aufsteigen, wie die Luftbläschen in einem Glas Mineralwasser. Sicher haben

Sie selbst schon erfahren, dass Gedanken manchmal einfach so aufsteigen – selbst wenn Sie an einem ruhigen Ort ohne viele äußere Reize sind.

Im Unbewussten sind nicht nur die lebenserhaltenden Grundeinstellungen gespeichert (zum Beispiel Atmung, Verdauung, Herzschlag und die Triebe Hunger, Durst, Schlaf- und Ausscheidungsbedürfnis, Sexualtrieb), sondern auch alle im Gehirn (im Langzeitgedächtnis) abgespeicherten Erfahrungen (inklusive unserem Wissen). Erfahrungen und Wissen werden in unserem Gehirn in neuronalen Netzen abgelegt und können neu miteinander verknüpft werden. Diesen Vorgang nennen wir Kreativität.

> **Unser Gehirn erzeugt permanent seine eigene Welt –
> ausgelöst durch unsere Einstellungen und unsere Mitwelt**
>
> Vielleicht kennen Sie das Phänomen, wenn bei stärker werdendem Hungerempfinden nach und nach immer mehr (und manchmal auch bemerkenswert kreative) Gedanken, Vorstellungen und Fantasien zum Thema Essen aufkommen. In diesem Beispiel schafft eine unbefriedigte Grundeinstellung (»Hunger«) die Gedanken. Viel häufiger erzeugen in unserem Alltag jedoch unsere unbefriedigten Einstellungen in Bezug auf unsere Arbeit oder andere Menschen die Gedanken. Zum Beispiel: »Jetzt konnte ich wieder XX nicht erledigen, weil YY dazwischen kam, obwohl ich eigentlich nur dann zufrieden bin, wenn ich alles erledigt habe«, oder »Den Kollegen ZZ kann man nichts machen lassen, er arbeitet langsam und ungenau – was mache ich da bloß?«

Das ist – vor allem bei Kopfarbeitern – in der Regel die Ursache für die vielen Luftbläschen im Wasserglas, für das »nicht oder schwer abschalten können«, für den »unbewussten Fokus auf Probleme« (siehe Arbeitshypothesen, S. 10 ff., beziehungsweise die Übung »Gedanken zählen«, S. 59 f.). Letztendlich dienen diese vielen Luftbläschen – das ist der verdeckte Nutzen – dem Bedürfnis, unsere Einstellungen zu befriedigen. Das heißt in der Regel: »Ich möchte meine Arbeit gut machen«, »Ich möchte andere etwas lehren oder sie unterstützen«, »Ich möchte mich besser behaupten« und so weiter (siehe dazu das Kapitel »Einstellungen«, S. 81 ff.).

Eine andere, meist sehr positiv bewertete (und dadurch als sehr angenehm empfundene) Form aufsteigender Luftbläschen sind die als »intuitive Eingebungen«, »Heureka-Gedanken«, »Geistesblitze«, »plötzliche Erkenntnisse«, »Erleuchtung«, »kreativer Schub« »oder »Inspiration« bezeichneten Gedanken. Darüber gibt es meterweise Anekdoten und Geschichten von

Künstlern, Wissenschaftlern, Erfindern und Philosophen. »Inspiration ist immer auch Transpiration« sagte einst Thomas A. Edison (einer der kreativsten Erfinder mit über tausend angemeldeten Patenten). Dieses bekannte Zitat beschreibt exakt das Genannte: »Inspiration« ist die Folge unbewusster neuronaler Verknüpfungen (Luftbläschen) mit intensiver (bewusster und unbewusster) vorheriger Auseinandersetzung mit einer konkreten Aufgabe (beziehungsweise Herausforderung, Problem) im Sinne von Informationen beschaffen, Wissen aneignen, Durchdenken, Analysieren, Abwägen, Erfahrungen machen und Ausprobieren. Diese Vorab-Auseinandersetzung meinte Edison mit Transpiration. Die moderne Hirnforschung definiert Intuition folgendermaßen: »ein zu einem Gesamtgefühl kondensiertes Erfahrungswissen« (Storch 2011). Das Gesamtgefühl (umgangssprachlich Bauchgefühl) wird über die sogenannten »Bodymarker« körperlich spürbar (zum Beispiel ein Kribbeln im Bauch), was wiederum ein Indiz für die Zusammenhänge des Bewusstseinsrads ist. Der Nutzen ist bei diesen positiven Luftbläschen viel offensichtlicher als beim bereits genannten unbewussten Problemfokus. Dennoch geht es stets darum, unsere Einstellungen – im Sinne von Problemlösung, Neues schaffen, etwas bewegen – zu befriedigen.

Das Muster, mit dem die Wahrscheinlichkeit dieser kreativ-intuitiven Ergüsse erhöht werden kann, besteht darin, die Welle von Muße, Regeneration, (geistigen) Freiräumen, Entspannung, positiven Sozialkontakten und Eustress-Herausforderungen zu surfen und den Disstressdruck herauszunehmen. So das Ergebnis einer umfangreichen Meta-Studie der TU München. Einige konkrete methodische Anregungen finden Sie diesbezüglich zum Beispiel in den Kapiteln zu den Themen »Entspannung« (s. S. 157 ff.) und »Einstellungen« (s. S. 81 ff.). Letztendlich helfen jedoch alle Ansätze der Balance-8 (da sie die Komfortzone stabilisieren und erweitern) geeignete Rahmenbedingungen für mehr Problemlösungskompetenz im Sinne von mehr Kreativität und Intuition zu schaffen.

Das Bewusstseinsrad dreht sich also ständig im Hintergrund und erzeugt, ähnlich einem alten Kühlschrank, ein ständiges Rauschen aus Gedanken und den daraus entstehenden Gefühlen. Jedoch haben wir uns an dieses Rauschen gewöhnt und nehmen es meist nicht mehr wahr.

▶ **Kurz gesagt:** Das Bewusstseinsrad beschreibt einen Kernsatz der Hirnforschung: »Gefühle sind im Körper materialisierte Gedanken«. Anders formuliert: Gedanken erzeugen Gefühle, die wiederum Körperreaktionen und Handlungsimpulse (Verhalten) erzeugen. Gedanken entstehen zum einen unmittelbar aus der Wahrnehmung unserer Mitwelt und zum anderen spontan aus dem Unterbewusstsein. Wir erleben dadurch ein permanentes gedankliches und folglich emotionales *Hintergrundrauschen*. Sich dessen bewusst zu werden ist ein weiterer Schlüssel zur Gedankenhygiene. So können wir den Kreislauf von Wertung, Wirkung und Reaktion durchbrechen.

Signalzone schärfen – Innehalten, Beobachten und die Kraft des Jetzt

Wie werden wir uns nun der Dynamik des Bewusstseinsrades bewusst? Wie schärfen wir unsere Signalzone, sodass wir mitbekommen, wann wir unsere Komfortzone verlassen (s. S. 26 ff.)? Durch Innehalten und Beobachten. So, wie wir bei einem Fernglas eine ruhige Hand brauchen, damit nicht alles verwackelt und verschwimmt, braucht es Momente des Innehaltens – vor allem auch im Alltagstrubel. So aktivieren wir den inneren Beobachter, um klarer zu sehen, was gerade vor sich geht.

Aber wohin soll man schauen? Worauf den inneren Beobachter richten? Neben den Übungen »Signalzone schärfen« (s. S. 34) und dem Test »Meine Signalzone« (s. S. 63 f.) helfen die nachfolgenden Indikatoren (siehe nachfolgende Übersicht), Bewusstheit von Unbewusstheit zu unterscheiden:

Die Signalzone-Indikatoren

Bewusstheit	Signalzone Indikator	Unbewusstheit
Bewusstes Denken beziehungsweise Stille	Gedanken	Gedankliches Hintergrundrauschen
Gegenwart	Zeit	Vergangenheit oder Zukunft
Zufriedenheit beziehungsweise bewusste Störgefühle	Gefühle	Emotionales Hintergrundrauschen
In Kontakt mit sich	Körper	Kein Kontakt zu sich selbst

Bewusstes Denken meint Planen, Analysieren, Strukturieren und Konzeptionieren (als Teil unserer täglichen Arbeit, beruflich wie privat). Das ist eine notwendige, weil überlebenswichtige Qualität unserer Fähigkeit zu denken. Eine andere Qualität ist das bewusste Beobachten der Gedanken beziehungsweise deren Abwesenheit. Mitten in unseren inneren Selbstgesprächen erleben wir eine Pause – eine Lücke – zwischen zwei Gedanken (siehe dazu die gleichnamige Übung). Solche Momente erfahren wir als Stille. Wir erfahren den Moment, die Gegenwart, indem wir einfach nur genau hier sind, in der Kraft des Jetzt. Spannend ist, dass die meisten Menschen diese (flüchtigen) Momente als außergewöhnlich positiv empfinden. Es gibt kaum energievollere und zufriedenere Momente. Mit der Übung »Die Lücke zwischen zwei Gedanken« (s. S. 62 f.) fokussieren wir auf die emotionale Attraktivität dieses Zustands.

Kreisen und springen die Gedanken unbewusst (die normale Tendenz eines sich selbst überlassenen Gehirns – vor allem bei Kopfarbeitern), dreht sich das Gedankenkarussell. So entsteht das gedankliche Hintergrundrauschen. Wie bei dem alten brummenden Kühlschrank merken wir nicht mehr, dass wir denken. Denken ist zu einer Gewohnheit geworden.

Wir denken zurück an eine schöne oder unschöne Erfahrung in der Vergangenheit oder denken bereits voraus in die Zukunft: an den nächsten Arbeitsschritt, den nächsten Urlaub oder das nächste – mögliche – Problem. Die Alzheimerforschung hat die Folge unbewussten Denkens wie folgt beschrieben: »Altern ist eine Anhäufung von Vergangenheit in der Psyche« (Hüther 2011). Für die bewusste Selbstbeobachtung können Gedanken aber auch zu einem hilfreichen Anker werden. Mit der Frage: »Was denke ich jetzt gerade?« katapultieren wir uns direkt in die bewusste Gegenwart, in die Kraft des Jetzt.

Indikatoren für mehr Bewusstheit auf der Gefühlsebene sind entweder Zufriedenheit (als Überschrift für eine Reihe angenehmer Gefühle, siehe Beispiele und die Übung »Die Lücke zwischen zwei Gedanken«, S. 62 f.), oder aber das bewusste Annehmen (= wahrnehmen, erleben und akzeptieren) unangenehmer Gefühle und Emotionen (= »Störgefühle«). Eine Fülle an Forschungsergebnissen zeigt, dass sich erstaunlicherweise ein Mehr an Zufriedenheit allein durch das Annehmen von Störgefühlen einstellt. Bei chronisch erkrankten Menschen steigt beispielsweise die Zufriedenheit in dem Maße an, wie sie lernen, die »nicht-wertende-Selbstbeobachtung« (Bewusstheit) aufrechtzuerhalten. Bei chronischen Schmerzpatienten nimmt die subjektive Schmerzempfindung im gleichen Maße ab und bei Depressiven die Zuversicht zu. Bewusstheit scheint uns also zu helfen, negative körperliche Empfindungen und Störgefühle besser annehmen zu können und einen konstruktiven Umgang mit ihnen zu erlernen. Auf diesen Zusammenhang gehen wir mit der Übung »Benennen« (s. S. 103 f.) im Kapitel »Einstellungen« ausführlicher ein. Durch die ursächliche Verknüpfung von Gedanken und Gefühlen (siehe Bewusstseinsrad) führt die gedankliche Reduktion zusätzlich zu weniger diffusen Störgefühlen.

Unbewusstheit in Bezug auf die Gefühle drückt sich als emotionales Hintergrundrauschen aus. Wir bewegen uns in einem Kontinuum von angenehmen und unangenehmen Gefühlen. Wir fühlen uns nur diffus wohl oder unwohl und können nur unscharf zwischen verschiedenen Gefühlszuständen unterscheiden. Für die bewusste Selbstbeobachtung können Gefühle zu einem hilfreichen Anker werden. Mit der Frage: »Was fühle ich jetzt gerade?« manövrieren wir uns in die bewusste Gegenwart, in die Kraft des Jetzt.

Letztlich ist auch unser Körper ein hervorragender Indikator, schlicht, weil wir ihn überall dabeihaben. Spüren wir unseren Körper – egal wann, wo und welche Befindlichkeit (zum Beispiel den Rücken an der Stuhllehne, ein Jucken am Bein, die Atmung, Durst, die volle Blase und vieles andere mehr) – sind wir im bewussten Kontakt mit uns selbst. Spüren wir unseren Körper nicht, was häufig bei langer und konzentrierter mentaler Arbeit der Fall ist oder aber infolge des gedanklichen Hintergrundrauschens, geht der Kontakt verloren. Dann fühlen wir zum Beispiel statt »Ich habe Durst, ich brauche etwas zu trinken« nur »Ich brauche ...«, ohne greifen zu können, was genau wir momentan brauchen. Wir sind unbewusst. Für die bewusste Selbstbeobachtung kann auch der Körper zu einem hilfreichen Anker werden. Mit der Frage: »Was spüre ich jetzt gerade im Körper?« fokussieren wir uns direkt in die bewusste Gegenwart, in die Kraft des Jetzt.

▶ **Kurz gesagt:** »Wir werden den ganzen Tag an der Nase herumgeführt und denken, es wäre freier Wille«, so ein Zitat vom international anerkannten Meditationslehrer Fred von Allmen (im Rahmen einer Weiterbildung). Man darf diesen Satz auch als einen weiteren Kernsatz der Hirnforschung bezeichnen. Gedankliches Hintergrundrauschen produziert emotionales Hintergrundrauschen und dieses wiederum permanent Handlungsimpulse. Die genannten Indikatoren ermöglichen unserem inneren Beobachter – in jedem Alltagsmoment – zu erkennen, was uns gerade an der Nase herumführt. Und jedes Erkennen schafft ein klein wenig mehr an freiem Willen zu denken, zu fühlen und zu handeln.

Innehalten, Bewusstmachen und Wahrnehmen – Wie bringe ich es rüber?

Die nachfolgenden Übungen zielen darauf ab, den Teilnehmern (Klienten) das Thema »Bewusstheit« – vor allem im Hinblick auf die Alltagskonsequenzen – erfahrungs- und handlungsorientiert näherzubringen. Die Geschichten sollen einen intuitiv-metaphorischen Zugang zum Thema ermöglichen.

> **Übung: Gedanken zählen**
>
> **Ziel:** Bewusstmachen des Denkens. Erleben und Nachvollziehen der Arbeitshypothese: »Gedankenkarussell als Berufskrankheit – Gedankenhygiene als Lösungsstrategie«. Erfahrbarmachen des Bewusstseinsrads mittels der Übungsvariation.
>
> **Methode:** Bewusste Selbstbeobachtung (1 Minute) mit anschließendem Fakteninput (5–10 Minuten).
>
> **Kernleitfrage:** Wie können wir das Denken bewusster wahrnehmen?
>
> **Reflexionsleitfrage:** (Wie viel) denken Sie jetzt?
>
> **Beschreibung / Anleitung:**
> - **Schritt 1:** Die Teilnehmer sitzen bequem auf ihren Stühlen. Laden Sie sie zu einem kleinen Experiment ein, bei dem die Teilnehmer für eine Minute die eigenen Gedanken zählen. Innere Sätze wie: »Denke ich jetzt?«, »Wann ist die Minute wohl um?« oder auch mentale Bilder (Vorstellungen) sind Beispiele für Gedanken. Der Trainer stoppt die Zeit. Bei »Los« fangen alle mit dem Zählen an und bei »Stopp« ist Ende.
> - **Schritt 2:** Reflektieren Sie die Übung anschließend durch die Leitfrage: »Wer hatte mehr als 10, 20, 30 Gedanken?«.
> - **Schritt 3:** Ermitteln Sie das Minimum und Maximum an gezählten Gedanken in dieser Übung.
>
> **Fakten:** Präsentieren Sie nach der Übung die nachfolgenden Fakten.
>
> Wir wissen heute:
> - Kopfarbeiter denken etwa 50.000 Gedanken pro Arbeitstag.
> - Zu 90 Prozent denken wir stets das Gleiche.
> - Die meisten Menschen haben einen unbewussten Fokus auf Probleme.
> - Denken ist teuer.

Anmerkung: Die Anzahl der Gedanken pro Tag erhält man, in dem man die Anzahl der Gedanken der einen Minute mal 960 nimmt (das entspricht einem 16-Stunden-Wachtag), der Einfachheit halber (ist leichter zu rechnen) reicht auch mal 1.000. Beispiel: Hatte ein Teilnehmer zum Beispiel 37 Gedanken in der Minute, würde das hochgerechnet etwa 37.000 Gedanken pro Tag bedeuten.

Konsequenzen: Zählt man die ersten drei Fakten zusammen, haben wir ursächlich verstanden, warum Kopfarbeiter oft nicht (oder nur schwer) abschalten können und unter Unruhe, Nervosität oder Schlafstörungen leiden. Menschen, die ihr Geld mit dem Kopf verdienen, speziell die Menschen in lehrenden Berufen, haben die Fähigkeit zu denken perfektioniert. Doch unser Gehirn hört häufig nach Feierabend nicht auf zu denken. Es macht, was es am besten kann: Denken. Um den Vergleich erneut zu bemühen: Bauarbeiter haben es im Kreuz, Kopfarbeiter haben es im Hirn. Der vierte Punkt »Denken ist teuer« zeigt die enge Vernetzung zum Thema Brainfood (siehe Kapitel Ernährung, S. 183 ff.) und mit dem Konzentrationsverlauf (siehe Übung »Konzentration und Pausen« im Kapitel Entspannung, S. 164 ff.).

Der erste Schlüssel zu mehr Balance liegt darin, sich des Denkens bewusst zu werden. Wer gelernt hat, in diese gedanklichen Endlosschleifen hineinzugrätschen, gewinnt selbst die Wahl, einen bestimmten Gedanken weiterzudenken oder den Gedanken loszulassen. An zweiter Stelle steht die Fähigkeit zur quantitativen Reduktion der Gedanken, damit wir in Zeiten, zu denen ein gedankliches Mehr desselben nicht hilfreich ist, wie zum Beispiel in Regenerationsphasen, den Knopf zum Abschalten finden.

Variation: Füllen Sie, während die Minute läuft, möglichst geräuschvoll ein Glas mit Wasser ein oder machen Sie ein anderes, lautes Geräusch. Höchstwahrscheinlich werden die Teilnehmer berichten, dass das Geräusch neue Gedanken erzeugt hat – und damit haben Sie ein konkretes Beispiel für das Bewusstseinsrad. Wenn niemand darauf Bezug nimmt, fragen Sie nach: »Welche Wirkung hatte das Geräusch auf Ihre Gedanken?«

Stolpersteine:
- Diskussionen wie: »Wo fängt ein Gedanke an? Wo hört er auf?« sind spannend, aber hier nicht zielführend. Bitten Sie die Teilnehmer schon in der Anleitung, mit einer gewissen Unschärfe zu zählen.
- Stellen Sie klar, dass es nicht darum geht, nicht zu denken, sondern um das Wahrnehmen und Zählen von Gedanken.

Übung: Innehalten und Beobachten

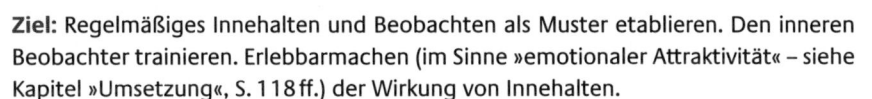

Ziel: Regelmäßiges Innehalten und Beobachten als Muster etablieren. Den inneren Beobachter trainieren. Erlebbarmachen (im Sinne »emotionaler Attraktivität« – siehe Kapitel »Umsetzung«, S. 118 ff.) der Wirkung von Innehalten.

Methode: Regelmäßig wiederholte (im Sinne einer Musterprägung), bewusste Selbstbeobachtung (1–2 Minuten).

Kernleitfrage: Wie können wir unseren inneren Beobachter trainieren?

Reflexionsleitfragen: Was genau nehmen Sie wahr, wenn Sie Ihren Fokus auf … richten? Nach einigen Innehalteübungen: Wie genau wirkt das regelmäßige Innehalten auf Sie? Bei längeren Veranstaltungen zum Ende hin: Was ist der Unterschied gegenüber dem Nicht-Innehalten?

Beschreibung: Die Teilnehmer üben für ein bis zwei Minuten »Innehalten und Beobachten«. Wählen Sie pro Übung einen Fokus aus, zum Beispiel »Ein bis zwei Minuten den Fokus auf die Gedanken (oder Atmung) richten«. Laden Sie die Teilnehmer ein, »nicht-wertend zu beobachten, ohne verändern zu wollen«. Es geht nicht darum, etwas zu erreichen, sondern darum, sich dessen, was gerade vor sich geht, bewusst zu werden. Um der Übung eine ritualisierte und humorvolle Note zu geben, nutzen wir gerne unser Quietschhuhn aus dem Haustierbedarf und markieren damit Beginn und Ende des Innehaltens.

Variation: Ein zweitägiges Training ist hervorragend geeignet, um neue Gewohnheiten zu trainieren. Gleichzeitig wirkt die Übung als Pausenimpuls (siehe Kapitel Selbstmanagement, S. 68 ff., und Entspannung, S. 157 ff.). Variieren Sie den Fokus entsprechend den Signalzone-Indikatoren (s. S. 56), damit die Teilnehmer ebenso vertraut werden mit dem Beobachten von Gefühlen und Körperempfindungen, wie zum Beispiel der Atmung. Ein schöner Leitsatz für die zweite oder dritte Übungsschleife kann lauten: »Entspannen, beobachten, erlauben.«

Stolpersteine:
- Das Gedankenkarussell dreht sich: Deshalb schweigen Sie nicht während der Übung, sondern wiederholen Sie in den ein bis zwei Minuten ab und zu den Beobachtungsfokus beziehungsweise den genannten Leitsatz. Bei der ersten Übung öfter als bei den nachfolgenden. Den Teilnehmern ist dies eine gute Unterstützung, den Fokus aufrechtzuerhalten.

Übung: Die Lücke zwischen zwei Gedanken

Ziel: Bewusstmachen, wie sich Nicht-Denken anfühlt. Spürbarmachen (im Sinne »emotionaler Attraktivität« der Wirkung von Nicht-Denken.

Methoden: Bewusste Selbstbeobachtung (1–2 Minuten) mit anschließender Reflexion der Erfahrungen und einer Zurufmoderation (ungefähr 5 Minuten).

Kernleitfrage: Wie fühlt sich Nicht-Denken an?

Reflexionsleitfragen:
Reflexionsfragen zur Selbstbeobachtung (A): Was genau fühlen Sie, wenn Sie nicht denken? Wie fühlt sich die Lücke zwischen zwei Gedanken an?
Reflexionsfragen zur Zurufmoderation (B): Erinnern Sie sich bitte an eine Situation, in der Sie innerlich völlig still waren – was genau haben Sie da gefühlt?
Abschließende Reflexionsfragen (C): Was heißt das nun für Sie? Welche Schlüsse ziehen Sie daraus?

Beschreibung:
- **Schritt 1:** Die Teilnehmer auffordern, sich bequem hinzusetzen, eventuell die Augen zu schließen und den inneren Beobachter zu aktivieren.
- **Schritt 2:** Mit den Reflexionsleitfragen (A) die ein- bis zweiminütige Selbstbeobachtung einleiten und begleiten.
- **Schritt 3:** Reflexion der Erfahrungen – die Erfahrungen (Gefühle) auf Flipchart visualisieren.
- **Schritt 4:** Erweiterung der Zurufmoderation durch die Leitfragen (B) – Erfahrungen ebenfalls visualisieren.
- **Schritt 5:** Fazit der Übung mittels der Leitfragen (C).

Beispiele für häufige Rückmeldungen zu den Leitfragen (A und B): »zufrieden«, »leicht«, »friedvoll«, »glücklich«, »entspannt«, »energievoll«, »frei«, »angeregt« und zur Leitfrage (C): »Glück und Zufriedenheit ruhen in mir«, »Innehalten, Muße und Zur-Ruhe-Kommen öffnen die Tür«, »Mir fiel es wie Schuppen von den Augen: Wir suchen alle diese Gefühle im Außen, aber tragen sie eigentlich ständig in uns«.

Stolpersteine:
- Vielen Teilnehmern fällt es nicht leicht, die Lücke zwischen den Gedanken bewusst wahrzunehmen. Zum einen, weil sich das Gedankenkarussell schnell dreht und zum anderen, weil der innere Beobachter oft noch nicht stabil genug ist (das heißt: noch nicht ausreichend trainiert). Deshalb immer wieder darauf hinweisen, dass das Kommen und Gehen von Gedanken eine völlig normale Sache ist.

Dies nimmt den Druck heraus. Wenn die Übung gar nicht funktioniert, auf die Zurufmoderation verweisen. Derartige Erfahrungen hatten bislang alle Teilnehmer.
- Sehr selten kommen bei Teilnehmern auch einmal negative Gefühle hoch. Dann auf die genannten Ausführungen (s. Seite 53 und die Abbildung Seite 53) hinweisen oder diese jetzt einführen, um den Teilnehmern eine Hilfestellung zu geben, diese Gefühle anzunehmen und ihnen einen konstruktiven Umgang damit zu ermöglichen.

Auch unangenehme Erfahrungen bieten Chancen
Bei einer Teilnehmerin mit einer ausgeprägten inneren Unruhe ist – zusammen mit einem unangenehmen Begleitgefühl – »nur noch Schwarz« aufgetreten. Wir haben das in der Pause in einem Vier-Augen-Gespräch aufgenommen und ihr eine sehr kompetente Therapeutin empfohlen. Einige Zeit später meldete sich die Teilnehmerin nochmals bei uns und berichtete über ihre erfolgreiche Therapie – die »Leiche im Keller« ihres Unterbewusstseins war nun versorgt, ihre innere Unruhe gewichen. Unser Fazit: Manchmal eröffnen auch kleine Übungen große Chancen.

Test: Meine Signalzone

Ziel: Bewusstmachen der persönlichen Signalzone. Erkennen von Balance- und Disbalance-Indikatoren.

Methode: Selbsttest (5–10 Minuten).

Material: Arbeitsblatt »Meine Signalzone«.

Kernleitfrage: Inwiefern sind wir uns unserer Signalzone bewusst?

Reflexionsleitfragen: Siehe Arbeitsblatt auf Seite 64.

Beschreibung: Der Test besteht im ersten Teil aus zwei offenen Fragen, bei dem sich die Teilnehmer aus der Selbstsicht (1) und der indirekten Fremdsicht (2) (zum Beispiel aus der Perspektive des Partners, der besten Freundin, des besten Freundes) einschätzen. Die zweite Frage dient dazu, ein möglichst dissoziiertes Bild (antizipiertes Fremdbild) zu erhalten. Im zweiten Teil wird ein weiteres Selbstbild anhand einer Checkliste durch die häufigsten Signalzonenindikatoren entworfen. Die Auswertung zeigt, ob man sich im gesunden, ungesunden oder im Signalzonebereich des Balancemodells (siehe Balancemodell, S. 26) befindet.
Weisen Sie darauf hin, dass das Testergebnis für die eigene Erkenntnis ist und nicht im Plenum besprochen wird.

Variation: Bei einer längeren Begleitung von Personen (zum Beispiel im Einzelcoaching) kann der Test zu Beginn und am Schluss durchgeführt werden und als Evaluierungsmethode der erlebten Veränderung zum Einsatz kommen.

Stolpersteine:
- »Normalerweise bin ich ganz anders, ich komme nur so selten dazu.« – Der Test setzt Selbstkritik und Ehrlichkeit voraus. Man kann sich das Ergebnis sonst hinbiegen. Wir weisen gerne humorvoll darauf hin, dass dies eine (seltene) Gelegenheit ist, sich den ehrlichen Spiegel vorzuhalten.

Test: Meine Signalzone

Teil 1: Zwei Fragen

Frage 1: Was hat sich bei mir in den letzten Monaten (im letzten Jahr) im Hinblick auf die unten genannten 20 Aussagen verändert – und auf welche Weise?

Frage 2: Was würde wohl der Mensch, der mich am besten kennt (und mir ehrlich Antwort gibt), auf Frage 1 antworten?

Teil 2: Selbsttest (1 = fast immer, 5 = fast nie)	1	2	3	4	5
1 Ich schlafe gut ein.	☐	☐	☐	☐	☐
2 Ich schlafe gut durch.	☐	☐	☐	☐	☐
3 Ich wache ausgeruht auf.	☐	☐	☐	☐	☐
4 Ich kann in meiner Freizeit gut abschalten.	☐	☐	☐	☐	☐
5 Ich bin emotional ausgeglichen.	☐	☐	☐	☐	☐
6 Ich kann genießen.	☐	☐	☐	☐	☐
7 Ich kann gut entspannen.	☐	☐	☐	☐	☐
8 Ich bin zuversichtlich.	☐	☐	☐	☐	☐
9 Ich bin körperlich gesund.	☐	☐	☐	☐	☐

10	Ich esse weder zu viel noch zu wenig.	☐	☐	☐	☐	☐
11	Ich bewege mich viel und betätige mich regelmäßig (3x/Woche > 30 Minuten) sportlich.	☐	☐	☐	☐	☐
12	Ich kann gut alleine sein.	☐	☐	☐	☐	☐
13	Ich bin gerne mit anderen Menschen im Kontakt.	☐	☐	☐	☐	☐
14	Ich fühle mich kraftvoll.	☐	☐	☐	☐	☐
15	Ich gönne mir im Laufe der Woche Freiräume für mich selbst.	☐	☐	☐	☐	☐
16	Ich spüre schnell, wenn es mir zu viel wird.	☐	☐	☐	☐	☐
17	Ich mache öfters kleine Pausen.	☐	☐	☐	☐	☐
18	Ich gönne mir im Laufe des Tages etwas Ruhe für mich.	☐	☐	☐	☐	☐
19	Ich bin in der Lage, meine Zeit gut einzuteilen.	☐	☐	☐	☐	☐
20	Ich habe einen klaren Blick für das Wesentliche, beruflich wie privat.	☐	☐	☐	☐	☐
	Einzelsummen					
	Gesamtsumme					

■ Auswertung des Tests: Meine Signalzone

< 30 Punkte	=	Signalzone klar! Kompliment! (beziehungsweise »Frosch ist am Kochen.«)
31–55 Punkte	=	Passt! (noch) gesunder Bereich!
56–70 Punkte	=	Vorsicht! Gefahr im Verzug!
> 70 Punkte	=	Ernsthafte Gefährdung! (Unterforderung oder Überforderung oder Erschöpfung)

Übung: Geschichten zum Thema

Ziel: Bewusstmachen bestimmter Einstellungen und Zusammenhänge zum Thema Bewusstheit. Einen weiteren intuitiv-metaphorischen Zugang zum Thema eröffnen. Priming (im Sinne von »innere Suchprozesse auslösen«).

Methode: Geschichte vorlesen.

Kernleitfragen: Inwiefern können wir mit einer Geschichte die Teilnehmer berühren, bewegen, irritieren, inspirieren, öffnen, konfrontieren? Welche Rolle spielt Bewusstheit? Was genau ist Bewusstheit? Wie gewinnen wir mehr Bewusstheit?

Reflexionsleitfragen: (optional – manchmal ist es zielführender, eine Geschichte einfach stehen zu lassen) Was kommt Ihnen jetzt gerade in den Sinn? Was löst diese Geschichte bei Ihnen (nicht) aus? Was nehmen Sie aus der Geschichte für sich (sicher nicht) mit?

Anmerkung: In unserer Interpretation steht in der Geschichte 1 der Spiegel für »Bewusstheit«.

Stolpersteine:
- Obige Anmerkung ist als Hinweis für Sie gedacht. Vermeiden Sie es, vor oder nach der Geschichte mögliche Interpretationen vorzugeben, damit die metaphorische Wirkung nicht verloren geht.

Geschichte 1: »Das Märchen vom Tempel der tausend Spiegel« (Späth/Shi Yan Bao 2012)

»In einem fernen Land gab es vor langer Zeit einen großen Tempel mit tausend Spiegeln. Wie es der Zufall will, geschah es eines Tages, dass sich ein Hund darin verirrte. Plötzlich sah der Hund sich tausend anderen Hunden gegenüber. Er begann zu knurren und sah, wie tausend andere Hunde ebenfalls knurrten. Da steigerte sich sein Zorn noch mehr, aber die Wut der anderen Hunde ebenfalls. Erst nach langer Zeit fand der Hund völlig erschöpft wieder den Ausgang. ›Wie ist die Welt doch böse‹, sagte sich der Hund, ›sie besteht aus lauter wütenden Hunden.‹ Dieses furchtbare Erlebnis hatte sich tief in das Gedächtnis des Hundes eingegraben. Fortan hielt er es für erwiesen, dass ihm andere Hunde feindlich gesinnt waren. Die Welt war für ihn ein bedrohlicher Ort und er wurde von anderen Hunden gemieden und lebte verbittert bis ans Ende seiner Tage.

Es vergingen viele Jahre. Da geschah es wieder einmal, dass ein Hund zum Tempel der tausend Spiegel kam. Auch er ging hinein, und auch er sah sich tausend Hunden

gegenüber. Aber dieser Hund freute sich und wedelte freundlich mit dem Schwanz und begann zu lächeln – so gut Hunde eben lächeln können.
Da wedelten die tausend Hunde zurück und lächelten, und er freute sich, dass die anderen Hunde sich freuten, und die Freude kein Ende fand. Deshalb ging der Hund immer wieder in den Tempel der tausend Spiegel, um sich mit den andern Hunden zu freuen. ›Wie ist die Welt doch schön‹, sagte der Hund dann zu sich selbst. ›Überall gibt es freundliche Hunde, die mit dem Schwanz wedeln und lächeln!‹ Dieses schöne Erlebnis hatte sich tief in das Gedächtnis des Hundes eingegraben. Fortan hielt er es für erwiesen, dass ihm andere Hunde freundlich gesinnt waren. Die Welt war für ihn ein freundlicher Ort und er wurde von anderen Hunden gern gesehen und lebte glücklich bis ans Ende seiner Tage.

Geschichte 2: »Das Glück und der Schmetterling« (von Anthony de Mello, aus dem Internet, siehe Literaturverzeichnis »Geschichten«)
»›Das Glück ist wie ein Schmetterling‹ sagte der Meister. ›Jag ihm nach, und er entwischt dir. Setz dich still hin, und er setzt sich auf deine Schulter.‹« – ›Was soll ich tun, um das Glück zu erlangen?‹ fragte der Schüler. – ›Hör auf, hinter ihm her zu sein‹« entgegnete der Meister. – ›Aber gibt es nichts, was ich tun kann?‹ fragte der Schüler. – ›Du könntest versuchen, dich ruhig hinzusetzen, wenn du es wagst‹ sagte der Meister.

Mentale Balance 2: Selbstmanagement – die Kraft des Wesentlichen

> »Nimm dir Zeit zum Arbeiten, das ist der Preis für den Erfolg.
> Nimm dir Zeit für Ruhe und Erholung, das ist die Quelle der Kraft
> Nimm dir Zeit zum Lesen, das ist das Fundament des Wissens.
> Nimm dir Zeit zum Lachen, das lässt dich die Bürden
> des Lebens leichter ertragen.
> Nimm dir Zeit zum Spielen, das ist das Geheimnis der Jugend.
> Nimm dir Zeit für die Liebe, das ist die Essenz des Lebens.
> Und nimm dir Zeit zum Planen, dann hast du
> für alles andere Zeit genug!«
>
> Irischer Spruch

Das Wesentliche im Überblick können Sie auch hier der folgenden Abbildung entnehmen:

Sich organisieren

◀ Kernaussagen
1. Prioritäten setzen -> Eisenhower, Pareto 80:20
2. konsequent ein Zeitplansystem nutzen -> Pufferzeit einplanen
3. Blöcke bilden -> Freiräume und Pausen planen, Störungen erfassen, reduzieren, bündeln
4. Ablagesystem pflegen -> »äußere Ordnung schafft innere Ordnung«

Selbstmanagement

Sich wertschätzend behaupten

Wie bringe ich es rüber?

◀ Was ist wirklich wichtig?
◀ Was kann ich weglassen?
◀ Wertschätzend »Nein« sagen
◀ Sich organisieren
◀ Umschaltrituale
◀ Geschichten

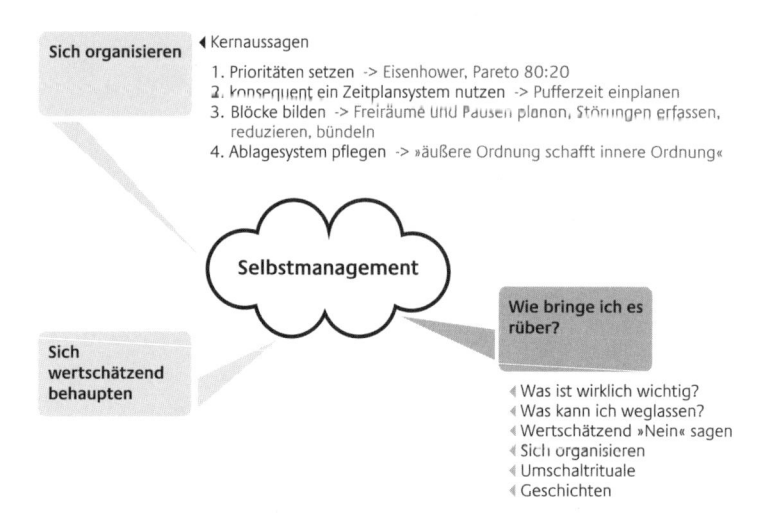

Selbstmanagemnt

Die zentrale »Was-ist-wirklich-wichtig-Frage«

Die Essenz dieses Kapitels steckt in einer einzigen Frage: »Was ist wirklich wichtig?« Als zweite Frage folgt umgehend, insbesondere in der heutigen Zeit mit ihren beinahe unbegrenzten Möglichkeiten: »Was kann (will) ich weglassen, um mehr Zeit für das Wesentliche zu gewinnen?« Selbstmanagement ist das »Steuerungselement« unserer Balance. Im Kern geht es um Prioritäten, Zeitplanung und Freiräume (also: sich organisieren) und darum, die eigene Balance zu bewahren, beziehungsweise sie sich immer wieder neu zu erkämpfen (also: sich behaupten).

»Den Wald vor lauter Bäumen nicht ...« Aus den Erfahrungen unserer Kurse und Coachings lässt sich schließen, dass die Menschen heutzutage häufig an einem Zuviel an Optionen und einem Zuwenig an Fokus und Orientierung leiden – mit zum Teil heftigen Auswirkungen auf ihre Balance. Was offenbar Not tut, ist ein Rückbesinnen auf das Wesentliche und ein Entrümpeln von Unwesentlichem. Deshalb gehen wir das Thema aus diesem Blickwinkel an. Übungen, welche die Teilnehmer diesbezüglich gut abholen, sind der »Balancekompass« (s. S. 20) und die nachfolgende Übung: »Was ist wirklich wichtig? – Was kann (will) ich weglassen?« (s. S. 73). Ansonsten beschränken wir uns auf einen prägnanten Input (15–20 Minuten) der Kernaussage »Sich organisieren« (siehe Abbildung auf der vorhergehenden Seite mit begleitender Fragen- und anschließender Selbstreflexionsphase. Selbstverständlich gilt es, die Inhalte auf das persönliche Job- und Life-Design zuzuschneiden (siehe Übung: »Sich organisieren«, S. 74 f.).

Weniger ist mehr – warum eigentlich? Eindrucksvolle Daten hierzu hat die als »Marmeladen-Experiment« (Schnabel 2010, S. 53) bekannt gewordene Untersuchung generiert.

> **Das Marmeladen-Experiment**
>
> In einem Feinkostladen wurde ein Werbetisch aufgebaut, auf dem verschiedene Sorten Marmelade zum Kauf angeboten wurden. Einmal waren es 24 Sorten, das andere Mal bloß sechs Sorten. An welchem Tisch, vermuten Sie, wurde mehr gekauft? Hier das Ergebnis: War die Auswahl klein, kauften fast 30 Prozent der Kunden eine Marmelade; war sie groß, entschied sich nur noch ein Bruchteil davon für einen

> Kauf – nämlich drei Prozent. Damit belegte diese Studie eindrucksvoll, dass ein Zuviel an Optionen demotivierend wirkt, denn – so die Erklärung der Forscher – das Abwägen zwischen vielen Optionen kostet Energie und Zeit und erhöht kurzfristig den Stresspegel, weil wir mit jeder Wahl zwangsläufig auf andere Alternativen verzichten.
> **Übrigens:** Inspiriert durch diese Ergebnisse reduzierte der Konzern Procter & Gamble die Sortenanzahl seines »Head & Shoulders«-Shampoos von 26 auf 15 – und verbuchte prompt einen Verkaufsanstieg von zehn Prozent.

Es handelt sich beim Thema »Selbstmanagement« meist um Inhalte, die den Teilnehmern bereits bekannt sind. Wer hat nicht schon von der Eisenhower-Regel gehört oder vom 80:20-Prinzip? Wie so oft, ist es mehr eine Frage der Umsetzung und weniger ein Informationsdefizit, wenn das Selbstmanagement nicht gelingt. In die Tiefe der Werkzeugkiste greifen wir an dieser Stelle deshalb nicht, da es hierzu meterweise gute Literatur (sowie gleichnamige Veranstaltungen) gibt. Insbesondere auf die Veröffentlichungen von Lothar Seiwert (siehe Literaturverzeichnis, S. 231) sei verwiesen.

▶ **Kurz gesagt:** Kopf, Herz und Hand fest auf die Top-Prioritäten fokussiert, beruflich wie privat, hilft im Alltagshalligalli das Wichtige vom Unwichtigen zu unterscheiden. Danach gilt es, sich seine Zeit so einzuteilen, manchmal auch zu erkämpfen, dass ausreichend Freiräume zum Krafttanken entstehen. Das gibt Klarheit und Orientierung erstens für die Dinge, die uns wirklich wichtig sind, und zweitens für unsere Balance – die Basis für nachhaltigen Erfolg.

Nachfolgend beschreiben wir in Essenz, »was wirklich wichtig ist« (siehe auch die einführende Abbildung auf Seite 68).

Sich organisieren – »Zehn Minuten Planung spart eine Stunde Arbeitszeit«
Mithilfe der »Sich-Organisieren-Werkzeuge« (»Tools«) priorisieren (Schritt 1) wir sowohl das Arbeits- als auch das restliche Leben entlang unserer Top-Prioritäten. Hilfreiche Werkzeuge sind die Eisenhower-Regel und das Pareto-Prinzip (oft auch als 80:20-Regel bezeichnet). Genauso wirkungsvoll wie einfach ist der Tipp von Jack Welch (langjähriger CEO von GE und Management-Guru): »Schreib all deine Aufgaben auf ein Blatt Papier und nummeriere sie

nach der Reihenfolge ihrer Wichtigkeit (nicht Dringlichkeit). Kommt etwas Neues hinzu, dann aktualisiere auch die Liste.«

Im zweiten Schritt (2) verweben wir die aus der Prioritätensetzung resultierenden Aufgaben (»To-dos«) mit den notwendigen (beziehungsweise den verfügbaren) Zeitbudgets. Das geschieht idealerweise in einem zentralen Zeitplansystem (je nach Job und Gusto auf Papier oder elektronisch) und mit reichlich Zeitpuffer (20 Prozent ist eine gute Hausnummer – Top-Führungskräfte verplanen in der Regel weniger als 50 Prozent ihrer Zeit). Die für unsere Balance relevanten Tätigkeiten (beispielsweise Sport, Sozialkontakte, Mußezeiten) müssen dabei mit genau derselben Priorisierung in unser Zeitplansystem eingepflegt (und verteidigt!) werden wie berufliche Top-Prios. Die Gefahr, dass diese sonst vernachlässigt werden, ist groß. Aussagen wie »Früher habe ich oft Sport gemacht, heute komme ich nicht mehr dazu« sind eine Folge davon.

Blockbildung (Schritt 3): Für unsere Konzentration, Leistungsfähigkeit und Produktivität (siehe Konzentrationsverlauf, Abbildung S. 165, und die Fakten in der Übung dazu) wäre es ideal, wenn wir eins nach dem anderen ungestört abarbeiten könnten. Die wenigsten Jobs – aufgrund von Großraumbüros, permanenter Erreichbarkeit, Multimedialität (E-Mails, Mobil- und Festnetztelefone), Meetings (beziehungsweise Web-Ex, Telko), Matrixstrukturen, Politik der offenen Türen – erlauben das heutzutage noch. Die Herausforderung ist daher, so gut wie möglich (je nach Jobdesign) seine Arbeitsphasen in Blöcken zu bündeln (zum Beispiel E-Mails nur noch dreimal am Tag checken, einmal täglich Jour fixe mit den Teammitgliedern, stündlich kollegial abgestimmte Telefonzeiten), um so viel störungsfreie Zeiten wie möglich zu generieren. Und sei es manchmal auch nur eine halbe Stunde am Tag. Das ist übrigens kein seltener Coachingauftrag: Den Arbeitstag so strukturieren zu helfen, dass einmal am Tag, manchmal auch nur zweimal in der Woche, eine Stunde ungestörter »Prime-time«-Freiräume für hochkonzentriertes Arbeiten entsteht (beziehungsweise für kreatives Schaffen oder Muße).

Ein weiterer wichtiger Teil der Freiraumkultur ist das regelmäßige Einplanen von Pausen. Ideal sind je Arbeitsstunde zwei bis fünf Minuten sowie eine 10–15-minütige Alphapause im Rahmen der Mittagspause (siehe Beschreibung der Alphapausen im Kapitel »Entspannung«, S. 167, die Übung »Konzentration und Pausen«, S. 164 ff., die Abbildung »Hirnphasen«, S. 160, sowie die Abbildung »Konzentrationsverlauf«, S. 165). Ein bewährtes »Kulturgut« für diese 10–15-minütigen Alphapausen ist das Nickerchen. Moderner formuliert spricht man von einer Kurzschlafmethode (neudeutsch »Powernap«). Sehr geeignet sind natürlich auch die im Kapitel »Entspannung« (ab S. 157) erwähnten Entspannungsmethoden.

Ablagesystem (Schritt 4): Nach dem Motto: »Äußere Ordnung schafft innere Ordnung« kann ein konsequentes Ablagesystem – nicht nur für die Arbeit (im PC und in Papierform), sondern auch für das Leben nach der Arbeit – eine effiziente Hilfe sein, wertvolle Lebenszeit nicht mit Suchen nach Dateien, Kontaktdaten, Brillen oder Haustürschlüsseln zu verbringen. Außerdem fühlt man sich (was uns regelmäßig auch viele Teilnehmer von sich bestätigen) nach einer Aufräumaktion, egal ob im Büro-PC oder im häuslichen Keller, einfach besser.

Sich wertschätzend behaupten – »Ein Nein spart eine Stunde Arbeitszeit«
»Nur unter Druck macht man aus Kohle Diamanten« sagte neulich eine Führungskraft. Sich wertschätzend behaupten (synonym für: seinen Standpunkt vertreten, sich klar positionieren, sich abgrenzen können) ist in einer Zeit hoher und dynamischer Arbeitsanforderungen zu einer weiteren Schlüsselkompetenz geworden. Was nutzt uns eine tadellose Organisation, wenn das nächste Arbeitspaket automatisch bei uns landet, weil Chef und Kollegen – alle oft selbst am Limit – die »Schwachstelle der Gefälligkeit« längst ausgemacht haben. Besonders anfällig dafür, nicht Nein sagen zu können, sind Menschen mit einer Kombination aus hoher Kompetenz und einem unbalancierten Metaprogramm »Bezogenheit«, bei dem der »Dimmer« auf der Seite »es den anderen recht machen« klebt (siehe Kapitel »Einstellungen«, »Metaprogramme«, S. 94 ff.)

Balance entsteht auch hier durch Wahlmöglichkeiten, durch einen Weg der Mitte. In diesem Fall ist es ein gesunder Egoismus. Annehmen zusätzlicher Arbeit und Unterstützen von Kollegen ist eine feine Sache, wenn man über ausreichend freie Kapazitäten und Kraft verfügt. Genauso wichtig ist es aber auch, Nein sagen zu können, bevor man selbst am Limit ist, bevor die eigenen Kapazitäten und Akkus erschöpft sind. Leere Akkus nützen niemandem etwas: der Qualität unserer Arbeit nicht, unserem Chef und unseren Kollegen nicht (wenn wir dadurch krank werden) und auch unserer privaten Mitwelt (Partner und Familie) nicht.

Die Wertschätzung macht den Unterschied! Wer bekommt nicht gerne erklärt, weshalb einem etwas verweigert wird? Wer wird nicht gerne respektvoll unterbrochen, wenn er schon unterbrochen wird? Wer akzeptiert nicht leichter ein Nein, wenn er an anderer Stelle dafür ein Ja bekommt? Wertschätzung spielt insofern eine entscheidende Rolle, als wir unsere Mitwelt nicht brüskieren sollten, wenn wir (im Sinne eines konstruktiven Konfliktumgangs und stabiler Beziehungen) idealerweise die anderen von unserem Nein überzeugen oder sie sogar dafür gewinnen wollen.

▶ **Kurz gesagt:** Sich wertschätzend zu behaupten, hilft uns und unserer Mitwelt (auch wenn sie das oft nicht unmittelbar versteht), in Balance zu bleiben. Nur wer sich schützen und abgrenzen kann, und dadurch über genug Kraft und Kapazitäten verfügt, ist eine Unterstützung für seine Mitwelt – in Form guter Arbeit und konstruktiver Beziehungen. Zur Vertiefung sei an dieser Stelle auf die Übung »Wertschätzend ›Nein‹ sagen« (s. S. 74f.) auf weiterführende Literatur (s. S. 232) sowie einschlägige Veranstaltungen zum Thema (zum Beispiel Konfliktmanagement, Verhandlungstechniken) verwiesen.

Sich organisieren und behaupten – Wie bringe ich es rüber?

Die nachfolgenden Übungen zielen darauf ab, den Teilnehmern (Klienten) das Thema »Selbstmanagement« im Hinblick auf Alltagsrelevanz erfahrungsorientiert näherzubringen. Die Geschichten sollen einen intuitiv-metaphorischen Zugang zum Thema ermöglichen.

> **Übung: Was ist wirklich wichtig? –**
> **Was kann (will) ich zukünftig weglassen?**
>
> **Ziel:** Bewusstmachen zentraler Prioritäten, beruflich wie privat. Sensibilisieren für Entrümpelungspotenzial.
>
> **Methode:** Persönliche Auflistung (etwa 5 Minuten) mit anschließendem Zweieraustausch (ungefähr 10 Minuten), idealerweise mit dem Lernpartner.
>
> **Kernleitfrage:** Wo liegen meine Prioritäten?
>
> **Reflexionsleitfragen:** Was ist wirklich wichtig? Was kann (will) ich weglassen?

Beschreibung: Die Teilnehmer schreiben zu beiden Leitfragen drei bis fünf konkrete Stichpunkte auf.

Variation 1: Sowohl die Einzelarbeit als auch den Zweieraustausch als Reflexionsspaziergang (siehe Kapitel »Übergreifende Methoden«, S. 201 ff.) anregen.

Variation 2: Nach Bekanntgabe der Übung und der Kernleitfragen vorab eine Mentaltrainingseinführung (siehe dazu den Abschnitt »(Selbst-)Priming und Mentaltraining, S. 89 ff.) durchführen (ungefähr fünf Minuten): Leitvorstellung: »Was würden Sie gerne (in Bezug auf die beiden Fragen) als Grabrede von Ihrem besten Freund hören?«

Variation 3: Die Aufgabe kann als Transferimpuls für eine mögliche Weiterführung nach dem Training (beziehungsweise zwischen zwei Coachingsitzungen) dienen.

Stolpersteine:
- Die Übung erfordert eine gewisse Bereitschaft der Teilnehmer, sich diesen Kernfragen zu stellen. Deshalb ist es wichtig, mögliche Widerstände zu respektieren. Am besten als ein weiteres »Angebot« kenntlich machen und die Freiwilligkeit betonen (siehe Kapitel »Unser Rollenverständnis«, S. 17 ff.).

Übung: »Sich organisieren«

Ziel: Bewusstmachen persönlicher Stärken und Schwächen in der Selbstorganisation. Ableiten *eines* konkreten Umsetzungsimpulses.

Methode: Selbstreflexion, persönliche Einschätzung (Skalieren über eine Schulnotenskala) im Hinblick auf die vier Kernaussagen von »Sich organisieren« (5 Minuten) mit Kleingruppenarbeit (3–4 Teilnehmer, je Teilnehmer 5 Minuten) und Abschlussrunde im Plenum (maximal 5 Minuten).

Kernleitfrage: Wie gut bin ich organisiert?

Reflexionsleitfragen: Wie schätze ich mich momentan im Hinblick auf die vier Kernaussagen zu »Sich organisieren« ein (Schulnote)? Was konkret kann (will) ich an meinem schwächsten Punkt tun, um dort eine Verbesserung zu erreichen? Wie soll sich die dortige Schulnote binnen welchen Zeitraums verändern?

Beschreibung:
- **Schritt 1:** Persönliches Skalieren (Schulnotenskala – die Noten notieren) im Hinblick auf die vier Kernaussagen von »Sich organisieren«.
- **Schritt 2:** Kleingruppenaustausch (drei bis vier Teilnehmer) – währenddessen.
- **Schritt 3:** Ableitung eines konkreten Umsetzungsimpulses (diesen auf eine Moderationskarte notieren – kurz und prägnant. Die Karte kann als Erinnerung mit nach Hause genommen werden).
- **Schritt 4:** Abschließend im Plenum den Umsetzungsimpuls bekanntgeben.

Stolpersteine:
- Wenn die Einstellung »Ich kann nichts tun, ich bin doch völlig fremdgesteuert« auftaucht, den Fokus konsequent darauf lenken, was selbstverantwortlich bewegt werden kann (nach dem Motto: »Wie isst man einen Elefanten? – »Ein Bissen nach dem anderen.«), und seien es noch so kleine Veränderungen.

Übung: Wertschätzend »Nein« sagen

Ziel: Bewusstmachen der persönlichen (Nicht-) Abgrenzungsmuster und Erweiterung des persönlichen Repertoires.

Methode: Kleingruppenarbeit (3–4 Teilnehmer) mit Rollenspiel. Je Teilnehmer 5 Minuten Rollenspielzeit und 5 Minuten Feedback. Abschließende Plenumsrunde mit Fragen, Feedback und Fazit.

Kernleitfrage: (Wie wertschätzend) grenzen wir uns ab?

Reflexionsleitfragen (für die Übung visualisieren):
Zur Selbstreflexion: Welche Einstellungen/Formulierungen zur Abgrenzung fallen Ihnen leicht/schwer? Was konkret hilft Ihnen, sich leichter abzugrenzen?
Zum Feedback: Wie gut hat die Abgrenzung aus Ihrer Sicht gewirkt (Schulnoten) und was genau war zielführend/was nicht? Wie wertschätzend (Schulnotenskala) haben Sie die Abgrenzung wahrgenommen?

Beschreibung: Rollenspielbeispiel: »Ich bin hervorragend organisiert, und trotzdem sind diese Woche meine freien Kapazitäten ausgeschöpft. Dennoch delegiert mir mein Chef eine Zusatzaufgabe (zum Beispiel eine Produktrecherche inklusive Ausarbeitung einer Präsentation, ungefähr vier Stunden Zeitaufwand, bis Ende der Woche).«

Ablauf der Übung:
- **Schritt 1:** Rollen definieren: Teilnehmer C = Chef, Teilnehmer B = Beobachter, Teilnehmer A = spielt sich selbst.
- **Schritt 2:** Durchführung (maximal 5 Minuten): A kann gegenüber C eine oder mehrere Abgrenzungsmöglichkeiten ausprobieren, B beobachtet.
- **Schritt 3:** Feedback entsprechend den Leitfragen (maximal 5 Minuten) in der Reihenfolge A-B-C mit kurzem Fazit von A (»Was konkret nehme ich aus der Übung für mich mit?«). Rollentausch, sodass jeder jede Rolle einmal innehatte.

Variation 1: Vorab einige *Abgrenzungsformulierungen* zum Ausprobieren (visualisiert) anbieten. Beispiele sind:
- »Ich würde es gerne machen, was kann ich dafür liegen lassen?«
- »Das bringt mich massiv unter Druck, das kann ich so nicht tun!«
- »Das bringt mich massiv unter Druck, das kann ich so nicht machen, weil ich dann mit Top-Prio-Aufgabe XY nicht wie vereinbart fertig werde.«
- »Ich würde mir wünschen, dass Sie derartige Zusatzaufgaben (zukünftig) planbarer einbringen« – »Wie lösen wir das jetzt?«
- »Da erwarte ich mir dann allerdings xyz als Gegenleistung – wie sehen Sie das?«
- »Nein!«
- »Angenommen, ich würde das so annehmen, was mache ich dann mit meinen anderen Aufgaben?«
- »Was würden Sie tun, wenn Sie in meiner Situation wären?«

Variation 2: Vorab einige *Einstellungen* zum Ausprobieren (visualisiert) anbieten. Beispiele sind:
- »Wie immer mache ich alles möglich – koste es mich, was es wolle!«
- »Egal was passiert, diese Aufgabe werde ich sicher nicht annehmen!«
- »Wenn ich es mache, dann braucht es aber einen gleichwertigen Ausgleich (jetzt oder später)!«
- »Das Ding verhandle ich jetzt aber mal wie auf einem orientalischen Bazar!«
- »Ich sehe es sportlich, mal schauen, was sich rausholen lässt!«

Stolpersteine:
- Eine kurze Vorab-Demonstration vor dem Plenum kann helfen, sich besser in die Übung einzufinden. Die Kleingruppen, vor allem während der ersten Rollenspielrunde, ermuntern, in den Rollen zu bleiben. Wenn Schwierigkeiten mit der Chefrolle entstehen, gehen Sie selbst kurz (als Rollenmodell) in diese Rolle. Bei den Reflexionen betonen, dass es nicht um »Richtig oder Falsch« geht, sondern darum, (rollen)spielerisch Erfahrungen zu machen, wie Sie sich besser beziehungsweise weniger gut abgrenzen.

Übung: Umschaltrituale

Ziel: Bewusstmachen von persönlichen Umschaltritualen und Erweiterung des eigenen Repertoires.

Methode: Erfahrungsaustausch und Zurufmoderation (etwa 10 Minuten).

Kernleitfrage: Was nutzen Umschaltrituale?

Reflexionsleitfragen: Welche Umschaltrituale pflegen Sie, zum Beispiel zwischen Arbeit und Feierabend (abends vor dem Einschlafen, morgens vor der Arbeit)? Was ist die Wirkung von derartigen Ritualen? Was fehlt uns, wenn wir sie nicht praktizieren?

Beschreibung:
- **Schritt 1:** Beginnen Sie mit einem Kurzinput (oder offenen Frage ins Plenum) über die Bedeutung von Umschaltritualen (Anleitung/Stichworte: »Unser Gehirn sucht Muster (Gewohnheiten) zur Orientierung und Sicherheit. Umschaltrituale sind Muster, um Übergänge geschmeidig zu gestalten. Ein verbreitetes Ritual bei Kindern ist zum Beispiel »zur gleichen Zeit ins Bett und eine Geschichte hören dürfen, um besser einschlafen zu können«).
- **Schritt 2:** Erfahrungsabfrage im Plenum (auf Flipchart visualisieren) mit Erfahrungsaustausch zu obigen Reflexionsleitfragen. Einige Beispiele unserer Teilnehmer: »Pendelzeiten nutzen (mit Lesen, Musik, Hörbuch)«, »Zu Hause erst einmal einen Tee trinken und Zeitung lesen«, »Morgenübungen«, »Vor-Einschlaf-Ritual Spaziergang (mit dem Hund) oder Mentaltraining«, »Mit Partner (Familie) gemeinsam essen«.

Stolpersteine:
- Bisher haben wir keine entdeckt.

Übung: Geschichten zum Thema

Ziel: Bewusstmachen bestimmter Einstellungen und Zusammenhänge zum Thema Selbstmanagement, Prioritäten und Entscheidungen. Einen weiteren intuitiv-metaphorischen Zugang zum Thema eröffnen. Priming (im Sinne von »innere Suchprozesse auslösen«).

Methode: Geschichte vorlesen.

Kernleitfragen: Inwiefern können wir mit einer Geschichte die Teilnehmer berühren, bewegen, irritieren, inspirieren, öffnen, konfrontieren? Was ist Selbstmanagement? Wie funktioniert Selbstmanagement?

Reflexionsleitfragen: (optional – manchmal ist es zielführender, eine Geschichte einfach stehen zu lassen) Was kommt Ihnen jetzt gerade in den Sinn? Was löst diese Geschichte bei Ihnen (nicht) aus? Was nehmen Sie aus der Geschichte für sich (sicher nicht) mit?

Anmerkung: Eine Variante bei der dritten Geschichte besteht darin, zunächst nur die Fragen zu stellen (um innere Suchprozesse auszulösen), zum Beispiel am Abend des ersten Tages bei Zweitagesseminaren oder als Anregung für einen Zweieraustausch. Die Antworten können Sie – wenn überhaupt – zu einem späteren Zeitpunkt nachreichen.

Stolpersteine:
- Vermeiden Sie es, vor oder nach der Geschichte mögliche Interpretationen vorzugeben, damit die metaphorische Wirkung nicht verloren geht.

Geschichte 1: »Beppo, der Straßenkehrer« (von Michael Ende, aus dem Buch »Momo«)
»Beppo tat seine Arbeit gern und gründlich. Er wusste, es war eine sehr notwendige Arbeit. Wenn er so die Straßen kehrte, tat er es langsam, aber stetig: Bei jedem Schritt einen Atemzug und bei jedem Atemzug einen Besenstrich. Schritt – Atemzug – Besenstrich. Schritt – Atemzug – Besenstrich. Dazwischen blieb er manchmal ein Weilchen stehen und blickte nachdenklich vor sich hin. Und dann ging es wieder weiter: Schritt – Atemzug – Besenstrich …
Während er sich so dahinbewegte, vor sich die schmutzige Straße und hinter sich die saubere, kamen ihm oft große Gedanken. ›Manchmal hat man eine sehr lange Straße vor sich. Man denkt, die ist so schrecklich lang, das kann man niemals schaffen, denkt man. Und dann fängt man an, sich zu eilen. Und man eilt sich immer mehr. Jedes Mal wenn man aufblickt, sieht man, dass es gar nicht weniger wird, was noch vor einem liegt. Und man strengt sich noch mehr an, man kriegt es mit der Angst, und zum Schluss ist man ganz außer Puste und kann nicht mehr. Und die Straße liegt immer noch vor einem. So darf man es nicht machen.‹
›Man darf nie an eine ganze Straße auf einmal denken. Man darf nur an den nächsten Schritt denken, an den nächsten Atemzug, an den nächsten Besenstrich. Dann macht es Freude; das ist wichtig, dann macht man seine Sache gut. Und so soll es sein.‹
›Auf einmal merkt man, dass man Schritt für Schritt die ganze Straße gemacht hat. Man hat gar nicht gemerkt, wie, und man ist nicht außer Puste. Das ist wichtig.‹«

Geschichte 2: »Das Einmachglas der Prioritäten« (Brahm 2009)
»Vor einigen Jahren erteilte ein Professor einer sehr renommierten US-Hochschule seinen Studenten eine höchst aufschlussreiche Lektion. Ohne ihnen zu erklären, was er vorhatte, stellte er ein großes Einmachglas auf seinen Tisch. Dann zog er eine Tüte voller Steine hervor und legte einen nach dem anderen in das Glas, bis keiner mehr hineinpasste.

›Ist das Glas jetzt voll?‹, fragte er seine Studenten. ›Ja‹, antworteten sie. Lächelnd zog der Professor eine zweite Tüte unter seinem Schreibtisch hervor. Darin befanden sich lauter Kieselsteine. Er schüttete auch die kleinen Steinchen ins Glas, und sie verteilten sich in den Zwischenräumen der großen Steine. Ein zweites Mal fragte er seine Studenten, ob das Glas denn jetzt voll sei. ›Nein‹, antworteten sie, langsam begreifend. Sie hatten natürlich Recht, denn der Professor hatte noch eine dritte Tüte voller feinem Sand, der auch noch in das Glas passte. ›Ist das Glas jetzt voll?‹, fragte er zum dritten Mal. ›Wie wir Sie kennen, wahrscheinlich nicht‹, erwiderten die Studenten. Lächelnd ergriff der Professor einen Krug und goss Wasser in das Glas.

Als es wirklich voll war, wandte er sich an seine Studenten und fragte: ›Was lehrt euch das?‹ Eifrig meldete sich ein Student zu Wort und sagte: ›Ganz gleich, wie eng der Zeitplan auch sein mag, man kann immer noch mehr hineinpressen.‹ Schließlich studierte er an einer berühmten Hochschule. ›Nein!‹, erwiderte der Professor. ›Dies beweist etwas ganz anderes: Wenn man große Steine hineintun möchte, sollte man das als Allererstes tun.‹ Es war eine Lektion über Prioritäten.

Geschichte 3: »Die drei Fragen des Kaisers« (Ajahn Brahm 2009)
»Vor langer Zeit lebte ein Kaiser, der nach Weisheit suchte, um sein Land (und sich selbst) gut zu führen. Ein weiser Mönch eröffnete ihm, dass er nur die Antworten auf drei grundlegende Fragen benötigte, um weise und gut regieren zu können. Die drei Fragen lauteten:
- Wann ist die wichtigste Zeit?
- Wer ist der wichtigste Mensch?
- Was ist die wichtigste Sache, die zu tun ist?«

Schließlich fand er die Antworten, die da waren:

Erstens: Die wichtigste Zeit ist natürlich ›jetzt‹. Es ist die einzige Zeit, die man wirklich zur Verfügung hat. In fünf Minuten kann es schon zu spät sein. Ergreifen wir den Augenblick, die Frische der Gegenwärtigkeit. Wenn wir uns zum Beispiel bei jemandem entschuldigen möchten, tun wir das möglichst sofort. Die Gelegenheit könnte nie wieder kommen.

Zweitens: Der wichtigste Mensch ist der, der neben einem steht, der Mensch mit dem man jetzt gerade zusammen ist. Man kann nur dann ein wirkliches Gespräch führen, wenn der Mensch – ganz gleich, wer es ist – für uns zu diesem Zeitpunkt der wichtigste Mensch der Welt ist. Der andere spürt das. Er reagiert darauf. Wenn wir zum Beispiel im Geschäftsleben einen potenziellen Kunden so behandeln, als sei er in diesem Augenblick der wichtigste Mensch, würden sich unsere Umsätze vergrößern, unser Lohn würde steigen. Wenn man mit sich alleine ist, ist man selbst der wichtigste Mensch. Die meiste Zeit des Lebens verbringt man mit sich allein. Man hat in den vielen privaten Momenten des Tages genug Zeit, sich selbst Wohlwollen und Wertschätzung entgegenzubringen. Das funktioniert.

Drittens: Die wichtigste Sache, die zu tun ist, ist wohlwollendes, mitfühlendes und verantwortungsbewusstes Handeln. Dazu gehört, dass man mit sich und anderen wertschätzend zu Werke geht und die Dinge, die man zu tun hat, die Aufgaben, die einem das Leben stellt, mit Hingabe, Wohlwollen und verantwortungsvoller Sorgfalt tut.«

Mentale Balance 3: Einstellungen – die Kraft der Vorstellung

»Wer heute einen Gedanken sät, erntet morgen die Tat, übermorgen die Gewohnheit, danach seinen Charakter und letztendlich sein Schicksal.«

Gottfried Keller

Das Wesentliche im Überblick sehen Sie in der folgenden Abbildung:

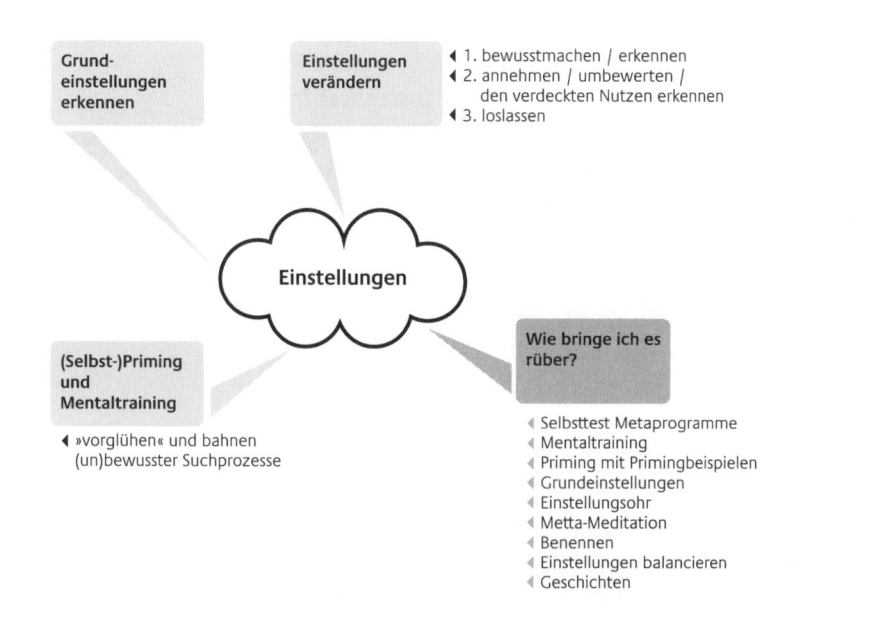

Einstellungen

Grundeinstellungen erkennen

Einstellungen verändern
◀ 1. bewusstmachen / erkennen
◀ 2. annehmen / umbewerten / den verdeckten Nutzen erkennen
◀ 3. loslassen

Einstellungen

(Selbst-)Priming und Mentaltraining
◀ »vorglühen« und bahnen (un)bewusster Suchprozesse

Wie bringe ich es rüber?
◀ Selbsttest Metaprogramme
◀ Mentaltraining
◀ Priming mit Primingbeispielen
◀ Grundeinstellungen
◀ Einstellungsohr
◀ Metta-Meditation
◀ Benennen
◀ Einstellungen balancieren
◀ Geschichten

Einstellungen erkennen, annehmen und nutzen – Was ist wirklich wichtig?

»Erfahrung ist das, was wir aus dem gemacht haben, was uns passiert ist.«
Aldous Huxley

Aufgrund der gigantischen Informationsfülle, die auf uns eindringt, muss unser Gehirn filtern und betreibt daher »Mustererkennung« (siehe dazu die Fakten zum menschlichen Gehirn im Rahmen der Übung »Zwei Fäuste«, S. 172 f., die Arbeitshypothesen, S. 10 ff., und die Erläuterungen zum Bewusstseinsrad, S. 51). Wenn wir zum Beispiel Tomaten sehen, erkennt unser Gehirn das Muster »Tomaten«. Es braucht nicht die Detailinformation jeder einzelnen einmaligen Tomate abzuspeichern, sonst wäre unser Gehirn voller Tomaten. Voraussetzung für die »Tomaten«-Mustererkennung ist, dass wir mit Tomaten bereits eine (Vor-)Erfahrung gemacht haben. Je emotional intensiver (zum Beispiel ein genussvolles Riechen und Schmecken in Verbindung mit der Konsistenz und der roten Farbe) und/oder häufiger (»es gab jeden Tag Tomaten«) die Erfahrung war, desto schneller und nachhaltiger speichert unser Gehirn die »Tomatenerfahrung« als Muster. Diesen Vorgang nennen wir Musterprägung beziehungsweise Einstellungsbildung. So entsteht eine »Tomateneinstellung«.

Was sind Einstellungen und woher kommen sie?

Zu einem Muster verdichtete Erfahrungen nennen wir Einstellungen (synonym: Metaprogramme, Persönlichkeitsmuster, Glaubenssätze). Hinter jeder Einstellung steckt ein (verdeckter) Nutzen (synonym: eine positive Absicht). Im Falle des Tomatenbeispiels (er)kennen wir Tomaten und können sie bewerten: Wir finden uns wieder ein klein wenig besser in der Welt zurecht.

Werte sind besonders stark verdichtete Einstellungen, die uns als Bewertungshelfer Orientierung in unserer komplexen Welt geben. Neulich trafen wir zum Beispiel einen Teilnehmer, dessen Leidenschaft es war, Tomaten zu züchten (vor allem alte und seltene Sorten). Für ihn waren Tomaten außerordentlich wertvoll und daher ein wichtiger Lebensinhalt. Es war eine Freude, ihm in seiner Begeisterung für Tomaten zuzuhören und seine mitgebrachten Zuchterfolge zu genießen.

Einstellungen entstehen – neben den genannten Ursachen – auch aus »Lernen am Vorbild«. Das Nachahmen von menschlichem Verhalten ist eine grundlegende menschliche Lernstrategie. Die sogenannten Spiegelneurone, die nach aktuellem Stand der Forschung über unser ganzes Gehirn verteilt sind, sind die neurobiologische Grundlage dafür. Viele unserer Einstellungen und Werte übernehmen wir von prägenden menschlichen Vorbildern, vor allem in früher Kindheit (besonders stark bis zum dritten Lebensjahr). Das erklärt, warum viele Einstellungen zunächst erst einmal unbewusst sind. Und es erklärt, warum gewisse Verhaltensmuster sich durch Familien über Generationen (wie in dem Bibelzitat) hindurchziehen.

Wenn Sie aufmerksam die Einstellungen und Werte Ihrer Eltern (oder vergleichbarer früh prägender Personen) beobachten, werden Sie mit hoher Wahrscheinlichkeit Parallelen zu Ihrem Verhalten erkennen. Die Parallelen gehen meist in zwei Richtungen: die eine Richtung, bei positiven Vorbildern, ist: »Ich werde so wie …« – die andere Richtung, bei negativen Vorbildern, ist: »Bloß nicht so werden wie …«. Das ist auch der Grund, weshalb authentische Vorbilder (authentisch im Sinne von »Der tut, was er sagt«) so wichtig sind, insbesondere in Lehrberufen. Daraus erklären sich ebenso Traditionen und gesellschaftliche und kulturelle Werte. So erklärt sich auch, warum Institutionen und Systeme (egal, ob im Profit- oder Non-Profit-Bereich) eine eigene (Einstellungs-)Kultur ausbilden, vor allem wenn sie bereits länger bestehen.

Die systeminhärenten Einstellungen (und Werte) zu erkennen, ist eine zentrale Aufgabe für Berater, Trainer und Coaches. Und auch hier gilt (wie in Familiensystemen): »Der Fisch stinkt vom Kopf her«, das heißt, die (früheren oder aktuellen) Leitfiguren prägen die Einstellungen am stärksten. Beispielsweise schauen wir in Hotels und Schulungszentren (wo wir sehr viel verkehren) gerne die Verhaltensmuster des Personals an (als beobachtbaren Spiegel für deren Einstellungen) und reden anschließend mit den Führungskräften (egal ob Inhaber oder Management): die Parallelen sind in der Regel erstaunlich.

> ▶ **Kurz gesagt:** Wenn sich Erfahrungen durch Wiederholung (je öfter, desto stärker), Emotionalität (je intensiver, desto stärker) oder durch prägende Vorbilder zu einem Muster verdichten, entstehen Einstellungen und Werte. Hinter jeder Einstellung steckt ein (verdeckter) Nutzen – auch wenn diese uns manchmal aus der Balance bringen. Viele Einstellungen und Werte sind (zunächst) unbewusst.

»Die Sünden (und die Stärken!) der Väter reichen bis in die siebte Generation.«
Bibelzitat, *erweitert*

Die Grundeinstellungen

Zweck und Nutzen aller Einstellungen und Werte ist zunächst einmal das Überleben. Unser Gehirn ist ein Problemlösungsorgan, das auf unser Überleben programmiert (»eingestellt«) ist: »Überleben ist Problemlösen«, so äußert sich der Evolutionsbiologe Professor Werner Nachtigall in einem Vortrag (siehe dazu die Ausführungen zur »Erfahrungspyramide«, S. 53).

Der Hirnforscher Professor Gerald Hüther beschreibt auf der nächsthöheren Ebene zwei menschliche Grundeinstellungen: »Zugehörigkeit« und »Wachstum«. Zugehörigkeit ist bedingt durch die enge Bindung eines menschlichen Embryos im Mutterleib und die extrem lange, enge und hilfsbedürftige Bindung von Kindern an die frühen Bezugspersonen (Menschenkinder haben die mit Abstand längste Bindungsphase im »Tierreich«). Wir wissen heutzutage, dass ein Großteil unseres Gehirns permanent ausschließlich damit beschäftigt ist, die Beziehung zu anderen Menschen zu erfassen, zu klären und (im Hinblick auf die individuellen Einstellungen) vorteilhaft zu gestalten. Professor Joachim Bauer nennt das menschliche Gehirn deshalb ein »Sozialorgan« (Bauer 2008). »Zugehörigkeit« mit ihren unterschiedlichen Ausprägungen, wie zum Beispiel Partnerschaft, Familie, Peergroup, Glaubensgemeinschaft, Freundeskreis, Team, Gang, Ethnie, Stamm, Rasse, spielt daher im Zwischenmenschlichen eine außerordentlich wichtige Rolle – im Guten wie im Schlechten (Zugehörigkeit wird leider oft durch Ausgrenzung oder Abwertung geschaffen – die Ursache vieler Kriege und anderer Konflikte).

»Wachstum« ist gemäß Gerald Hüther der Gegenpol (oder die Balance) zu »Zugehörigkeit«. Entwicklungsbiologisch betrachtet, wächst ein Kind permanent, körperlich wie geistig. Der Bewegungs- und Entdeckungsradius wird dadurch von Woche zu Woche, von Monat zu Monat, von Jahr zu Jahr größer.

»Wer zur Quelle gehen kann, gehe nicht zum Wassertopf.«
Indische Weisheit

> **Der Spagat zwischen Zugehörigkeit und Wachstum**
>
> Sie kennen vielleicht die Situation, wenn ein Kleinkind auf Entdeckungsreise geht, den »sicheren Hafen« der elterlichen Zugehörigkeit (Bindung) kurz verlässt und plötzlich zum Beispiel vor einem Hund steht. Es erschrickt und läuft schnell in die Arme der Eltern zurück. Diese Situation beschreibt genau den Spagat zwischen Zugehörigkeit und Wachstum, im Sinne von »aus einem geschützten Raum heraus die Welt entdecken«. Das Kind erweitert auf diese Art und Weise ständig seine Komfortzone. »Man wächst mit seinen Aufgaben«, so der Volksmund.

Den Wechsel dieser beiden Grundeinstellungen beschreibt auch die Dynamik des Balancemodells (s. S. 26 ff.): »Wachstum ist Leistung«, und in den »Moments of Excellence« erreichen wir eine Erweiterung unserer Komfortzone. Auf der anderen Seite gewinnen wir Kraft und Regeneration aus »Zugehörigkeit und Verbundenheit«, mit uns, mit anderen oder im spirituellen Sinn (siehe dazu die Ausführungen im Abschnitt »Wieso sollte ich mich besser fühlen wollen?«, S. 127). Jeder Mensch gewinnt seine »Kreativität und Selbstwirksamkeit« (als Schlüsselkompetenzen zur Problemlösung), so Gerald Hüther mündlich im Rahmen einer Weiterbildung, aus seinem ureigenen Spagat zwischen Zugehörigkeit und Wachstum. Psychische Störungen resultieren häufig aus einer Disbalance der beiden Grundeinstellungen. Haben Kinder zum Beispiel (wiederholt) schlechte Erfahrungen mit Wachstum gemacht, können ängstliche Klammerbeziehungen entstehen oder passiv-reaktive Einstellungen (siehe dazu auch die einleitenden Ausführungen im Rahmen des Selbsttests »Metaprogramme«, S. 94 ff.).

Daneben arbeiten wir mit den sechs Grundeinstellungen, die wir auf der Basis der von Marshall Rosenberg (Begründer der gewaltfreien Kommunikation) genannten Grundbedürfnisse herausgearbeitet und erweitert haben. Diese sechs Grundeinstellungen gelten universell und sind

- Schutz und Sicherheit
- Aufmerksamkeit und Anerkennung
- Energie sparen und Ökonomie
- Freiheit und Autonomie
- Sinnhaftigkeit und Verstehenwollen
- Etwas bewegen wollen.

Die Einstellung »Macht und Einfluss«, die ebenfalls häufig genannt wird, kann ihren Ursprung in einer oder mehreren dieser Grundeinstellungen haben. Die sechste Einstellung »Etwas bewegen wollen« ist abhängig von unseren Werten: Mutter Teresa, Michael Schumacher, John Travolta, Adolf Hitler, Pablo Picasso haben zum Beispiel alle etwas bewegt, die Werte dahinter waren jedoch für die Mitwelt sichtbar und spürbar unterschiedlich. Wenn diese Grundeinstellung über uns selbst hinauszielt, kommen wir in den Bereich Spiritualität im Sinne der Definition von Martin Seligman (siehe dazu die Ausführungen im Abschnitt »Wieso sollte ich mich besser fühlen wollen?«, S. 127). Ein Beispiel dafür ist die Klientin, die schon seit Jahren mit dem Rauchen aufhören wollte und immer wieder scheiterte. Erst in dem Moment, als Sie erfuhr, dass sie schwanger war, hörte sie sofort auf und blieb dabei, weil sie es für ihr Kind getan hat. Die sechs Grundeinstellungen arbeiten wir methodisch mit der Übung »Grundeinstellungen« (s. S. 101 f.) heraus. Ein Beispiel für die konkrete Anwendung erhalten Sie im Abschnitt »Umsetzungshindernisse utilisieren – den verdeckten Nutzen nutzen « (s. S. 123).

Die Grundeinstellungen von Gerald Hüther und Marshall Rosenberg treffen sich selbstverständlich. »Zugehörigkeit« bietet so zum Beispiel »Schutz und Sicherheit« (1) und »Aufmerksamkeit und Anerkennung« (2), »Wachstum« wiederum »Freiheit und Autonomie« (4), »Sinnhaftigkeit und Verstehenwollen« (5) und/oder »Etwas bewegen wollen (6).

Die Einstellungen, die wir im Selbsttest »Metaprogramme« ab Seite 94 zusammengefasst und beschrieben haben, lassen sich ausnahmslos diesen Grundeinstellungen zuordnen. Sie sind in vielen Jahren praktischer Arbeit entstanden und aus unserer Sicht in diesen Ausprägungen besonders auffällig und aussagekräftig.

▶ **Kurz gesagt:** Einstellungen dienen dazu, Überleben zu sichern, Grundbedürfnisse zu befriedigen und uns in der Welt zu orientieren. Alle Einstellungen haben für das Individuum daher zunächst einmal eine positive Absicht, einen Nutzen. Außerdem sind Einstellungen innerlich priorisiert: Es gibt Einstellungen, die wir leichter loslassen können, und es gibt Einstellungen, für die Menschen »töten« würden.
Erkennen wir das Muster der inneren Priorisierung, finden wir die Grundeinstellungen. Erkennen wir unsere Grundeinstellungen, schaffen wir mehr Selbstbewusstheit darüber, welche Einstellungen für uns essenziell sind (welche wir nicht verändern möchten), welche förderlich sind und schließlich, welche für uns hinderlich sind (die wir möglicherweise verändern oder loslassen möchten).
Der Selbsttest »Metaprogramme« (s. S. 94 ff.), die Übungen »Einstellungen (Metaprogramme) balancieren« (s. S. 98 ff.), »Einstellungsohr« (s. S. 100 f.), »Grundeinstellungen« (s. S. 101 f.) sowie die Übung »Das Ziel verkörpern« (s. S. 154) bieten methodische Zugänge zum Thema »Einstellungen erkennen und verändern«.

Einstellungen verändern – Wahlmöglichkeiten schaffen

Mittels der Abbildung auf Seite 81, vor allem mit dem Teil »Einstellungen verändern«, erläutern wir in drei Schritten, wie wir Einstellungen verändern können. Es gibt jedoch nicht nur den Fokus, »eine (hinderliche) Einstellung

»Glücklich bin ich, wenn ich auch mal einen Tag unglücklich sein darf.«
Pierre Stutz

zu verändern«, sondern auch den Fokus, »eine (förderliche) Einstellung zu stärken«. Denn das kann gleichermaßen ein Ziel sein. Das ist aufgrund der Ressourcenorientierung und der damit meist verbundenen höheren Energie in der Regel leichter. Wir fokussieren hier – weil das meist das Anliegen unserer Klienten ist – auf Einstellungsveränderungen.

Der erste Schritt besteht im bewussten Erkennen einer bestimmten Einstellung. Im vorangegangenen Abschnitt haben wir ausgeführt, warum viele Einstellungen unbewusst sind. Insofern ist dieser erste Schritt oft schon die halbe Miete. Methodisch arbeiten wir an dieser Stelle mit dem »Selbsttest Metaprogramme« (s. S. 94 ff.) sowie im Trainingskontext regelmäßig mit kollegialem Coaching (s. S. 215 ff.). Ferner bieten wir bei Beratung, Coaching und Training unser »auf Einstellungen geschultes Ohr« als Feedbackangebot an und ermuntern die Teilnehmer in den zahlreichen Übungen mit Erfahrungsaustausch, dasselbe zu tun. Die Übung »Einstellungsohr« (s. S. 100 f.) schult dieses, nicht nur bei Teilnehmern.

> **Ein Beispiel: Die samstägliche Migräne**
>
> Ein Coachingklient, Leiter eines Produktionsbereichs (circa 200 Mitarbeiter), Haus im Umbau, zwei kleine Kinder, litt an folgenden Symptomen: jeden Samstagmorgen Migräne, zunehmende Erschöpfung, Lust- und Antriebslosigkeit, schlechtes Gewissen seinen Mitarbeitern und der Familie gegenüber. Was ihn dahin gebracht hatte, waren die (von seinem Vater eins zu eins kopierten, so seine Formulierung) Einstellungen: »Wenn ich etwas mache, dann richtig« und »Erst einmal die anderen, dann ich«. Wir führen das Beispiel nach dem nächsten Absatz weiter.

Der zweite Schritt ist das Erkennen des (verdeckten) Nutzens der jeweiligen Einstellung oder deren Folgeerscheinungen, die daraus resultierenden (Stör-) Gefühle und Verhaltensweisen (siehe Bewusstseinsrad auf Seite 51 sowie die Übung »Benennen« auf Seite 103 f.). Dadurch verändert sich die Einstellung zur Einstellung. Es erfolgt eine Umbewertung: Die negative Bewertung wird relativiert, die Einstellung und deren Folgen können leichter angenommen und akzeptiert werden. Das ist insofern wichtig, als dass der in der Regel destruktive innere Dialog konstruktiver wird, was eine positive Auswirkung auf das persönliche Energieniveau hat (siehe dazu auch das Beispiel im Abschnitt »Umsetzungshindernisse utilisieren – den verdeckten Nutzen nutzen«, S. 123). Die Übung »Einstellungen (Metaprogramme) balancieren«

(s. S. 98 ff.) unterstützt das Annehmen und zeigt konkrete Veränderungsrichtungen auf. Die Übung »Das Ziel verkörpern« (s. S. 154) bietet einen praktischen Zugang zum Thema.

> **Fortsetzung vom Beispiel**
>
> Auf die Frage, »was ihm denn seine samstägliche Migräne wohl nutze« platzte er – nachdem das erste blanke Unverständnis der Frage verraucht war – mit einer plötzlichen Einsicht heraus: »Das ist die einzige Zeit in der Woche, wo ich alleine bin und mich wirklich niemand stört«. Der verdeckte Nutzen der Migräne war aufgedeckt. Der Nutzen seiner genannten Einstellungen war ihm auch sofort klar: »Ohne diese Einstellungen wäre ich nicht dahin gekommen, wo ich bin« (worauf er auch stolz war). Die Fortsetzung des Beispiels folgt.

Der dritte Schritt ist das Loslassen beziehungsweise das eigentliche Verändern der hinderlichen Einstellung. Mit »Verändern« meinen wir – wie im »Selbsttest Metaprogramme« (s. S. 94 ff.) beschrieben – den »Dimmer bewusst verschieben können«, das heißt, mehr Wahlmöglichkeiten gewinnen. Das »Loslassen« ist auf die Fixierung bezogen, die korrekte Formulierung lautet: »Das Loslassen der einschränkenden Fixierung auf den hinderlichen Aspekt einer Einstellung«. Manchmal geschieht dieses Loslassen einer hinderlichen Einstellung schnell, manchmal braucht der Vorgang Jahre. Aus unserer Sicht ist die Herangehensweise, die wir im Kapitel »Mentale Balance 4: Umsetzung – die Kraft der Selbstdisziplin« (s. S. 118 ff.) ausführlich beschrieben haben, dafür besonders zielführend.

> **Schnelles Verändern von Einstellungen**
>
> Ein Beispiel für eine »schnelle« Veränderung haben wir bei einer Teilnehmerin erlebt, die unter ihrer Einstellung: »Ich muss es allen recht machen« litt. Sie war der Erschöpfung nahe, antriebslos und ohne Freude an der Arbeit, die ihr sonst so viel Spaß gemacht hatte. Nachdem ihr im Rahmen eines Zweitagestrainings ihre Fixierung auf diesen Satz bewusst wurde, hatte sie sich als Umsetzungsziel eine Erweiterung ihrer Einstellung wie folgt vorgenommen: »Ich kann es anderen dann recht machen, wenn ich selbst genügend freie Kapazitäten zur Verfügung habe«. Als wir uns zum Transfertag sechs Wochen später trafen, war sie wie verwandelt. Sie hatte wieder Kraft, Lebenslust, Freude an der Arbeit – und pflegte ihre Hobbys wieder intensiv. Ihr Erfolgsrezept war, dass sie sich – aufgrund der veränderten Einstellung – nun erlaubte, mehr für sich zu tun und dadurch wieder Kraft für sich *und* andere zu erzeugen.

Weitere Methoden, mit denen erfolgreich Einstellungen verändert werden können, sind zum Beispiel die Übungen »Bodyfeedback« (s. S. 152 f.), »Benennen« (s. S. 103 f.), »Einstellungen (Metaprogramme) balancieren« (s. S. 98 ff.), »Mentaltraining« (s. S. 105 ff.) und »Metta-Meditation« (s. S. 111 ff.).

> **Weitere Fortsetzung vom Beispiel auf Seite 88**
>
> Nachdem er den (verdeckten) Nutzen der Migräne (und seiner Einstellungen) erkannt und akzeptiert hatte, war der nächste Schritt für ihn einfach (denn »was er machte, machte er richtig«): »Ich plane mir ab jetzt konsequent störungsfreie Zeiten ein – beruflich (er delegierte umgehend mehr Verantwortung an seine zweite Führungsebene) wie privat (er begann sofort wieder mit seinem Lieblingssport Badminton und unternahm wieder mehr mit seiner Frau).
> Nach sechs Monaten hatte er nur noch einmal im Monat seine samstägliche Migräne. Seine erweiterte Einstellung formulierte er nun wie folgt: »Bevor ich etwas mache, priorisiere ich klarer« und »Nur wenn ich selbst Power habe, kann ich gut führen und ein guter Familienvater sein«.

▶ **Kurz gesagt:** Die Veränderung von Einstellungen beginnt mit Bewusstheit. Der zweite Schritt – in unserer hedonistischen (= kurzfristig gute Gefühle suchenden) Vermeidungskultur der schwierigste Teil – ist das Erkennen des (verdeckten) Nutzens der hinderlichen Einstellung beziehungsweise deren Folgeerscheinungen und das daraus resultierende Annehmen und Akzeptieren. Im dritten Schritt geht es um das Loslassen der Fixierung auf den hinderlichen Aspekt der Einstellung im Sinne einer Einstellungserweiterung und Schaffung von mehr Wahlmöglichkeiten.

(Selbst)Priming und Mentaltraining – die Kraft des Unbewussten nutzen

»… und was ich mir gar nicht vorgenommen habe, aber irgendwie passiert ist, ist, dass ich eine lösungsorientiertere Einstellung habe. Dadurch habe ich viel mehr freie Energie für die Veränderungen, die seit längerem anstehen«, so der O-Ton einer Teilnehmerin etwa vier Wochen nach einer zweitägigen Veranstaltung.

Diese Zeilen beschreiben treffend die Erfahrungen, die wir die letzten Jahre mit dem vermehrten Einsatz von Selbstpriming- und Mentaltrainingsmethoden gemacht haben (und machen).

Unter (Selbst-)Priming verstehen wir das Auslösen und Bahnen innerer Suchprozesse (bewusst und vor allem unbewusst) im Hinblick auf die Aktivierung vorhandener eigener innerer Ressourcen zur Lösung einer Fragestellung (beziehungsweise Herausforderung, Problem, Konflikt) oder zur Erreichung eines Ziels. »Priming« kommt aus dem Englischen und heißt »vorglühen«. Die Analogie ist folgende: Genau wie bei den Dieselmotoren, die man vorglühen muss, damit sie anspringen und laufen, können wir unsere gigantischen impliziten Erfahrungsspeicher (unser Unbewusstes) »vorglühen« (im Sinne von »anregen und bahnen«), damit diese »anspringen und laufen«.

Die erste Grundannahme ist, dass unsere impliziten Speicher im Gehirn (Unbewusstes) über viel mehr Erfahrung, Wissen und Weisheit verfügen als die bewussten Speicher (siehe dazu auch die Ausführungen zur Abbildung »Erfahrungspyramide«, S. 51, und die Übung »Zwei Fäuste«, S. 172 f.). Die zweite Grundannahme ist, dass wir über alle notwendigen Ressourcen verfügen, um unser Problem zu lösen beziehungsweise unsere persönlichen Ziele zu erreichen. Diese beiden Grundannahmen werden durch die Erkenntnisse der modernen Hirnforschung genauso gestützt wie durch alle (uns bekannten) systemisch arbeitenden pädagogischen und therapeutischen Schulen (siehe dazu auch die Arbeitshypothesen, S. 10 ff.). Ein simples Beispiel für Selbstpriming ist das Vor-dem-Wecker-Aufwachen. Kennen Sie das Phänomen, dass, wenn sie einmal besonders früh aufstehen wollen und am Vorabend den Wecker entsprechend stellen, Sie (kurz) vor dem Wecksignal aufwachen? Die meisten Menschen kennen das. Warum und wie funktioniert so etwas, obwohl wir schlafen, also völlig »unbewusst« sind? Das ist Selbstpriming: Wir wissen, dass wir besonders früh aufstehen wollen, und richten dadurch (in der Regel unbewusst) einen Fokus aus (zur Vorgehensweise »Mentaltraining und Selbstpriming«, s. S. 91). Ferner unterstützen wir diesen mentalen Fokus mit körperlicher Aktivität (zwar kurz, aber dennoch), indem wir uns haptisch mit dem Einstellen des Weckers beschäftigen. Und wir »primen« dann meist insofern nochmals, als dass der letzte Gedanke vor dem Einschlafen sich auf das »frühe Aufwachen« bezieht.

Das Unbewusste spielt auch bei Disstress und Erschöpfung eine wichtige – und häufig unterschätzte – Rolle. Gunther Schmidt, einer der führenden Vordenker (und Praktiker) von (Selbst-)Primingmethoden (er selbst bezeichnet sich als »Hypnosystemiker«) hat seine ganz eigene Definition von Burnout: »Burnout ist eine (wenn auch wehmachende und drastische) Kompetenz der unbewussten, unwillkürlichen Seite unseres Wesens«. Also kein Defizit oder etwas Pathologisches. Vielmehr zeigt das Unbewusste dort Lösungen auf, wo die kognitive Intelligenz in der Sackgasse steckt. Warum also das Unbewusste durch Priming nicht schon vorher ins Boot holen, bevor der Kahn auf Grund läuft?

▶ **Kurz gesagt:** Das Wirkungsprinzip von (Selbst-)Priming ist – wie beim Vorglühen eines Dieselmotors –, innere Suchprozesse (bewusst und vor allem unbewusst) anzuregen, auszulösen und zu bahnen. Das Ziel ist, eigene innere Ressourcen zu aktivieren, um Probleme zu lösen und/oder Ziele zu erreichen. Je besser die Anschlussfähigkeit der (Selbst-)Primingmethoden, desto höher ist die Wahrscheinlichkeit, dass diese greifen.
Hilfreich sind dafür eine möglichst gute Kenntnis der Einstellungen der Klienten sowie eine methodische Vielfalt.

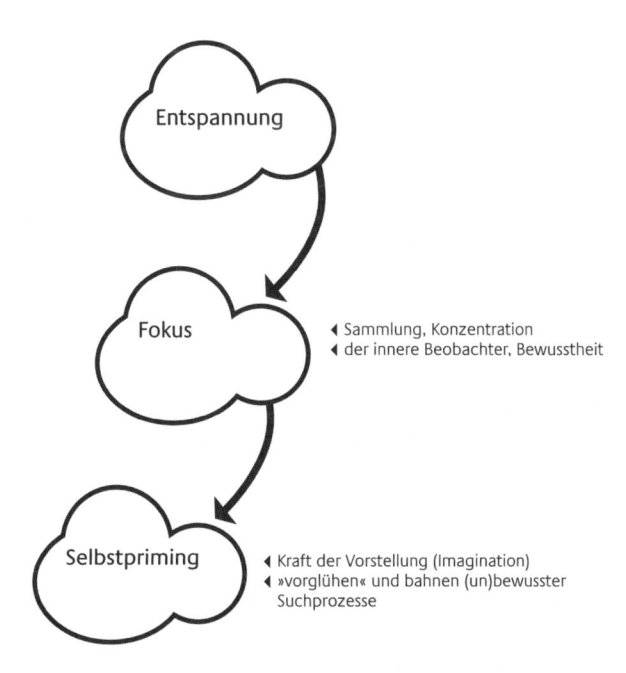

Mentaltraining

- Entspannung
- Fokus
  - ◀ Sammlung, Konzentration
  - ◀ der innere Beobachter, Bewusstheit
- Selbstpriming
  - ◀ Kraft der Vorstellung (Imagination)
  - ◀ »vorglühen« und bahnen (un)bewusster Suchprozesse

Eine Methode zur Nutzung von (Selbst-)Priming ist das Mentaltraining (siehe dazu auch die gleichnamige Übung, S. 105).

Die Vorgehensweise von Mentaltraining können Sie der Abbildung oben entnehmen. Es handelt sich um drei ineinandergreifende Phasen, deshalb die Wolke mit Pfeilen.

- Phase 1 ist Entspannung,
- Phase 2 richtet den Fokus aus und
- Phase 3 nutzt die Kraft der Vorstellung bewusst und unbewusst im Sinne von (Selbst-)Priming.

Die zweite Phase hat zwei Qualitäten. Die erste ist die Fähigkeit zur Sammlung (Konzentration), die zweite die Fähigkeit, den inneren Beobachter zu aktivieren und aufrechtzuerhalten (siehe dazu auch das Kapitel »Mentale Balance 1: Bewusstheit & Signalzone – die Kraft des Jetzt«, S. 49 ff.). Dieses Muster findet sich übrigens auch in allen Meditationstechniken wieder, die – dort als Geistestraining bezeichnet – im Kern ebenso auf die Stärkung von Sammlung, des »inneren Beobachters« und/oder Einstellungsveränderungen hinwirken (siehe dazu die Übung »Metta-Meditation«, S. 111 ff.).

Wir veranschaulichen das Wirkungsprinzip des Mentaltrainings gerne am Beispiel von Tiger Woods (als er noch mit Golf Schlagzeilen machte):

> **Tiger Woods**
>
> Vor jedem Schlag, den Tiger Woods ausführt, richtet er seinen Fokus darauf aus, »den Ball ins Loch« zu schlagen *und* stellt ich dabei mehrfach wiederholt vor, wie er diesen Schlag ausführt. Er primt sich darauf, den Ball mit genau dem richtigen Impuls ins Loch zu schlagen. Neurobiologisch gesprochen, »glüht er seine Neuronen vor«, die dafür zuständig sind, den notwendigen Schlag genau so auszuführen, dass der Ball mit hoher Wahrscheinlichkeit ins Loch geht.
>
> Was dagegen häufig in unserem »Alltagspriming« unbewusst passiert, ist – im Sinne des gedanklichen Hintergrundrauschens und unserem unbewussten Fokus auf Probleme – uns vorzustellen (am Beispiel von Tiger Woods angelehnt), wie wir den Ball links daneben, zu kurz oder zu lang schlagen könnten. Wenn wir uns das dementsprechend intensiv und öfters vorstellen, tritt das dann natürlich auch ein – (Selbst-)Priming funktioniert als selbsterfüllende Prophezeiung in beide Richtungen. Bewusstes Mentaltraining ist heute aus dem Spitzensport nicht mehr wegzudenken. »Ein Match wird im Kopf entschieden« hat einmal ein Tennisprofi resümiert.

Konkrete Beispiele für die Vorgehensweise finden Sie in den Übungen »Mentaltraining« (s. S. 105), »Metta-Meditation« (s. S. 111 ff.), »Atmung mit Selbstpriming« (s. S. 179) und »Mentaltraining mit konkretem Umsetzungsziel« (s. S. 130 ff.). »Priming mit Primingbeispielen« (s. S. 107) gibt Ihnen einige griffige Beispiele für (Selbst-)Priming an die Hand und dient gleichzeitig als

Priming. Ferner eignen sich körperorientierte Ansätze (siehe zum Beispiel »Bodyfeedback«, s. S. 152 f., und »Wie ein Hochseilartist«, s. S. 23), Geschichten, Analogien, (teilnehmernahe) Praxisbeispiele, die kollegialen Coachings sowie Erfahrungsberichte (vor allem authentischer Vorbilder) sehr gut, innere Suchprozesse im Sinne von Selbstpriming auszulösen.

Förderliches fördern, Hinderliches verändern – Wie bringe ich es rüber?

Die nachfolgenden Übungen zielen darauf ab, den Teilnehmern (Klienten) ihre »Einstellungen« erfahrungs- und handlungsorientiert bewusster zu machen und Möglichkeiten der Veränderung aufzuzeigen. Die Geschichten sollen einen intuitiv-metaphorischen Zugang zum Thema ermöglichen.

> **Übung: Metaprogramme (balancerelevante Einstellungen)**
>
> **Ziel:** Reflektieren und Bewusstmachen der balancerelevanten Einstellungen.
>
> **Methode:** Selbsttest (10 Minuten) und Austausch mit Lernpartner (10–20 Minuten).
>
> **Material:** Arbeitsblatt.
>
> **Kernleitfrage:** Welches sind die balancerelevanten Einstellungen?
>
> **Reflexionsleitfragen:** Siehe Arbeitsblatt auf Seite 94 ff.
>
> **Beschreibung:** Der Test besteht aus einer Checkliste der balancerelevanten Einstellungen. (Anmerkung: Einstellungen zeigen sich meist als Gegensatzpaare, zum Beispiel »Ich muss schnell sein« versus »Ich bin halt langsam«. Das übergeordnete Muster (Überschrift) über diesen Gegensatzpaaren ist ein sogenanntes Metaprogramm, in diesem Falle »Geschwindigkeit«. Metaprogramme sind nicht wertend, Einstellungen schon, sonst würden sie unserem Leben keine Orientierung geben.)
> - **Schritt 1 und 2:** Die Teilnehmer schätzen erst sich selbst ein, dann den Lernpartner.
> - **Schritt 3:** Im Austausch mit dem Lernpartner erhalten die Teilnehmer ein Fremdbild über sich.

Variation: Bei einer längeren Begleitung von Personen (zum Beispiel in einem Coachingprozess) kann der Test zu Beginn und am Schluss durchgeführt werden und dadurch als Evaluierungsmethode der erlebten Veränderung zum Einsatz kommen.

Stolpersteine:
- »Normalerweise bin ich ganz anders, ich komme nur so selten dazu.« Der Test setzt Selbstkritik und Ehrlichkeit voraus. Man kann sich das Ergebnis sonst hinbiegen. Wir weisen gerne humorvoll darauf hin, dass dies eine (seltene) Gelegenheit ist, sich den ehrlichen Spiegel vorzuhalten.

Arbeitsblatt: Selbsttest Metaprogramme

Die balancerelevanten Einstellungen

Einstellungen zeigen sich meist als Gegensatzpaare, zum Beispiel »Ich muss schnell sein« versus »Ich bin halt langsam«. Das übergeordnete Muster (Überschrift) über diesen Gegensatzpaaren ist ein sogenanntes Metaprogramm, in diesem Beispiel »Geschwindigkeit«. Metaprogramme sind nicht wertend, Einstellungen schon, sonst würden sie unserem Leben keine Orientierung geben.
Hinter jeder Einstellung steckt ein (verdeckter) Nutzen beziehungsweise eine positive Absicht. Das, was uns widerfahren ist (im Guten wie im Schlechten), haben wir im Hinblick auf unser Überleben und Wohlergehen – oft unbewusst – bewertet und als Erfahrung gespeichert. Erfahrungen, die emotional besonders intensiv waren (positiv wie negativ) oder sich häufig wiederholten, haben sich zu Einstellungen (Mustern) verdichtet. Das heißt, hinter jeder Einstellung kann eine positive, aber auch eine negative Erfahrung stehen (siehe nachfolgendes Beispiel bei »reaktiv« und »passiv«). Die nachfolgenden Unterscheidungen fokussieren im Allgemeinen auf positive Erfahrungen.

- **Förderlich** im Hinblick auf eine gute Balance sind balancierte Metaprogramme. Bildlich gesprochen können wir dann den »Dimmer« entlang des Pfeils beliebig in jede Richtung schieben, das heißt je nach Situation die eine oder andere Einstellung (Ausprägung) bewusst nutzen.
- **Hinderlich** wirken die Metaprogramme, die unbalanciert sind. Das heißt, dass wir eine Fixierung auf eine Einstellung (Ausprägung) haben, mit keinen oder wenigen Wahlmöglichkeiten. Bildlich gesprochen: »der Dimmer« klemmt.

Aufgabe:
- Schätzen Sie sich bitte zunächst selbst ein (= 0) (hilfreich kann hierbei auch sein, dass Sie sich durch den Blickwinkel des Menschen einschätzen, der Sie am besten kennt).
- Schätzen Sie Ihren Lernpartner ein (= X).
- Tauschen Sie sich aus!

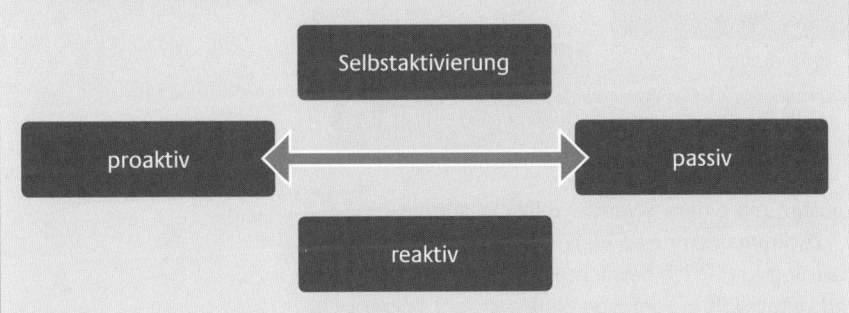

Selbstaktivierung

proaktiv ←→ passiv

reaktiv

Ich gehe die Dinge (pro)aktiv an, übernehme Verantwortung und warte ungern ab, was passiert – oder: Ich warte meist erst einmal ab, was passiert, und reagiere dann – oder: Ich warte lieber grundsätzlich ab, beobachte und bewahre auch in aller Regel meine Zurückhaltung.

Zufriedenheit entsteht dadurch, dass ich etwas »bewege«, »voranbringe« und »gestalte« – oder:Ein gutes Gefühl entsteht durch die Erfahrung, dass sich die erwünschten Zustände manchmal auch ganz von alleine ergeben – oder: Ein gutes Gefühl entsteht durch die Erfahrung, dass nichts sicherer und energiesparender ist, als grundsätzlich erst mal abzuwarten und zu beobachten.
(Anmerkung: Bei »reaktiv« und »passiv« kann auch das Vermeiden von schlechten Erfahrungen, zum Beispiel »wenn man den Kopf zu weit herausgestreckt hat«, die Einstellung geprägt haben.)

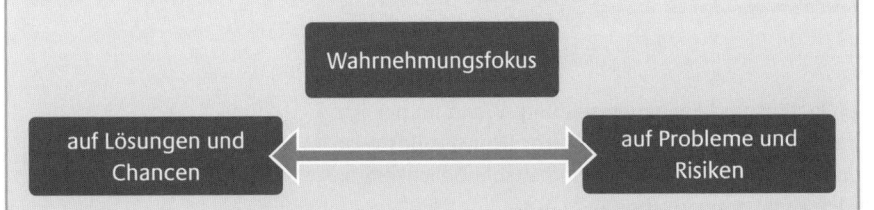

Wahrnehmungsfokus

auf Lösungen und Chancen ←→ auf Probleme und Risiken

Mein Wahrnehmungsfokus sieht vor allem Lösungen, Chancen und Möglichkeiten, nach dem Motto »Krise = Chance« – oder: Mein Fokus ist eher auf (mögliche) Probleme, (lauernde) Risiken, (potenzielle) Gefahren und (drohende) Hindernisse gerichtet.

Zufriedenheit entsteht durch das Erkennen, Benennen (und Umsetzen) von Lösungen, Auswegen, Alternativen, Wahlmöglichkeiten und Chancen – oder: Ein gutes Gefühl entsteht durch Erkennen, Benennen (und Verhindern) von Problemen, Risiken, Gefahren und Hindernissen.

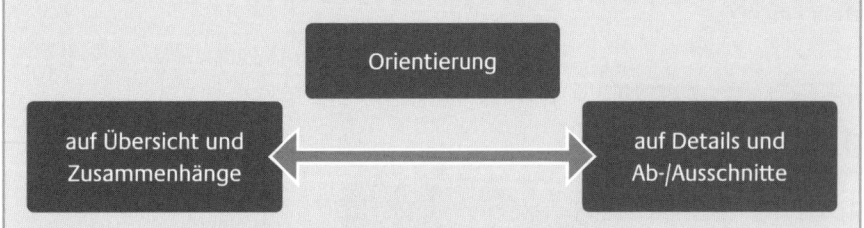

Orientierung

auf Übersicht und Zusammenhänge ⟷ auf Details und Ab-/Ausschnitte

Ich betrachte die Dinge am liebsten mit einem »Weitwinkelblick« auf das große Ganze. »Übersicht bewahren«, »Zusammenhänge erkennen« und »Top-Prioritäten sehen« ist mir von größter Bedeutung – oder: Ich betrachte die Dinge mit »Makrozoomblick« auf Einzelheiten und Details (oft in Form von Zahlen, Daten, Fakten).

Zufriedenheit entsteht durch Schaffen und Behalten von Überblick. Die Orientierung auf die Top-Prio-Fragen »Was ist mir wirklich wichtig?« und »Was kann ich weglassen?« ist besonders wichtig. Ich delegiere anderes gerne oder blende es aus. Mein eingebauter »Fuzzy logic Chip« lässt mich Unschärfen, Unvollkommenheiten und Widersprüche leicht akzeptieren – oder: Ein gutes Gefühl entsteht durch Scharfsehen der (Schönheit der) Details. Ich erkenne Unschärfen, Unklarheiten und Widersprüche schnell und sicher.

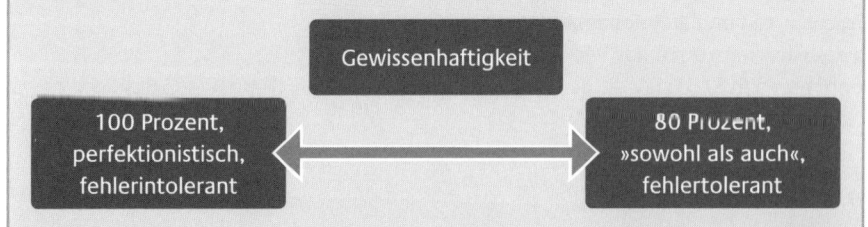

Gewissenhaftigkeit

100 Prozent, perfektionistisch, fehlerintolerant ⟷ 80 Prozent, »sowohl als auch«, fehlertolerant

Mein Hauptfokus liegt auf Top-Qualität und Fehlervermeidung. Wann immer ich eine Arbeit mache, mache ich sie gründlich, nach dem Motto: »Nur das Beste ist gut genug« – oder: Mein Hauptfokus liegt auf Balance und Wahlmöglichkeiten, nach dem Motto: »Ich tue was ich kann, dann ist aber auch gut«.

Zufriedenheit entsteht durch Erzeugen und Sichern von TOP-Qualität. Ich gebe stets mein Bestes, erkenne Fehler und Unzulänglichkeiten schnell. Ich bin strukturiert und Kontrolle ist mir wichtig. Ich habe hohe Erwartungen, bin oft unter Spannung, ernst (streng) und konzentriert – oder: Ein gutes Gefühl entsteht durch

Bewegen in einem gesunden Mittelmaß, durch den Wechsel von »Spannung und Entspannung«, von »Machen und Lassen«. Ich bin (fehler-)tolerant, integrierend, sehe das eine, aber auch das andere.

Mein Hauptfokus liegt auf Veränderung, Erneuerung und Wandel – oder: Mein Hauptfokus ist eher auf Sicherheit, Schützen und Energiesparen gerichtet.
Zufriedenheit entsteht durch Erleben von Neuem und der Erfahrung, damit gut umgehen zu können. Ich bin neugierig, stets interessiert, Veränderung suchend und begrüßend, nach dem Motto: »Bei Veränderung bauen die einen Windmühlen, die anderen Mauern« – oder: Ein gutes Gefühl entsteht durch Sichern, Erhalten und Schützen von Bestehendem. Ich stehe Neuem eher skeptisch gegenüber.

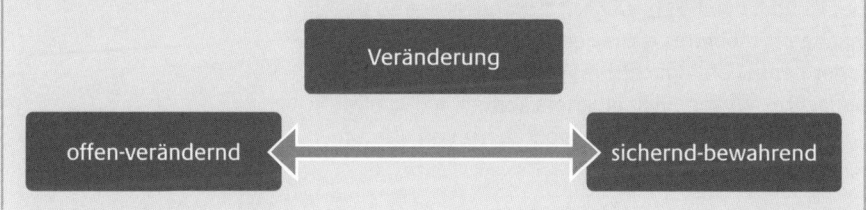

Veränderung

offen-verändernd ⟷ sichernd-bewahrend

Mein Hauptfokus ist auf Harmonie, Unterstützen (Helfen) und auf die Bedürfnisse und Erwartungen der anderen gerichtet – oder: Mein Fokus liegt auf meinen eigenen Bedürfnissen und Erwartungen.

Gute Gefühle entstehen dadurch, von anderen akzeptiert und gemocht zu werden. Ich bin diplomatisch, kann mich gut zurücknehmen und mache (und sage) oft mehr als nötig – oder: Gute Gefühle entstehen vor allem durch das Befriedigen eigener Bedürfnisse (unabhängig davon, was andere denken). Ich bin lieber direkt, kann mich gut abgrenzen, mir Freiräume schaffen und bin selbstgenügsam.

Zielorientierung

Optimierung ⟷ Maximierung

Mein Hauptfokus liegt darauf, die Dinge stets ein wenig besser zu machen – oder: Ich lege höchsten Wert darauf, das Bestmögliche aus allem herauszuholen.

Ich bin zufrieden, wenn ich eine Entwicklung sehe, egal wie klein die Schritte sind – oder: Ich bin erst dann zufrieden, wenn meine (oft großen) Ziele erreicht sind und meine Erwartungen in vollem Umfang befriedigt sind.

```
                    ┌─────────────────────┐
                    │   Geschwindigkeit   │
                    └─────────────────────┘

    ┌──────────┐                              ┌──────────┐
    │  schnell │  ◄──────────────────────►   │  langsam │
    └──────────┘                              └──────────┘
```

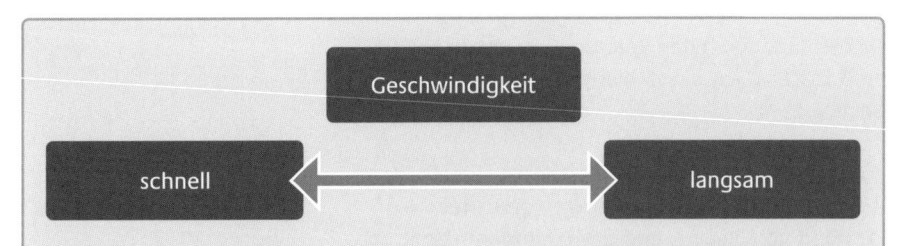

Ich bin ständig auf Trab und alles muss schnell gehen, nach dem Motto: »Wer rastet, der rostet« – oder: Ich gehe die Dinge stets geruhsam an, nach dem Motto: »In der Ruhe liegt die Kraft«.

Zufriedenheit entsteht durch das Gefühl, durch Schnelligkeit besonders viel zu bewegen. Ich bin spontan und mache oft mehreres gleichzeitig. Ich bin eher ungeduldig (bis nervös) und sage (oder denke) oft »Mach(t) mal vorwärts« – oder: Ein gutes Gefühl entsteht durch bedachtes Wirken nach eigenem Tempo. Ich mache strikt eins nach dem anderen, bin eher geduldig und sage (oder denke) oft »Nimm Dir Zeit – immer mit der Ruhe«.

Übung: Einstellungen (Metaprogramme) balancieren

Ziel: Reflektieren und Bewusstmachen der Wahlmöglichkeiten bei balancerelevanten Einstellungen. Fixierungen erkennen. Mögliche Veränderungen vorbereiten (»den Dimmer verschieben«).

Methode: Kleingruppenarbeit (2–5 Teilnehmer, 15–30 Minuten) mit anschließender Kurzpräsentation im Plenum (optional – je Metaprogramm maximal 5 Minuten).

Material: Flipchartvorlage vorbereiten nach folgendem Muster:

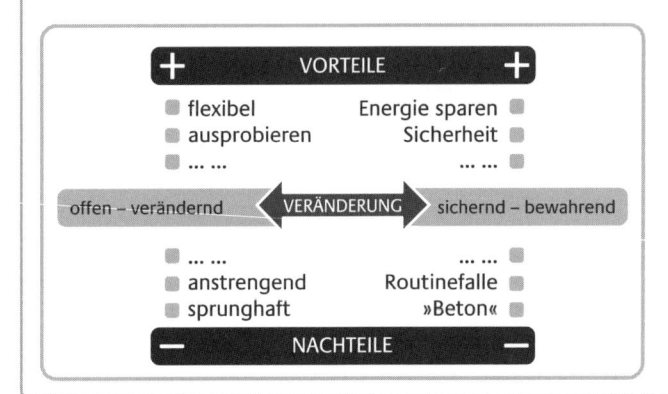

```
    ┌──────────────────────────────────────────────┐
    │  +             VORTEILE              +       │
    │                                              │
    │    ▪ flexibel          Energie sparen ▪      │
    │    ▪ ausprobieren      Sicherheit ▪          │
    │    ▪ … …               … … ▪                 │
    │                                              │
    │  offen – verändernd  ◄VERÄNDERUNG►  sichernd – bewahrend │
    │                                              │
    │    ▪ … …               … … ▪                 │
    │    ▪ anstrengend       Routinefalle ▪        │
    │    ▪ sprunghaft        »Beton« ▪             │
    │  –             NACHTEILE             –       │
    └──────────────────────────────────────────────┘
```

Kernleitfrage: Wie können wir die Vor- und Nachteile der gegensätzlichen Einstellungen eines Metaprogramms bewusstmachen?

Reflexionsleitfragen:
- Was sind die Vor- und Nachteile der gegensätzlichen Einstellungen eines Metaprogramms? (A)
- Wohin möchte ich meinen Dimmer verschieben? (B)

Beschreibung:
- **Schritt 1:** Bereiten Sie zur Demonstration ein Musterchart vor und gehen Sie die Übung gemeinsam mit der Gesamtgruppe an einem Beispiel durch. Das Chart sieht zum Beispiel wie die vorhergehende Abbildung aus (am Beispiel Metaprogramm »Veränderung«): Am Anfang steht nur das Metaprogramm als Überschrift oben zentral, die zugehörigen gegensätzlichen Einstellungen (wie im Selbsttest »Metaprogramme«, S. 94 ff.), in diesem Fall »offen-verändernd« gegenüber »sichernd-bewahrend«, in der Mitte des Charts sowie zwei grüne »+«-Zeichen oberhalb und zwei rote »–«-Zeichen unterhalb der Einstellungen.
- »+« steht für Vorteile, »–« für Nachteile. Einige beispielhafte Vor- und Nachteile sind (durch Kästchen markiert) auf dem Chart ebenfalls aufgeführt.
- **Schritt 2:** Kleingruppenarbeit zur Reflexionsleitfrage (A): Die Teilnehmer erarbeiten – gemäß individuellem Interesse – für ihre relevanten Metaprogramme die Vor- und Nachteile der zugehörigen Einstellungspaare.
- **Schritt 3:** Einzel- oder Kleingruppenarbeit zur Reflexionsleitfrage (B). (Anmerkung: Die Entwicklung/Flexibilisierung verläuft von den Nachteilen der einen Einstellung hin zu den Vorteilen der gegensätzlichen Einstellung.) Durch die Visualisierung ist die Entwicklungsrichtung – im Sinne von mehr Wahlmöglichkeiten und Balance – nun bewusst offengelegt. Der nächste Schritt ist das Erarbeiten einer konkreten Umsetzungsstrategie dahin (siehe dazu die ersten drei Fokuspunkte im Kapitel »Mentale Balance 4: Umsetzung – die Kraft der Selbstdisziplin«, ab Seite 118 ff.).

Variation: In einem Coaching kann das Balancieren individuell mit dem Klienten entlang der Reflexionsleitfragen durchgeführt werden.
Eine kraftvolle Variation mit hoher Wirkung von Schritt 4 ist, wenn die Teilnehmer die für sie passenden jeweiligen Körperhaltungen (im Sinne von Bodyfeedback, s. S. 152 f.), inneren Bilder und Metaphern zu den gegensätzlichen Einstellungen einnehmen beziehungsweise beschreiben. Die Leitfragen zum genannten Beispiel sind dann: Wie ist meine Körperhaltung, wenn ich offen-verändernd bin und wie ist sie, wenn ich sichernd-bewahrend bin? Welche inneren Bilder oder Metaphern tauchen bei der einen, welche bei der anderen Einstellung auf?

Das verstärkt die Aktivierung der jeweiligen neuronalen Netze und hilft dadurch, wertvolle Unterscheidungen im Hinblick auf die Auswirkungen der jeweiligen Einstellung zu finden.

Stolpersteine:
- Auch bei wenig ausgeprägter Selbstreflexionsbereitschaft beziehungsweise -fähigkeit führen die eindeutigen Unterscheidungsfragen nach den Vor- und Nachteilen zu einem klaren Ergebnis.

Übung: Einstellungsohr (von Ralf Besser)
Ziel: Balancerelevante Einstellungen bewusstmachen, heraushören (filtern) und spiegeln (feedbacken).

Methode: Kleingruppenarbeit (3–4 Teilnehmer): je Teilnehmer 5 Minuten mit anschließend 5 Minuten Feedback und kurzem persönlichen Fazit. Abschließende Plenumsrunde mit Fragen, Feedback und Fazit. Die Übung ist von Ralf Besser (2010).

Kernleitfragen: Wie machen wir unbewusste Einstellungen bewusst? Wie schulen wir unser »Einstellungsohr«?

Reflexionsleitfragen: Für die Zuhörer/Feedbackgeber: Welche Einstellungen haben Sie gehört? Welche Einstellungen sind für die Balance eher förderlich, welche möglicherweise hinderlich?
Für den Erzähler/Feedbacknehmer als persönliches Fazit: Welche Einstellungen waren mir bewusst? Was war mir so nicht bewusst und ist neu für mich? Welche Einstellung ist förderlich für meine Balance und welche könnte ich im Hinblick auf mehr Balance möglicherweise verändern? Was konkret nehme ich aus der Übung für mich mit?

Beschreibung: Als Einführung in die Übung empfehlen wir eine Demonstration vorweg.
- **Schritt 1:** Rollen definieren: Teilnehmer A erzählt, Teilnehmer B, C und D beobachten.
- **Schritt 2:** Durchführung: A erzählt (maximal fünf Minuten) aus einem aktuellen Projekt, beschreibt eine typische (Arbeits-)Woche, schildert die für ihn typische Arbeitseinstellung. B, C, D hören aufmerksam zu und versuchen, Einstellungen (auf genaue Formulierungen achten!) von A herauszufiltern und zu notieren.

- **Schritt 3:** Feedback entsprechend den Leitfragen (maximal fünf Minuten) in der Reihenfolge B–C–D mit kurzem, abschließendem Fazit von A (entsprechend den genannten Leitfragen).
- **Schritt 4:** Rollentausch, sodass jeder beide Rollen einmal innehat.

Stolpersteine:
- Stellen Sie sicher, dass Feedback nur in eine Richtung (»One-way«) und ohne Bewertungen abgegeben wird, um Rechtfertigungen und Diskussionen von vornherein zu vermeiden.
- Wenn die Teilnehmer nicht durch die Übung »Metaprogramme« oder anderes bereits vertraut sind mit dem Erkennen von Einstellungen, verdeutlichen Sie diese im Vorfeld durch ein oder zwei griffige Beispiele. Schlüsselworte für (balance-)hinderliche Einstellungen, wie zum Beispiel »immer«, »nie«, »ich/man muss ...«, »ich/man sollte ...«, »ich bin ...«.

Übung: Grundeinstellungen (Grundbedürfnisse) erkennen

Ziel: Grundeinstellungen (Grundbedürfnisse) bei sich und bei anderen bewusstmachen. Verständnis schaffen für »schwierige« (= negativ bewertete) Verhaltensweisen, indem die Grundeinstellungen dahinter als verdeckter Nutzen erkannt werden.

Methode: Interaktive soziometrische Übung mit Einzel-, Kleingruppen und Plenumsarbeit (als Zurufmoderation), 30–45 Minuten. Abschließende Reflexion mit Fragen und Fazit.

Kernleitfragen: Was sind meine Grundeinstellungen (Grundbedürfnisse)? Hinter welchen »schwierigen« Verhaltensweisen verbergen sich welche Grundeinstellungen (als verdeckter Nutzen)?

Reflexionsleitfragen: Welches Muster (Verhalten, Charakterzug, Persönlichkeitsmerkmal) empfinden Sie bei anderen Menschen als besonders »schwierig« (im Sinne einer klaren Negativbewertung, Ablehnung)? (A)
Was ist wohl der (verdeckte) Nutzen, den diese Menschen von ihrem »schwierigen« Verhalten haben? Welches Grundbedürfnis könnte hinter diesem Verhalten stecken oder liegt möglicherweise dahinter verborgen? (B)
Was sind Ihre persönlichen Grundbedürfnisse (Grundeinstellungen)? Ist es eines, zwei oder mehrere? Wo sind Sie besonders empfindlich, wo kann man bei Ihnen den »roten Knopf« drücken? (C)

Beschreibung: Die Übung als Fünf-(beziehungsweise Sechs-)Schritte-Verfahren mit dem genannten Ziel ankündigen. Ein Beispiel zum Konzept des »verdeckten Nutzens« geben (siehe zum Beispiel die »samstägliche Migräne« im Abschnitt »Einstellungen verändern«, S. 87) und gegebenenfalls die verhaltensbiologische Grundannahme dazu wiederholen (»jedes Verhalten hat(te) einen Nutzen, sonst hätten wir es nicht – Verhalten ist ausschließlich funktional«).

- **Schritt 1:** »Der schwierige Zeitgenosse« (maximal 5 Minuten): Reflexionsleitfrage (A) stellen und einige Beispiele geben. Die Zuschreibungen sollen möglichst plakativ sein, zum Beispiel »Choleriker«, »Vielredner«, »Lügner«, »Blockierer«, »Fähnchen im Wind«, »Jammerlappen«, »Ja-aber-Typ«. Jeder schreibt möglichst nur einen top »schwierigen Zeitgenossen« auf ein Moderationskärtchen, das er Ihnen gibt.
- **Schritt 2:** Sie legen die Kärtchen als Cluster im Raum so aus (die korrekte Zuordnung ist nicht so wichtig), dass die Teilnehmer im nächsten Schritt genügend Platz haben, sich zu Ihren Kärtchen zu stellen (2–5 Minuten).
- **Schritt 3:** Die Teilnehmer stellen sich nun zu ihren Kärtchen (1 Minute).
- **Schritt 4:** Kleingruppenbildung (die zwei bis vier Teilnehmer, die am nahsten zueinander stehen, bilden eine Gruppe) und Austausch (im Sinne von Hypothesenbilden) zu den Leitfragen (B) (10 Minuten).
- **Schritt 5:** Zurufmoderation und Visualisierung der Kleingruppenergebnisse (Hypothesen). Hinterfragen Sie die Teilnehmerhypothesen mittels vertiefender Fragen (wie zum Beispiel: »Was genau nutzt dieses Verhalten diesem Menschen?«) bis auf die Ebene der Grundbedürfnisse (siehe Abschnitt »Grundeinstellungen«, Seite 84). Achten Sie darauf, wenn anfänglich noch Negativzuschreibungen als Hypothesen kommen, dass Sie diese konsequent nach dem Nutzen, also der positiven Absicht, hinterfragen. (Das Ergebnis dieser Übung führte bislang – und wir führen die Übung seit Jahren und häufig durch – stets zu den sechs Grundeinstellungen; für viele ein Aha-Effekt.)
- Abschließend bieten sich noch die Leitfragen (C) an. Sie können Sie als Einzelarbeit nochmals in einen Kleingruppenaustausch geben. Danach kommt dann Feedback, Reflexion der Gesamtübung und Fazit (»Was nehmen Sie aus der Übung konkret für sich (nicht) mit?«) (10–15 Minuten).

Variation: Die Übung kann noch in einem sechsten Schritt mit der Leitfrage erweitert werden: »Zu welchem schwierigen Zeitgenossen werden Sie selbst, wenn Sie (rein hypothetisch) einmal schwierig werden sollten?« Hilfreich ist ferner diese Frage: »Wie (wo) würde Sie der Mensch, der Sie am besten kennt, bezeichnen (hinstellen), wenn man ihm diese Frage stellen würde?«

Nach diesen einleitenden Fragen stellen sich die Teilnehmer dann entweder auf die »Kärtchen«, die bereits am Boden ausliegen, oder aber (was eher selten vorkommt) sie fügen ein neues Kärtchen mit ihrer passenden »Schwierig«-Beschreibung hinzu. Das gibt insofern häufig einen weiteren Aha-Effekt, als dass die Teilnehmer sich oft an die Stellen positionieren, die sie selbst als schwierig definiert haben. Im letzten Schritt führen Sie dann Experteninterviews durch – für jede »Schwierig«-Zuschreibung sind jetzt Experten im Raum. Als Leitfragen dienen: »Was kann ein Gegenüber tun, um Sie wieder in einen konstruktives Miteinander zurückzuführen?« und/oder: »Welches Grundbedürfnis steckt hinter ›Ihrem Schwierigsein‹ und wie könnte ein Mitmensch dieses erkennen (und möglicherweise bedienen)?«

Die Antworten und Ergebnisse können dann auch wieder auf Zuruf visualisiert werden (5–15 Minuten).

Stolpersteine:
- Bisher keine. Wir haben bislang durchgängig eine sehr positive Resonanz auf diese Übung bekommen, vielfach sogar erhebliche Aha-Effekte.

Übung: Benennen (Labelling)

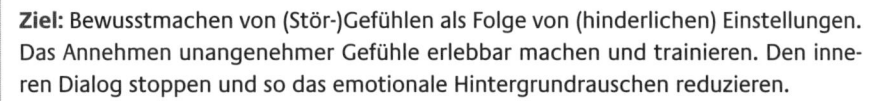

Ziel: Bewusstmachen von (Stör-)Gefühlen als Folge von (hinderlichen) Einstellungen. Das Annehmen unangenehmer Gefühle erlebbar machen und trainieren. Den inneren Dialog stoppen und so das emotionale Hintergrundrauschen reduzieren.

Methode: Selbstbeobachtung (mit dem eigenen inneren Beobachter) und Benennen von Gefühlen (3–5 Minuten). Kurzer Fakteninput zur Wirkungsweise der Übung.

Kernleitfrage: Wie können wir (Stör-)Gefühle bewusstmachen und annehmen lernen?

Reflexionsleitfragen: Welches Gefühl können Sie gerade wahrnehmen? Welche Stimmung, welche innere Atmosphäre nehmen Sie momentan wahr? Wo genau im Körper spüren Sie das Gefühl?

Beschreibung: Die Teilnehmer üben das genaue Erspüren, Benennen und dadurch Annehmen der (Stör-)Gefühle erstens durch das bewusste Hinspüren, wo genau im Körper das Gefühl wahrzunehmen ist, und zweitens mit den Worten »Da ist …« (zum Beispiel »Da ist Ärger«, »Da ist Trauer«, »Da ist Ungeduld«). Mit jedem Einatmen wird formuliert »Da ist …«, mit jedem Ausatmen wird formuliert »Da ist …«.
- **Schritt 1:** Die Teilnehmer sitzen bequem auf einem Stuhl. Laden Sie sie ein, die Augen (etwas) zu schließen, um die Außenreize zu reduzieren und den Fokus besser nach innen richten zu können. So wird der innere Beobachter aktiviert.
- **Schritt 2:** Stellen Sie die Reflexionsleitfragen.

- **Schritt 3:** Unterstützen Sie durch Beispiele. Sagen Sie: »Vielleicht fühlen Sie gerade Neugier (oder Langeweile, Unruhe, Ärger). Üben Sie mit dem, was im Augenblick da ist. Wenn es Neugier (Langeweile, Unruhe, Ärger) ist, spüren Sie diese im Körper und sagen Sie sich: ›Da ist Neugier (Langeweile, Unruhe, Ärger)‹. Wiederholen Sie dieses Hineinspüren und Benennen, synchron mit Ihrer Atmung.«
- **Schritt 4:** Setzen Sie die Übung fort, indem Sie auf das Annehmen fokussieren, zum Beispiel mit den folgenden Worten: »Beobachten Sie für einen Moment das Gefühl von Neugier (Langeweile, Unruhe, Ärger) und sagen Sie sich: ›Aha, so fühlt sich Neugier (Langeweile, Unruhe, Ärger) an – okay‹. Erlauben Sie sich, das Gefühl wahrzunehmen und anzunehmen, ohne es verändern zu wollen.«

Fakteninput zur Wirkungsweise (vor oder nach der Übung): Diese Übung wird mittlerweile sehr erfolgreich im therapeutischen Kontext bei Depression, Angststörungen und anderen schweren emotionalen Disbalancen eingesetzt. Bei chronischen Schmerzpatienten konnten damit erhebliche Verbesserungen des subjektiven Schmerzempfindens erreicht werden. Eine sehr erfahrene Therapeutin, die Menschen in der Trauerarbeit nach Todesfällen begleitet, hat uns diese Übung wärmstens empfohlen.

Die Wirkungsweise entspricht einem Mentaltraining: Der Fokus wird ganz auf das Spüren des jeweiligen Gefühls im Körper gerichtet (Gefühle sind im Körper materialisierte Gedanken). Gleichzeitig wird der »Kopf« mit dem Benennen (»Da ist …«) beschäftigt, sodass er keine neuen Störgefühle erzeugenden Gedanken mehr produzieren kann (bildlich gesprochen wird kein Öl mehr ins emotionale Feuer gegossen). *Und* es wird auch noch bewusst mit der Atmung gearbeitet, was für die meisten Menschen ein (neutral bis) positives Referenzgefühl darstellt (siehe Kapitel »Körper-Balance 3: Atmung – die Kraft des Atems«, S. 170 ff.).

Variation: Im ersten Schritt der Übung die Teilnehmer ein Störgefühl aus der Erinnerung aktivieren lassen, um damit zu üben.

Stolpersteine:
- Mangel an Störgefühlen: Im Training/Coaching sind Störgefühle nicht unbedingt anwesend, darum üben wir mit dem, was sich anbietet. Betonen Sie aber, dass die Technik auf den Umgang mit Störgefühlen abzielt (positive Emotionen sind selten ein Problem).
- Sollten erhebliche Störgefühle auftreten, ist der folgende Satz wichtig: »Richten Sie immer ein wenig mehr Fokus (Aufmerksamkeit) auf Ihren ›inneren Beobachter‹, als auf das unmittelbare Spüren des Gefühls.« Betonen Sie das verbale Benennen »Da ist …« und atmen Sie zu jedem Benennen lang, tief und ruhig. Dadurch entsteht ein gesunder Kontakt zum Gefühl, man behält aber die Kontrolle (im Sinne von Selbststeuerung).

Übung: Mentaltraining (»Tiger Woods«)

Ziel: Herstellen eines ressourcevollen Zustands und von mehr Gedankenhygiene (Reduktion von Gedanken sowie Ausrichten von Gedanken auf positive Vorstellungen), Mentaltraining üben. Selbstpriming.

Methode: Mentaltraining (10–15 Minuten).

Kernleitfrage: Wie funktioniert Mentaltraining?

Reflexionsleitfragen: Was fühlen Sie jetzt nach der Übung? Wie ist die Wirkung jetzt, verglichen mit vor der Übung? Welche Wirkung hat(te) die Übung auf ihre Gedanken (Gefühle, Körperbefindlichkeit?).

Beschreibung: Mentaltraining besteht aus den drei Phasen: erstens Entspannung, zweitens Fokus und drittens (Selbst-)Priming. Schritt 2 zielt auf Entspannung, Schritt 3 auf Fokus und Schritt 4 auf das Selbstpriming. In der Primingphase lenken Sie den Fokus/die Vorstellung auf das jeweilige Primingziel (wie zum Beispiel mehr Entspannung, mehr Gelassenheit oder die Fähigkeit, sich besser abgrenzen zu können). Unter Weblinks (s. S. 233) finden Sie einen Link zu einem unserer angeleiteten Mentaltrainings.

- **Schritt 1:** Einleitung: Bitten Sie die Teilnehmer zunächst, ein persönliches Primingziel zu wählen (zum Beispiel Entspannung) und eine Erinnerung an das Referenzgefühl dieses Ziels abzurufen (Anleitung: »Erinnern Sie sich bitte an eine Situation, in der Sie völlig entspannt waren, wie genau hat sich das angefühlt?«). Laden Sie die Teilnehmer dann dazu ein, genau diese Ressource in der Primingphase (**Schritt 4**) zu aktivieren (Weitere Anleitungsmöglichkeiten: »Welches persönliche Ziel möchten Sie für diese Übung nehmen? Vielleicht mehr Vitalität, mehr Gelassenheit, mehr Abgrenzenkönnen oder was auch immer. Erinnern Sie sich an eine konkrete Situation diesbezüglich. Wie genau fühlt es sich an?«).
- **Schritt 2:** Fokus auf den Körper lenken: »Setzen Sie sich bequem und entspannt hin, sodass Ihr Rücken von der Stuhllehne gestützt wird; je aufrechter, desto besser. Legen Sie Ihre Arme bequem auf die Oberschenkel, in den Schoß oder auf den Armlehnen ab. Wenn es angenehm ist, schließen Sie die Augen, wenn dies unangenehm ist, lassen Sie Ihre Augen einen kleinen Spalt offen. Ziel ist es, die Fülle der visuellen Reize zu reduzieren. Spüren Sie, wie Ihr Rücken Kontakt zur Stuhllehne hat, Gesäß und Oberschenkel zum Stuhlsitz und Ihre Füße zum Boden. Entspannen Sie sich so gut wie möglich.«
- **Schritt 3:** Fokus auf den Atem richten: Richten Sie nun den Fokus der Teilnehmer mit folgenden Leitfragen auf die Erfahrung des Atmens (eine Auswahl): »Wie fühlt sich Ihr Einatmen an, was genau passiert beim Ausatmen? Was genau

- bewegt sich bei Ihnen beim Atmen (Bauch? Brustkorb? Oder was sonst?) Wie fühlt es sich an, wenn die Atemluft ein- und wieder ausströmt? Können Sie die Atempausen wahrnehmen und wie fühlen sich diese an?«
- **Schritt 4:** Fokus auf die Kraft der Vorstellung richten: Richten Sie den Fokus/die Vorstellung der Teilnehmer mit folgenden Leitfragen (eine Auswahl) auf das persönliche Primingziel (hier am Beispiel Entspannung) und wiederholen Sie diesen zentralen Teil der Übung mehrfach: »Stellen Sie sich nun noch einmal vor, was Sie erreichen wollen. Erinnern Sie sich an eine Situation, wo Sie vollständig entspannt waren. Wie fühlt es sich an, wenn Sie entspannt sind? Wo genau spüren Sie die Entspannung im Körper? Was können Sie hören, wenn Sie völlig entspannt sind? Können Sie vielleicht etwas schmecken, wenn Sie entspannt sind? Wie schmeckt Entspannung? Was können Sie möglicherweise sehen?«.
- **Schritt 5:** Ausleitung: Führen Sie langsam aus der Übung heraus, indem Sie **Schritt 3** wiederholen, dann **Schritt 2** und schließlich zurück zu **Schritt 1**. Das heißt: die Augen öffnen und wieder bewusst auf dem Stuhl und im Raum ankommen.

Geben Sie bei den Schritten 2 bis 4 jeweils Zeit. Wiederholen Sie die Anleitung gegebenenfalls. Finden Sie eine gute Balance zwischen verbaler Anleitung und Phasen von Schweigen.

Eine passende Musik im Hintergrund kann – vor allem, wenn die Übung im Rahmen einer längeren Veranstaltung mehrfach wiederholt wird (Musterprägung) –unterstützend wirken. Das Muster für passende Musik ist erstens ein langsamer Takt, das heißt weniger als 50 bpm (beats per minute). Dieser liegt unter dem durchschnittlichen Ruhepuls im Sitzen, was günstig ist, denn unser Herzschlag passt sich gerne dem Takt von Musik an. Zweitens sollte die Musik keine durchgehende Melodie haben, was das Gehirn leichter in den entspannten Alphazustand bringt.

Variation 1: Primingangebote machen. Manche Menschen sprechen auf konkrete Angebote in der Primingphase (Schritt 4) an. Im genannten Beispiel »Entspannung« könnte sich das wie folgt anhören: »Vielleicht hören Sie Blätterrauschen oder Vogelgezwitscher, vielleicht auch Stille. Möglicherweise sehen Sie eine schöne Landschaft oder das Wogen von Wellen am Meer. Vielleicht spüren Sie Weite in der Brust oder ein warmes Kribbeln im Bauch.«

Variation 2: Die Primingphase (Schritt 4) mit der Metapher »Wasseroberfläche eines Sees (des Meeres)« beschreiben. Das persönliche Ziel (beziehungsweise die konkrete Fragestellung, das Problem, Umsetzungsziel oder Ähnliches) wird in der Primingphase mit dieser Metapher verbunden. Durch diese Variante wird die Wahrscheinlichkeit gerichteter unbewusster Suchprozesse erhöht (siehe dazu auch die Ausführungen zur Abbildung »Erfahrungspyramide«, S. 53).

Eine Anleitung für die Metapher liest sich zum Beispiel so: »Über der Wasseroberfläche ist das Sichtbare, das Offensichtliche, das Bewusste. Unter der Wasseroberfläche ist das kaum oder nicht Sichtbare, das enorme Wissens- und Erfahrungspotenzial Ihres Unbewussten. Was sehen oder spüren Sie aus den Tiefen des Sees aufkommen, wenn Sie sich Ihr persönliches Ziel (beziehungsweise die konkrete Fragestellung, das Problem, Umsetzungsziel …) vorstellen? Können Sie vielleicht etwas hören (riechen, schmecken)? Lassen Sie sich Zeit. Vielleicht kommt auch ein Gedanke, ein Handlungsimpuls, eine Frage oder was auch immer. Schauen Sie, was aus den Tiefen kommt oder was Sie dort sehen (spüren etc.). Wenn nichts kommt, ist auch gut, lassen Sie sich Zeit.« Beenden Sie mit den Worten: »Was sagt Ihr bewusster Teil zu diesen Bildern, Gefühlen, Gedanken aus der Tiefe? Welche möglicherweise noch nicht erkannte Ressource steckt darin? Was heißt das nun möglicherweise für Ihr weiteres Sein und Tun?«.

Stolpersteine:
- Vermeiden Sie instruktive Formulierungen. Verwenden Sie eher offene (Milton-)Formulierungen im Sinne von Angeboten, zum Beispiel durch den Einsatz von »vielleicht, möglicherweise« und den Einsatz von Metafragen (»Wie könnte Ihr persönlicher Weg zum Ziel aussehen?«).
- Bei Teilnehmern, bei denen sich das »Gedankenkarussell« schnell dreht, sind Formulierungen hilfreich, die den Fokus auf die Atmung stabil halten. Das könnte zum Beispiel folgendermaßen klingen: »Und immer wenn Sie merken, dass Sie denken (das ist ganz natürlich), die Gedanken freundlich aber bestimmt loslassen und den Fokus zurück auf die Atmung lenken«.

Übung: Priming mit Primingbeispielen

Ziel: Beispiele für Priming geben. Aufzeigen, was Priming ist und wie es wirkt.

Methode: Studien und Beispiele erzählen.

Kernleitfrage: Mit welchen Studien (Beispielen) vermitteln wir, was Priming ist und wie es wirkt?

Reflexionsleitfragen: Was kommt Ihnen zu diesem Beispiel, zu dieser Studie in den Sinn? Was löst dieses Beispiel, diese Studie bei Ihnen aus? Was hat das möglicherweise für Konsequenzen für Sie? Was konkret nehmen Sie daraus mit?

Beispiel 1: Wortsalat (auch als Bargh-Studie bekannt, von Bernhard Trenkle im Rahmen einer Weiterbildung)

In dieser Studie hat man amerikanische Studenten in zwei Gruppen eingeteilt. Jede Gruppe sollte aus über 100 Worten (zum Beispiel Baum, Wasser, Wetter und so weiter) möglichst viele Sätze bilden. Ihnen hatte man das Experiment als sprachwissenschaftliche Studie angekündigt. In eine der Gruppen hatte man zusätzliche Worte eingefügt wie »Bingo«, »grau«, »Florida« und »Spazierstock« (alles Wörter, die in Amerika mit »alt sein« assoziiert werden). Was die Studenten nicht wussten, war, dass die eigentliche Studie nach der Satzbildungsübung begann, als sie sich auf den Weg zum Fahrstuhl machten. Die Forscher haben die Zeit gestoppt, die beide Gruppen benötigten, um von dem »Wortsalat«-Raum bis zum Fahrstuhl zu laufen.

Ergebnis: Die Teilnehmer der Gruppe, die mit den Wörtern »Bingo, grau, Florida und Spazierstock« geprimt wurden, bewegten sich signifikant langsamer zum Fahrstuhl als die Teilnehmer der anderen Versuchsgruppe. Als man die Studenten später auf das verlangsamte Tempo ansprach, waren sie überzeugt davon, dass sie »ganz normal« gelaufen wären und versuchten, dies auch logisch zu belegen.

Fazit: Priming funktioniert durch bestimmte Wörter (also deren impliziter Bedeutung) und entfaltet seine Wirkung unbewusst. Im Alltag sind wir vielfältigem Priming durch Worte ausgesetzt – auf Konsum, Erfolg, Effektivität, Schnelligkeit und vieles mehr – und merken es meist nicht. Diesem unbewussten Alltagspriming können wir ein bewusstes Selbstpriming entgegensetzen. Wir können uns gezielt mit Begriffen primen, die für ressourcevolle Zustände stehen (ein guter Zeitpunkt ist kurz vor dem Einschlafen). Beispiele solcher Begriffe können sein: »Ich bin wohlbalanciert«, »Ich grenze mich wertschätzend ab«, »Ich bin *auch* in schwierigen Situationen gelassen«, »ich bin leistungsfähig *und* gleichzeitig entspannt« (siehe dazu auch die Übungen »Mentaltraining«, S. 105, »Atmung mit Selbstpriming«, S. 179, »Metta-Meditation«, S. 111ff., »Auf die Umsetzung primen«, S. 128).

Beispiel 2: Gertrude und Jennifer (von Bernhard Trenkle im Rahmen einer Weiterbildung)

In dieser Studie wurden einer repräsentativ großen Anzahl von Männern in einer Fußgängerzone Fotos von zwei Frauengesichtern gezeigt. Die Männer sollten spontan sagen, welche der beiden sie »hübscher« finden. Die Verteilung war bei 50:50. In einem zweiten Schritt wurden unter die gleichen Frauengesichter die Namen »Gertrude« und »Jennifer« geschrieben und wiederum einer repräsentativ großen Anzahl von Männern gezeigt.

Ergebnis: Die Verteilung war plötzlich bei 90:10 zugunsten von »Jennifer«. Als man die Männer auf die Auswahlkriterien ansprach, kamen durchweg Gesichtsmerkmale als Argument, keiner erwähnte den Namen.

Fazit: Priming funktioniert auch mit Namen. Unsere Einstellung zu einem Namen beeinflusst unser Urteilsvermögen. Wir entscheiden nicht objektiv. Oder, wie Paul Watzlawick es formulierte: »Wahrheit ist die Erfindung eines Lügners.«

Beispiel 3: Chinesische Schriftzeichen (Storch 2012)

Den Teilnehmern dieser Studie (des Chinesischen nicht mächtig) wurden nach und nach eine Vielzahl verschiedener chinesischer Schriftzeichen gezeigt (in einer Diashow wurde ein Zeichen nach dem anderen an die Wand projiziert). Dabei sollten die Teilnehmer zwei verschiedene Handhaltungen ausführen. In Phase eins sollten die Teilnehmer beim Anschauen der chinesischen Schriftzeichen eine offene Geste ausführen (beide Handflächen zeigen offen nach oben), in Phase zwei sollten die Teilnehmer eine abweisende Geste machen, das heißt die Handflächen gegen die Schriftzeichen richten. In Phase drei wurden den Teilnehmern dieselben Schriftzeichen wie in Phase eins und zwei erneut – nun aber in zufälliger Reihenfolge – gezeigt und sie sollten die Schriftzeichen nach den Kategorien »angenehm/gefällt mir« oder »unangenehm/gefällt mir nicht« bewerten und zuordnen.

Ergebnis: Wenn die Teilnehmer beim Anschauen der Schriftzeichen eine offene Geste gemacht hatten, haben sie die Schriftzeichen signifikant häufiger als »angenehm/gefällt mir« bewertet – und andersherum bei abweisender Geste. Die Teilnehmer haben, als man sie auf die Begründungen ihrer Bewertungen ansprach, völlig stimmig, klar und logisch argumentiert, warum sie das eine Zeichen »angenehm« und ein anderes »unangenehm« bewertet haben. Keine der Begründungen hatte allerdings mit der Handhaltung zu tun.

Fazit: Priming funktioniert auch auf der Ebene von Körperhaltungen, Gesten und Mimik. Diesen Zusammenhang nutzen wir zum Beispiel durch die Methoden des Bodyfeedback (s. S. 152 f.) und beim Qigong (s. S. 148 ff.).

Beispiel 4: Vom Segen des Fastens (von Gerald Hüther im Rahmen einer Weiterbildung)

Der Hirnforscher Gerald Hüther erzählt gerne von einer Studie, die er in einer Schweizer Fastenklinik durchführte. Hier wurde untersucht, welche Wirkung das Fasten auf die Patienten hat. Durch Blutproben zu Beginn, während und nach der Fastenzeit wurde das Stresshormon Kortisol gemessen. (Bei Disstress wird Kortisol ausgeschüttet, um unser System auf Leistung im Sinne »Lösen des Disstressproblems« auszurichten. Gleichzeitig wird durch Kortisol aber unser »Rest-and-Repair-System« zu rückgefahren. Das heißt, je weniger Kortisol, desto besser für unser Immunsystem).

Ergebnis: Das überraschende Ergebnis lautete: Es gab zwei völlig unterschiedliche Wirkungen. Bei den Patienten, die freiwillig als Selbstzahler fasteten, war der Kortisolwert am Ende der Fastenzeit deutlich messbar niedriger oder sogar abwesend. Bei Patienten, deren Fastenaufenthalt dagegen von der Krankenkasse »verordnet« und bezahlt wurde, war der Kortisolwert nachher höher als vor der Fastenperiode.

Fazit: Ob eine sogenannte Heilanwendung ihre positive Wirkung entfaltet, hängt von der Einstellung ab, die wir dazu haben. Durch negatives Selbstpriming (»Fasten ist blöd, was soll der Unsinn«) gestalten wir unsere Realität ebenso wie durch positives Selbstpriming (»Fasten tut mir gut, dafür gebe ich gerne mein Geld aus«). Oder wie es Milton Erickson formulierte: »Unser Immunsystem lauscht ständig unserem inneren Dialog.«

Beispiel 5: Körbe werfen (von Bernhard Trenkle im Rahmen einer Weiterbildung)

In dieser kanadischen Studie wurden zwei Gruppen gebildet (je 50 Personen, alle mehr oder weniger gleich unerfahren im Basketball). Beide Gruppen trainierten eine Woche lang täglich für zwei Stunden, den Ball in den Korb zu werfen. Die eine Gruppe trainierte körperlich, das heißt, sie warfen die Bälle tatsächlich. Die andere Gruppe trainierte mental und stellte sich – wie im Tiger-Woods-Beispiel (s. S. 92) – vor, wie sie den Ball in den Korb warfen. Nach einer Woche Training wurden die Ergebnisse verglichen.

Ergebnis: Beide Gruppen hatten die gleiche Trefferquote. Die Gruppe, die mental trainiert hatte, war nicht schlechter (aber auch nicht besser) als die, die körperlich trainierte.

Fazit: Selbstpriming funktioniert auch auf der Basis von Vorstellungen und inneren Bildern, in dieser Studie sogar von ganzen Handlungsfolgen (inneren Filmen). Unser Unterbewusstsein kann nicht unterscheiden, ob wir uns etwas intensiv vorstellen oder es tatsächlich tun (dieses Phänomen kennen wir auch aus Träumen). Wir glühen dadurch bestehende neuronale Netzwerke vor *und* bauen neue auf. Allein die Kraft der Vorstellung erzeugt Fähigkeiten und schafft neue Realitäten.

Beispiel 6: Der Gitarrist, der mental probt

Der Primingpraktiker Dr. Bernhard Trenkle (seines Zeichens Hypnotherapeut) hat uns folgende Geschichte von einem seiner Coachingklienten erzählt: Ein begabter Musiker hatte ein sehr gutes Angebot von einem Orchester bekommen. Zu der Zeit musste er sich seinen Lebensunterhalt (und den seiner Familie) jedoch als Barkeeper in einer Bar verdienen und hatte daher viel zu wenig Zeit zum Üben und für die Erweiterung seines Repertoires. Die Erweiterung seines Repertoires war aber eine wichtige Voraussetzung, um den begehrten Job zu bekommen – ein Dilemma. Trenkle schlug ihm vor, während der Arbeit – bei Tätigkeiten, die nicht seine volle Aufmerksamkeit verlangten – (zum Beispiel beim Gläserspülen und -polieren) sein Repertoire *mental durchzuspielen* (und zwar im Zeitraffer), um so wertvolle Minuten zum »Proben« zu nutzen.

Ergebnis: Nach nur drei Wochen hatte der Musiker – trotz Vollzeitarbeit – sowohl seine Virtuosität als auch sein Repertoire deutlich verbessert und somit die Aufnahme in das Orchester geschafft.

Fazit: Bewusst eingesetztes, zielgerichtetes (Selbst-)Priming ist durchaus auch alltagstauglich. Durch Priming lassen sich auch Zeitqualitäten verändern.

Stolpersteine:
- Für manche Menschen (tendenziell häufiger bei sehr technisch denkenden Zielgruppen) sind diese Indizien für die bedeutende Rolle des Unbewussten oft zunächst schwer verdaulich oder auch mit Ängsten besetzt (Stichwort »Kontrollverlust«). Bei möglichen Widerständen und Skepsis können Fragen wie: »Ist Ihnen Ihr Herzschlag und Ihre Atmung ständig bewusst?« hilfreich sein. Diese von jedermann erlebte Alltagsunbewusstheit kann für die Möglichkeit sensibilisieren, dass eben nicht alles bewusst ist und dem freien Willen folgt.
- Außerdem kann bisweilen auch der Hinweis, dass wir lediglich Angebote machen, wieder einmal hilfreich sein.

Übung: Metta-Meditation

Ziel: Eine wohlwollende, gütige Einstellung sich selbst und anderen gegenüber entwickeln und trainieren. (Das Wort »Metta« kommt aus dem altindischen Pali und heißt »Herzenswärme« oder auch »Wohlwollen«.

Methode: Einführung (5 Minuten) und Meditation (10–15 Minuten). Anschließende Reflexion (optional).

Kernleitfragen: Wie entwickeln wir mehr Wohlwollen? Wie verschieben wir den Dimmer hin zu mehr Wohlwollen?

Reflexionsleitfragen: Wie fühlen Sie sich nach der Übung? Wie ging es Ihnen mit der Übung? Angenommen, Sie würden diese Übung regelmäßig machen, welche möglichen Auswirkungen würden Sie erwarten?

Beschreibung: In der Metta-Meditation werden wohlwollende Sätze verwendet, die wir innerlich an uns und an andere Menschen (oder andere Lebewesen) richten und während der Meditation wiederholen. Geeignete Menschen und Lebewesen sind im ersten Schritt solche, bei denen uns warm ums Herz wird, wo allein aus unserer Vorstellung Gefühle von Wohlwollen oder Liebe in uns aufsteigen. Viele Menschen empfinden ein solches Wohlwollen zum Beispiel für spielende Kinder oder herumtollende Hundewelpen/Kätzchen. Ein Metta-Satz kann zum Beispiel folgendermaßen lauten: »Mögest du zufrieden, gesund und glücklich sein«. Dabei stellen wir uns einen bestimmten Menschen (oder ein Tier) im Geiste vor und denken diesen Satz wiederholt.

- **Schritt 1:** Bequem hinsetzen, sodass der Rücken von der Stuhllehne gestützt wird, je aufrechter, desto besser. Arme bequem auf die Oberschenkel, in den Schoss oder auf den Armlehnen ablegen. Wenn es angenehm ist, die Augen schließen, wenn es unangenehm ist, sie einen kleinen Spalt offen lassen. Ziel ist es, die Fülle der visuellen Reize zu reduzieren.
- **Schritt 2:** Den Fokus auf den Körper lenken: Spüren, wie der Rücken Kontakt zur Stuhllehne hat, Gesäß und Oberschenkel zum Stuhlsitz und die Füße zum Boden.
- **Schritt 3:** Fokus auf den Metta-Satz richten: Dabei sich erst den Menschen (das Tier) im genannten Sinne mental vorstellen, bis ein Bild/ein Gefühl von ihm entsteht, und dann den Metta-Satz denken: »Mögest du zufrieden, gesund und glücklich sein.« – Wenn wir merken, dass wir den Fokus verloren haben, beglückwünschen wir uns erst, dass wir es bemerkt haben – auch das ist Metta –, und richten ihn dann wieder auf den Metta-Satz. So wird für drei bis fünf Minuten geübt. Im zweiten Schritt richten wir den wohlwollenden Satz und die damit verbundenen Vorstellungen an uns selbst. Danach kommen Menschen, die wir neutral sehen und zum Schluss ein bestimmter Mensch, den wir momentan als eher schwierig bewerten. Wir nutzen denselben Satz gemäß **Schritt 3**.
- **Schritt 4:** Erst den zweiten Schritt durchführen, um langsam wieder aus der Übung herauszukommen und zurück zum ersten, das heißt Augen wieder öffnen und bewusst auf dem Stuhl, im Raum ankommen. Bei den Schritten zwei und drei jeweils Zeit geben, gegebenenfalls auch den Leitsatz wiederholen. Eine gute Balance finden zwischen verbaler Anleitung und Phasen von Schweigen.

Variation 1: Kollegen (Gruppen, Teams) könnten auf die jeweilige Zugehörigkeit fokussieren, zum Beispiel könnte der Leitsatz dann lauten: »Mögen *wir* zufrieden (erfolgreich, gesund, balanciert …) sein«. Oder: »Mögen alle Kollegen im Innendienst zufrieden sein, mögen alle Kollegen im Außendienst zufrieden sein, mögen alle Kollegen (in der Produktion, im Management und so weiter) zufrieden (gesund, glücklich …) sein«.

Stolpersteine:

- Bieten Sie, bevor Sie die Metta-Meditation anleiten, einige Beispiele für dieses Gefühl von Wohlwollen an, damit die Teilnehmer leichter in die Übung finden. Zum Beispiel: »Sie kennen wahrscheinlich dieses Gefühl, wenn Ihnen das Herz aufgeht – zum Beispiel beim Anblick von Welpen oder jungen Kätzchen, den eigenen Kindern, einem geliebten Menschen. Wir wollen einfach, dass es diesen Lebewesen gutgeht, ohne etwas von Ihnen zurückzuverlangen.«
- Die Erläuterungen zu den Untersuchungen von Singer/Ricard (2008) – in Bezug auf die Auswirkungen derartiger Meditationen auf unser Gehirn (s. S. 161) – können sich als sehr förderlich für die Akzeptanz und die Neugier gegenüber der Übung auswirken.
- Es geht mehr darum, ein wohlwollendes Gefühl herbeizuführen und einen stabilen Fokus – im Sinne von Sammlung – aufrechtzuerhalten, als den Leitsatz mechanisch zu wiederholen. Allein die Wiederholungen der Sätze prägen mit der Zeit (bei regelmäßiger Übung) neuronale Netzwerke (ein neues Muster) und werden dann – wie beim Eingangszitat von Gottfried Keller (s. S. 81) – zu einem Teil unserer Persönlichkeit.

Übung: Geschichten zum Thema

Ziel: Bewusstmachen von Einstellungen. Einen weiteren, intuitiv-metaphorischen Zugang zum Thema eröffnen. Priming (im Sinne von »innere Suchprozesse auslösen«).

Methode: Geschichte vorlesen.

Kernleitfragen: Inwiefern können wir mit einer Geschichte die Teilnehmer berühren, bewegen, irritieren, inspirieren, öffnen, konfrontieren? Was für Einstellungen haben wir (gibt es) und welche Konsequenzen resultieren daraus?

Reflexionsleitfragen: (optional – manchmal ist es zielführender, eine Geschichte einfach stehen zu lassen) Was kommt Ihnen jetzt gerade in den Sinn? Was löst diese Geschichte bei Ihnen (nicht) aus? Was nehmen Sie aus der Geschichte für sich (sicher nicht) mit?

Anmerkung: Geschichte 1 fokussiert auf gedankliches Anhaften (beziehungsweise Loslassen), Geschichte 2 auf Bewertungen und deren Konsequenzen, Geschichte 3 auf Annahmen und deren Konsequenzen, Geschichte 4 auf »Was ich nicht weiß, macht mich nicht heiß«, Geschichte 5 auf die Einstellung »Es allen recht zu machen« und Geschichte 6 auf die Einstellung »Perfektionismus«.

Stolpersteine:
- Obige Anmerkung ist als Hinweis gedacht. Vermeiden Sie, vor oder nach der Geschichte mögliche Interpretationen vorzugeben, damit die metaphorische Wirkung nicht verloren geht.

Geschichte 1: »Die schmutzige Straße« (von dem Shaolin-Mönch Shi Yan Bao mündlich überlieferte Zen-Geschichte)
»Zwei Mönche wanderten eine schmutzige, schlammige Straße entlang. Kurz zuvor war heftiger Regen gefallen. Als sie an eine Wegbiegung kamen, trafen sie eine schöne junge Frau in einem Seidenkleid, die die Straße überqueren wollte. ›Kommen Sie‹, sagte der Ältere sogleich. Er nahm sie auf die Arme und trug sie über den Morast der Straße. Sie dankte ihm und schritt weiter ihres Weges. Die beiden Mönche sprachen kein Wort, bis sie des Nachts einen Tempel erreichten, in dem sie Rast machten. Da konnte der Jüngere nicht länger an sich halten. ›Wir Mönche sollen nicht in die Nähe von Frauen kommen‹, sagte er, ›und vor allem nicht in die Nähe von jungen und hübschen. Es ist gefährlich. Warum hast du das getan?‹ Der Ältere lächelte. ›Ich ließ die junge Frau an der Wegbiegung zurück‹, antwortete er, ›trägst du sie immer noch?‹«

Geschichte 2: »Mag sein, mag sein …« (von dem Shaolin-Mönch Shi Yan Bao mündlich überlieferte Shaolin-Geschichte)
»Ein alter Mann lebte in einem Dorf und war sehr arm. Aber viele waren neidisch auf ihn, denn er besaß ein wunderschönes weißes Pferd. Ein reicher Mann bot eine große Summe für das Pferd, aber er verkaufte es nicht. Eines Morgens fand er sein Pferd nicht im Stall. Das ganze Dorf versammelte sich, und die Leute sagten: ›Du dummer alter Mann, was haben wir dir gesagt? Warum hast du nur das Pferd nicht verkauft? Wir haben es immer gewusst, dass das Pferd eines Tages gestohlen werden würde. Es wäre wirklich besser gewesen, es zu verkaufen. Was für ein Unglück ist jetzt geschehen!‹ Der alte Mann aber sagte: ›Mag sein, mag sein, aber warum gleich urteilen? Das Pferd ist nicht im Stall. So viel ist Tatsache, alles andere ist Urteil. Ob es ein Unglück ist oder ein Segen, weiß ich nicht, weil ich nicht weiß, was kommen wird.‹ Die Leute lachten den Alten aus. Sie hatten schon immer gewusst, dass er ein bisschen verrückt war.
Nach 14 Tagen kehrte das Pferd plötzlich zurück. Es war nicht gestohlen worden, sondern ausgebrochen. Und nicht nur das, es brachte noch zwölf wilde Pferde mit. Wieder versammelten sich die Leute und sagten: ›Alter Mann, du hast doch recht; es hat sich tatsächlich als Segen erwiesen.‹ Der alte Mann entgegnete: ›Mag sein, mag sein, aber warum gleich urteilen? Sagt einfach, das Pferd ist zurückgekommen. Ihr lest nur ein einziges Wort in einem Satz – wie könnt ihr über das ganze Buch urteilen?‹ Doch die Leute schüttelten nur verständnislos den Kopf.
Der alte Mann hatte einen einzigen Sohn. Der begann nun, die Wildpferde zuzureiten. Schon eine Woche später fiel er vom Pferd und brach sich beide Beine. Wieder

versammelten sich die Leute und riefen: ›Was für ein Unglück! Dein einziger Sohn kann nun seine Beine nicht mehr gebrauchen, und er war die Stütze deines Alters. Jetzt bist du ärmer als je zuvor!‹ Der Alte antwortete: ›Mag sein, mag sein, aber warum urteilen. Geht nicht so weit. Mein Sohn hat sich die Beine gebrochen. Niemand weiß, ob dies ein Unglück oder ein Segen ist.‹ Die Menschen wunderten sich nur noch über den Alten.

Nach ein paar Wochen kam ein Krieg über das Land. Alle jungen Männer des Ortes wurden zwangsweise zum Militär eingezogen, nur der Sohn des alten Mannes blieb zurück, weil er nicht laufen konnte. Der ganze Ort war von Wehgeschrei erfüllt, weil die meisten jungen Männer wohl nicht nach Hause zurückkehren würden. Sie liefen zu dem alten Mann und sagten: ›Du hattest recht, alter Mann, es hat sich als Segen erwiesen. Dein Sohn ist zwar verkrüppelt, aber immerhin ist er noch bei dir.‹ Der alte Mann antwortete wieder: ›Mag sein, mag sein, aber ihr hört nicht auf zu urteilen! Ihr wisst doch nur, dass man eure Söhne in die Armee eingezogen hat und dass mein Sohn nicht eingezogen wurde. Nur Gott, der das Ganze überblickt, weiß, ob dies ein Segen oder ein Unglück ist.‹«

Geschichte 3: »Der Axtdieb« (nach Laotse; von dem Shaolin-Mönch Shi Yan Bao mündlich überlieferte Geschichte)
»Ein Mann fand eines Tages seine Axt nicht mehr. Er suchte und suchte, aber sie blieb verschwunden. Er wurde ärgerlich und verdächtigte den Sohn seines Nachbarn, die Axt gestohlen zu haben. Er beobachtete den Sohn seines Nachbarn ganz genau. Und tatsächlich: Der Gang des Jungen war der Gang eines Axtdiebes. Die Worte, die er sprach, waren die Worte eines Axtdiebes. Sein ganzes Wesen und sein Verhalten waren die eines Axtdiebes. Am Abend fand der Mann die Axt unter einem großen Holzstapel. Am nächsten Morgen sah er den Sohn seines Nachbars erneut. Sein Gang war nicht der eines Axtdiebes. Seine Worte waren nicht die eines Axtdiebes und auch sein Verhalten hatte nichts von einem Axtdieb.«

Geschichte 4: »Der Weingroßhändler« (nach Nikolaus B. Enkelmann, aus dem Internet, siehe Literaturverzeichnis »Geschichten«)
»Ein Franzose wanderte Ende der 1920er-Jahre nach Amerika aus und gründete dort eine Großhandlung für französische Weine. Sein Unternehmen wuchs rasch und wurde schließlich sehr bekannt. Zum 25-jährigen Geschäftsjubiläum gab er ein großes Fest mit vielen Ehrengästen und Medienvertretern. Ein Journalist stellte dem Weingroßhändler die Frage: ›Sie haben sich zur Zeit der Weltwirtschaftskrise selbstständig gemacht, Ihren Betrieb aufgebaut und vergrößert. Was haben Sie für ein Erfolgsgeheimnis?‹ ›Sie werden mich auslachen, wenn ich es Ihnen erzähle‹, antwortete der Franzose. ›In den ersten Jahren hier in Amerika waren meine Englischkenntnisse so dürftig, dass ich keine Zeitung lesen konnte. Deswegen wusste ich gar nichts von der Krise.‹«

Geschichte 5: »Vater, Sohn und Esel« (nach Mulla Nasruddin)

»In der glühenden Mittagshitze zogen ein Vater, sein Sohn und ein Esel durch die staubigen Gassen einer Stadt. Der Vater saß auf dem Esel, während der Junge danebenherging. Da sagte ein Vorübergehender: ›Der arme Junge. Seine kurzen Beine können mit dem Tempo des Esels kaum mithalten. Wie kann ein Vater so faul auf dem Esel sitzen, während der Junge vom Laufen ganz müde wird!‹

Der Vater beherzigte diese Worte und setzte seinen Sohn auf den Esel. Bald darauf kam ein anderer Mann vorbei und rief: ›So eine Unverschämtheit. Der Bengel sitzt wie ein Sultan auf dem Esel, während sein armer, alter Vater nebenherläuft!‹ Dies schmerzte den Jungen, der daraufhin den Vater bat, sich hinter ihm auf den Esel zu setzen.

Bald darauf rief eine vorbeigehende Frau entrüstet aus: ›Hat man so etwas schon gesehen? So eine Tierquälerei! Der Rücken des armen Esels hängt völlig durch, und der alte und der junge Nichtsnutz ruhen sich auf ihm aus, als wäre die arme Kreatur ein Diwan!‹

Daraufhin stiegen Vater und Sohn wortlos vom Esel herunter, nahmen das Tier in ihre Mitte und gingen rechts und links daneben her. Kurze Zeit später machte sich ein Fremder über sie lustig: ›So dumm möchte ich ja im Traum nicht sein. Wozu führt ihr denn den Esel spazieren, wenn er nichts leistet, euch keinen Nutzen bringt und nicht einmal einen von euch trägt?‹

Vater und Sohn sahen einander wortlos an, dann packte der Vater den Esel bei den Vorderbeinen, der Sohn nahm ihn bei den Hinterbeinen, und so trugen sie beide ihren Esel für den Rest des Weges.«

Geschichte 6: »Zwei mangelhafte Backsteine« (nach Ajahn Brahm 2009)

»Dem Außenstehenden mag Maurerarbeit leicht erscheinen: Man pappt etwas Mörtel auf den Stein, setzt ihn an seine Stelle und klopft ihn ein bisschen fest. Wenn ich aber leicht auf die eine Ecke schlug, um eine ebene Oberfläche zu erhalten, stieg eine andere Ecke nach oben. Kaum hatte ich diese auch festgeklopft, tanzte auf einmal der ganze Stein aus der Reihe. Behutsam brachte ich ihn also wieder in die richtige Position, um gleich danach festzustellen, dass die erste Ecke schon wieder hochragte. Es war zum Verzweifeln. Ich gab mir große Mühe, jeden Backstein perfekt einzupassen, ganz gleich, wie viel Zeit ich dafür benötigte. Und irgendwann war die erste Backsteinmauer meines Lebens fertiggestellt. Voller Stolz trat ich einen Schritt zurück, um mein Werk zu begutachten. Erst da fiel mir auf – das durfte doch nicht wahr sein! –, dass zwei Backsteine das Regelmaß störten. Alle anderen Steine waren ordentlich zusammengesetzt worden, aber diese zwei saßen ganz schief in der Mauer. Ein grauenvoller Anblick! Zwei Steine hatten mir die ganze Mauer versaut. Der Zementmörtel war inzwischen fest geworden. Also konnte ich diese Steine nicht einfach herausziehen und ersetzen.

Ich ging zu meinem Abt und fragte, ob ich die Mauer niederreißen oder in die Luft jagen und neu anfangen dürfte. ›Nein‹, erwiderte der Abt, ›die Mauer bleibt so stehen, wie sie ist‹.

Als ich die ersten Besucher durch unser neues Kloster führte, vermied ich es stets, mit ihnen an dieser Mauer vorbeizugehen. Ich hasste den Gedanken, dass jemand dieses Stümperwerk sehen könnte. Etwa drei oder vier Monate später wanderte ich mit einem Gast über unser Terrain. Plötzlich fiel sein Blick auf meine Schandmauer. ›Das ist aber eine schöne Mauer‹, bemerkte er wie nebenbei. ›Sir‹, erwiderte ich überrascht, ›haben Sie etwa Ihre Brille im Auto vergessen? Oder einen Sehfehler? Fallen Ihnen denn die zwei schief eingesetzten Backsteine nicht auf, die die ganze Mauer verschandeln?‹

Seine nächsten Worte veränderten meine Einstellung zur Mauer, zu mir selbst und zu vielen Aspekten des Lebens. ›Doch‹, sagte er, ›ich sehe die beiden mangelhaft ausgerichteten Backsteine. Aber ich sehe auch 998 gut eingesetzte Steine.‹ Ich war überwältigt. Zum ersten Mal seit drei Monaten sah ich neben den beiden mangelhaften Steinen auch andere Backsteine. Oberhalb und unterhalb der schiefen Steine, zu ihrer Linken und zu ihrer Rechten befanden sich perfekte Steine, ganz gerade eingesetzt. Ihre Zahl überwog die der schlechten Steine bei weitem. Bis dahin hatte ich mich ausschließlich auf meine beiden Fehler konzentriert und war allem anderen gegenüber blind gewesen. Deshalb konnte ich den Anblick der Mauer nicht ertragen und wollte ihn anderen Menschen auch nicht zumuten. Deshalb hatte ich das Werk vernichten wollen. Doch als ich jetzt die ordentlichen Backsteine betrachtete, schien die Mauer überhaupt nicht mehr grauenvoll auszusehen. Der Besucher hatte schon recht: Es war wirklich eine sehr schöne Mauer.«

Mentale Balance 4: Umsetzung – die Kraft der Selbstdisziplin

»Die Kraft, die alle Menschen bindet, gewinnt der, der überwindet.«

Johann Wolfgang von Goethe

Das Wesentliche im Überblick:

Fokus 1
◄ emotional attraktive Ziele

Fokus 2
◄ Hindernisse erkennen und nutzen

Fokus 3
◄ klare Strategien

Selbstdisziplin = langes Leben, Gesundheit, Erfolg

Veränderungsmodell »Wie funktioniert Umsetzung?«

Umsetzung und Selbstdisziplin

Wie bringe ich es rüber?
◄ Mentaltraining mit Umsetzungsziel
◄ auf Umsetzung primen
◄ Umsetzungshilfen
◄ Umsetzungsvertrag
◄ Umsetzungsgasse
◄ Geschichten

Umsetzung und Selbstdisziplin

Gelingende Umsetzung – Was ist wirklich wichtig?

»Menschen, die die Fähigkeit zur Selbstdisziplin haben, leben länger, sind gesünder und verdienen mehr.« So fasst der Hirnforscher Professor Manfred Spitzer das Ergebnis mehrerer Langzeitstudien knapp zusammen (mündlich bei einem Vortrag auf der didacta 2011). Selbstdisziplin ist die regelmäßig aufgebrachte Aktivierungsenergie im Dienste einer gelingenden Umsetzung (synonym: Selbstkontrolle, Impulskontrolle). Selbstdisziplin ist eine von vie-

Selbstdisziplin: Gesundheit, Erfolg und langes Leben

len Einstellungen, die wir (manche mehr, manche weniger) entwickelt haben und zeitlebens weiterentwickeln können. Für uns als Multiplikatoren ist es ganz entscheidend zu wissen, aus welchem Stoff Veränderungen gemacht sind und wie wir Selbstdisziplin fördern, um damit die Wahrscheinlichkeit für die Umsetzung in den Alltag zu erhöhen.

Der Hirnforscher Gerald Hüther erzählt gerne die Geschichte von einem Mann weit in seinen Siebzigern. Dieser hatte sich in eine Chinesin verliebt. Daraufhin hatte er innerhalb von wenigen Monaten Chinesisch gelernt, damit er sich mit ihr verständigen konnte. Diese Geschichte zeigt, dass wir zu erstaunlichen Veränderungen fähig sind – bis ins hohe Alter. Das frühere Paradigma »Was Hänschen nicht lernt, lernt Hans nimmermehr« lautet heutzutage, durch die Hirnforschung bestens validiert: »Was Hänschen nicht lernt, lernt eben Hans«. Das in der folgenden Abbildung dargestellte »Veränderungsmodell« zeigt, was die Dynamik von Veränderungen ausmacht und was für gelingende Umsetzung benötigt wird.

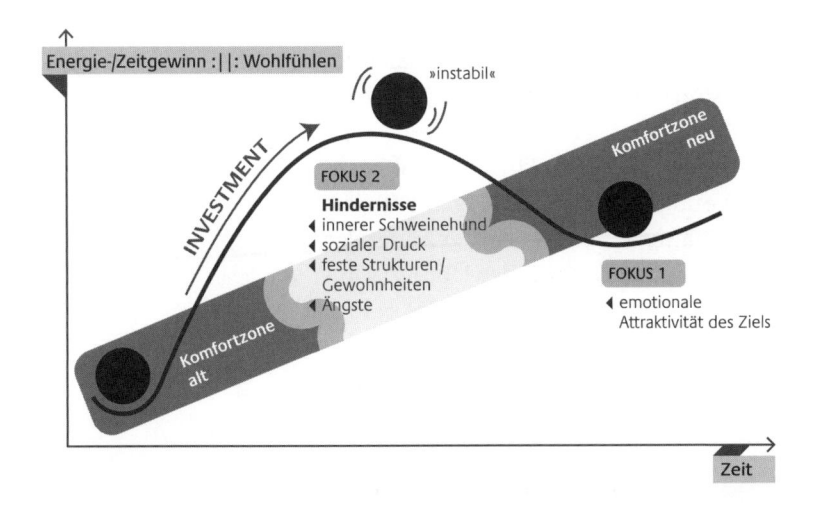

Veränderungsmodell

- **Fokus 1:** Wir schaffen (oder haben) ein emotional attraktives Ziel.
- **Fokus 2:** Wir erkennen und utilisieren Umsetzungshindernisse.
- **Fokus 3:** Wir verfolgen unser Umsetzungsziel mit einer klaren Strategie und mit Selbstdisziplin.

Grundsätzlich kostet jede Veränderung Zeit und Energie. Jede Umsetzung ist ein Investment. Ob »Sprache lernen«, »Gewicht abnehmen«, »Führerschein machen«, »fitter werden« oder »abschalten lernen« – wir brauchen für die Umsetzung von Vorsätzen freie Energie. Umgekehrt gilt: Ohne Energie keine Umsetzung. Je weniger freie Energie vorhanden ist, desto schwieriger fallen Umsetzungsvorhaben. Das wird besonders in den Erschöpfungszuständen (Burnout) deutlich: »Rien ne va plus« – »Nichts geht mehr«. Der erste Ansatzpunkt ist dort demzufolge: Erst einmal wieder Energie aufbauen, wie auch immer.

> **Veränderung braucht Energie**
> Bei einem Burnout-Klienten war zum Beispiel die erste Maßnahme, gemeinsam ins Wellnessbad, dann essen und anschließend spazieren zu gehen. Danach war wieder etwas Energie im Akku und wir konnten mit der Zielfindungsarbeit beginnen.

Methodisch eröffnen wir das Thema »Umsetzung« bereits früh in jeder Veranstaltung (siehe Übung: »Auf die Umsetzung primen«, S. 128). Konkret steigen wir in das Thema dann mit den zwei Leitfragen ein: »Was zeichnet erfolgreiche Umsetzung aus?« und »Was sind Ihre persönlichen Erfolgsstrategien für Ihre bisherigen Umsetzungen?«.

Danach präsentieren wir als kurzen Input (etwa zehn Minuten) die Kernaussagen entlang der Abbildung vom »Veränderungsmodell« (s. S. 119) mit dem Ziel, ein Verständnis für die Gesetzmäßigkeiten (Muster) gelingender Umsetzung zu schaffen. Anschließend versuchen wir mit der Übung »Umsetzungshilfen« (s. S. 129 f.), die persönlichen Erfolgsfaktoren bereits gelungener Umsetzungen als Ressource zu aktivieren. Die anderen Übungen setzen wir mit dem Ziel ein, die emotionale Attraktivität (Fokus 1) zu aktivieren, zu fokussieren und zu primen.

Fokus 1: Emotional attraktive Ziele schaffen – die Sehnsucht nach fernen Ufern wecken Die Basis jeder Umsetzung ist die emotionale Attraktivität des Ziels, die bewusste oder unbewusste Zugkraft, die jeder Veränderung zugrunde liegt. Das folgende Zitat von Antoine de Saint-Exupéry beschreibt das treffend: »Wenn du Menschen den Schiffbau lehren willst, zeige ihnen nicht, wie man sägt, hämmert und hobelt, sondern wecke in ihnen zuerst die Sehnsucht nach fernen Ufern.«

> **Ein innerer Dialog: »Schweinehund« versus »Joggen gehen«**
>
> Ein Beispiel: Wir sitzen, nach einem Tag Kopfarbeit, abends auf der Couch und haben eigentlich den Vorsatz zu joggen. Zwei Stimmen in unserer Brust führen dann möglicherweise diesen inneren Dialog:
> - **Stimme 1 (Schweinehund):** »Bleib doch sitzen, du hast heute doch schon so viel geleistet, außerdem regnet es und es kommt deine Lieblingsvorabendsendung im Fernsehen.«
> - **Stimme 2 (Joggen gehen):** »Du hast dir vorgenommen, regelmäßig zu joggen, also ›Hintern hoch‹ und raus, das tut dir gut und sonst wirst du langsam zu fett«.
>
> In so einer Situation ist es hilfreich (im Sinne der emotionalen Attraktivität des Ziels) bewusst darauf zu fokussieren, wie es sich im Körper anfühlen würde, wenn wir bereits sportlich tätig gewesen wären (vorausgesetzt, wir kennen und schätzen dieses Gefühl). So wie sich Tiger Woods auf den Ball ins Loch fokussiert (s. S. 92), richten wir unseren Fokus auf das zu erntende Wohlgefühl und fragen uns zum Beispiel: »Wie fühlen sich dann die Muskeln an?«, »Wie fühle ich mich beim Blick in den Spiegel?«, »Wie riecht die Luft auf meiner Strecke durch den Wald?«, »Wie werde ich mich dann den Kindern (meinem Partner) gegenüber verhalten?« und so weiter.
>
> Die Zugkraft für die Umsetzung gewinnen wir also aus der emotionalen Attraktivität des durch die Kraft unserer Vorstellung (vor)erreichten Ziels. Die Stimme 2 in unserem inneren Dialog gewinnt an Kraft, wir fördern mental unsere Selbstdisziplin. Und wie stolz wir dann sind, wenn wir uns überwunden und aufgerafft haben, kennen wir wahrscheinlich alle. Auch das kann ein weiterer Aspekt (Fokus 1) für die emotionale Attraktivität des Ziels sein.

Die Hirnforschung hat mittlerweile belegt, dass allein durch die Erwartung eines positiven Gefühls ein ganzer Cocktail von Neurotransmittern (zum Beispiel Dopamin, Endorphine) ausgeschüttet wird und uns in Handlungsbereitschaft versetzt.

Die emotionale Attraktivität von Zielen hat übrigens zwei Gesichter. Das eine Gesicht sind – im genannten Sinne – attraktive »Hin-zu-Ziele«. Also Ziele, die mit positiv bewerteten Gefühlen hinterlegt sind (zum Beispiel ein Mehr an Wohlfühlen, Glück, Zufriedenheit, Kraft, Erfolg, Anerkennung). Das andere sind »Weg-von-Ziele«. Das sind Ziele, bei denen der Ist-Zustand (die alte Komfortzone) so leidvoll ist, das (fast) alles in Kauf genommen wird, nur um von dort wegzukommen (zum Beispiel ein Weniger an Trauer, Frust, Schmerz, Sorge, Angst). Letztendlich sind das zwar auch Hin-zu-Ziele (etwas mehr Wohlfühlen anstatt Leid), die initiale Motivation ist jedoch eine andere. Das Problem bei Weg-von-Zielen ist, dass diese zwar auch die Bereitschaft für Veränderung erhöhen, aber nicht die Fähigkeit, da sie einem durch den Leidensfokus Energie entziehen.

Eine verbreitete, aber falsche Vorstellung ist die Annahme, in einem solchen Fall müsse man nur den Leidensdruck erhöhen. Damit lässt sich lediglich die Bereitschaft zur Umsetzung erhöhen, nicht jedoch die Fähigkeit. Die Dynamik des Balancemodells (siehe Abbildung auf S. 26) zeigt, dass es vielmehr darum geht, die Energie der Person zu erhöhen, zum Beispiel durch eine Reduzierung (Stopp) der Belastung, durch eine Erhöhung der Regenerations- und Entspannungsimpulse und durch emotional attraktive (positive) Perspektiven.

- ▶ **Kurz gesagt:** Je größer die emotionale Attraktivität des Ziels, desto wahrscheinlicher gelingt die Zielerreichung (Umsetzung).

Fokus 2: Umsetzungshindernisse erkennen Die zweite Voraussetzung für gelingende Veränderungsprozesse ist zu erkennen, welche Hindernisse uns von unserem Umsetzungsvorhaben abhalten könnten, und wie wir sie utilisieren können. So richtig reibungslos und leicht gehen uns die wenigsten Veränderungen von der Hand. Oft stellen sich uns innere und äußere Hindernisse in den Weg. Je klarer wir uns dessen bewusst sind, desto besser können wir uns darauf einstellen. Wer oder was könnte unseren Umsetzungserfolg gefährden? Hier haben sich vier Muster durchgepaust (siehe Fokus 2 bei der Abbildung »Veränderungsmodell« auf Seite 119):

- **Der innere Schweinehund** (»Auf der weichen, warmen Couch ist es jetzt unendlich viel gemütlicher als durch den nassen Nieselregen zu joggen«), auch unter Begriffen wie Bequemlichkeit, Faulheit, Trägheit, Inkonsequenz oder Undiszipliniertheit bekannt;
- **Sozialer Druck:** zum Beispiel der Partner, der nicht versteht, dass wegen eines neuen Abschaltrituals (noch) weniger gemeinsame Zeit vorhanden ist, oder der Kollege, der auf keinen Fall will, dass wir die Zusatzaufgaben vom Chef ab jetzt nicht mehr selbstverständlich alleine übernehmen;
- **Feste Gewohnheiten:** die Tüte Chips zum Tatort, die Zigarette nach dem Essen und vieles andere mehr;
- dazu gehört beispielsweise, sich nicht aus einer ungesunden Beziehung zu lösen, weil das Unbekannte noch schlimmer sein könnte, nach dem Motto: »Er ist zwar ein Idiot, aber er ist mein Idiot«. Da die »Kugel« der

Veränderung (siehe Abbildung auf S. 119) hinter den Berg rollt, wissen wir natürlich nie sicher, was uns wirklich erwartet. Veränderungen sind meist ungewiss.

Eine einseitige Sicht auf die »bösen Hindernisse« ist aus unserer Erfahrung zu defizitär, kostet Energie und ist folglich nicht umsetzungsförderlich. Hilfreicher ist die (ressourcenorientierte) Frage nach dem verdeckten Nutzen von Hindernissen: »Was nutzt Ihnen zum Beispiel Ihr innerer Schweinehund?« (siehe Arbeitshypothesen ab Seite 10 und das Kapitel »Mentale Balance 3: Einstellungen – die Kraft der Vorstellung«, S. 81 ff.).

Umsetzungshindernisse utilisieren – den verdeckten Nutzen nutzen

Unser Schweinehund tut, was gute Hunde tun: Er beschützt uns. Er ist ein Wachhund. Wenn wir verstanden haben, um welchen dahinterliegenden Nutzen es sich bei diesen Hindernissen handelt (hier: uns vor Überlastung zu schützen), können wir unser darunterliegendes Grundbedürfnis erkennen (siehe dazu auch das Kapitel »Mentale Balance 3: Einstellungen – die Kraft der Vorstellung«, S. 81 ff., und die Übung »Grundeinstellungen erkennen« auf Seite 101) und utilisieren. Utilisieren heißt – im Sinne einer gelingenden Umsetzung – konstruktiv nutzen. Nehmen wir zur Veranschaulichung nochmals das Beispiel vom vorhergehenden Abschnitt (s. S. 121): Stimme 1 sagt: »Bleib doch sitzen, du hast doch heute schon so viel geleistet, außerdem regnet es und es kommt deine Lieblingsvorabendsendung in der Glotze«. Das ist ein typischer »Innerer-Schweinehund«-Satz mit dem Nutzen, kurzfristig die Energie zu sparen, die wir investieren müssten, um das Sofa zu verlassen und joggen zu gehen. Nach einem anstrengenden Arbeitstag ist das doch auch verständlich, oder? Das Grundbedürfnis »Schützen« ist nun erkannt. Utilisieren heißt nun (beispielsweise), folgenden inneren Dialog (mit Ihrem inneren Schweinehund) zu führen: »Was ist denn eine gute und nachhaltige Art, uns zu schützen? Ein Vorgehen wäre zum Beispiel jetzt aufstehen und joggen, weil uns das nachhaltig – nicht nur kurzfristig – umso mehr schützt und wir uns nachher sehr gut fühlen werden. Wir kennen das Gefühl doch gut.« Die »Schutzstimme« des inneren Schweinehunds fühlt sich jetzt vermutlich besser gehört, verstanden und angenommen. Wir gehen nun »gemeinsam mit unserem Schweinehund« joggen.

Derartige innere Dialoge richten unsere Energie auf ein Umsetzungsziel aus. Die völlig kontraproduktiven inneren Dialogkonflikte und Selbstbeschimpfungen (»Du musst jetzt aber …«, »Du fauler Hund«, »Schlappsack« und anderes mehr), die viel von unserer Energie abziehen, werden so reduziert.

Die folgende Tabelle gibt einen Überblick über den verdeckten Nutzen der jeweiligen Umsetzungshindernisse:

Umsetzungshindernis	Verdeckter Nutzen (Beispiele):
Innerer Schweinehund	(Überlastungs-)Schutz, kurzfristiges Energiesparen
Sozialer Druck	Sicherheit, Harmonie, Zugehörigkeit (Aufmerksamkeit und/oder Schutz)
Feste Gewohnheiten	Sicherheit, Energie sparen
Ängste	Schutz

Das Utilisieren von festen Gewohnheiten und Ängsten erfolgt – da es sich um innere Hindernisse handelt – auf die gleiche Art und Weise wie beim angeführten Beispiel zum »inneren Schweinehund«. Das Utilisierungsmuster ist einfach, und zwar

- den verdeckten Nutzen erkennen und
- das Grundbedürfnis dahinter in das Umsetzungsziel und die Umsetzungsstrategie integrieren.

Wenn Gewohnheiten ein Hindernis darstellen, ist folglich meist ein schneller Aufbau neuer, umsetzungsförderlicher Gewohnheiten zielführend. Bei Ängsten gilt es, vor allem die Schutzfunktion des Umsetzungsziels herauszustellen und während des Umsetzungsvorhabens so oft wie möglich zu fokussieren. Sozialer Druck ist ein äußeres Hindernis und bedarf konstruktiver Kommunikation mit der Mitwelt (Verständnis zeigen und wecken, mögliche gemeinsame Vorteile aufzeigen, eigene Bedürfnisse und Wünsche offen und ohne Vorwürfe vorbringen), bei möglichst guten Rahmenbedingungen zu einem günstigen Zeitpunkt. Die Übung: »Wertschätzend ›Nein‹ sagen« auf Seite 74 f. gibt Anregungen diesbezüglich.

▶ **Kurz gesagt:** Je deutlicher wir die Grundbedürfnisse hinter den Umsetzungshindernissen erkennen, desto leichter können wir deren verdeckten Nutzen für ein gelingendes Umsetzungsvorhaben utilisieren. Wir reduzieren destruktive innere Dialoge und gewinnen daraus zusätzliche Energie für die Umsetzung.

Fokus 3: Die klare Strategie – »den Schiffsbau planen« Was bringt uns nun ganz konkret an unser emotional attraktives Ziel? Was lässt uns eine verbesserte Fitness, unser Wunschgewicht, unseren Wohlfühlfaktor erreichen? Hier geht es um das *Was* (zum Beispiel Herzkreislauftraining) und das *Wie* (zum Beispiel dreimal 30 Minuten pro Woche).

Fokus 3 einer gelingenden Umsetzung ist – im Sinne des Zitats von Saint-Exupéry – die konkrete Planung des Schiffsbaus. Hier helfen die Stringenz, Klarheit und Prägnanz der »Sich-organisieren-Werkzeuge« (s. S. 70 f.). Es gilt, das Vorhaben mit Top-Priorität in das Zeitplansystem einzupflegen (zum Beispiel: »montags, mittwochs und freitags – jeweils 18:00 Uhr: Joggen«).

»Sägen, hämmern und hobeln« ist die eigentliche Umsetzung. Wir besorgen ein angemessenes Outfit, zum Beispiel gute Schuhe oder einen Squashschläger, wir erledigen die Anmeldung für den Yogakurs, wir verhandeln präventiv mit unserem Partner oder mit betroffenen Kollegen, lösen das Monatsabonnement im Fitnessstudio. Wir ziehen uns um, binden die Schuhe und verlassen die Wohnung. Das Schiff verlässt den (sicheren) Hafen.

Mit stetem Wind nach fernen Ufern segeln – »sägen, hämmern und hobeln«

»Es gibt nichts Gutes, außer man tut es« – dieses zeitlose Zitat von Erich Kästner beschreibt einen Knackpunkt bei der eigentlichen Umsetzung. Was können wir tun, um unser Umsetzungsvorhaben auch wirklich in die Tat umzusetzen? Wie stärken wir unsere Selbstdisziplin (die Fähigkeit, regelmäßig die notwendige Aktivierungsenergie aufzubringen)? Zusätzlich zu den beschriebenen Fokuspunkten 1–3 helfen auch kleine Tricks, die wir hier als Umsetzungshilfen bezeichnen (siehe auch die anschließende Übung im Methodenteil, S. 129). Wir können uns sowohl ködern (zum Beispiel durch Belohnung, als eine weitere beliebte Form eines »emotional attraktiven Ziels»), wie auch »intelligent austricksen« (zum Beispiel die Verabredung mit einem Jogging-Partner, als eine elegante Form, sozialen Druck konstruktiv einzusetzen).

Wenn wir mit einem Umsetzungsziel durchstarten möchten, ist es außerdem sinnvoll, einen Zeitpunkt zu wählen, zu dem wir über ausreichend Energie für die Umsetzung verfügen. Die alten Griechen unterschieden hier die Zeitmessung (Chronos) vom richtigen Augenblick (Kairos). Wir erkennen Kairos intuitiv als implizites Wissen (»jetzt passt es«) oder an einem »speziellen Gefühl« (siehe dazu die Beschreibung zur Abbildung der »Erfahrungspyramide«, S. 53).

> **Der eigenen Intuition folgen**
>
> Eine Teilnehmerin erzählt, dass sie sich in solchen Situationen die Frage stellt: »Ist der Zeitpunkt richtig?« und sich dabei einer Antwort nach innen zuwendet. Dann achtet sie auf ihre Körpersignale (die sogenannten »Bodymarker« nach Storch 2011), die sie als Hinweis für oder gegen einen bestimmten Zeitpunkt nimmt. Als »Für«-Hinweis dient ihr ein Gefühl von Weite und Wärme in der Brust, als »Gegen«-Hinweis ein Gefühl von Enge in der Brust und Spannung in den Schultern.

Ein guter Startzeitpunkt für ein Umsetzungsvorhaben liegt stets innerhalb der Komfortzone, auf keinen Fall während Stressspitzen (siehe Balancemodell, S. 26).

Die Hirnforschung hat ferner gezeigt, dass wir über so etwas wie ein kurzfristig definiertes Kontingent an Selbstdisziplin verfügen (Schnabel 2010, S. 78). Um dieses Kontingent zu erhalten beziehungsweise zu erneuern, ist es ratsam, regelmäßig Pausen einzulegen und unsere Akkus zu laden (siehe Übung »Konzentration und Pausen«, S. 164 ff.). Sonst werden wir unser Kontingent schnell aufbrauchen.

> **Ein Kontingent an Selbstdisziplin**
>
> Wir scheinen über ein erschöpfbares Kontingent an Selbstdisziplin zu verfügen, ähnlich einem Kraftstofftank im Auto. Eine Teilnehmerin hatte dies einmal wie folgt beschrieben: »Ich bin den ganzen Arbeitstag über hochdiszipliniert. Wenn ich abends von der Arbeit nach Hause komme, ist meine Selbstdisziplin aufgebraucht. Es fällt mir daher sehr schwer, mich beispielsweise zum Bewegen zu bewegen«.

So beginnt eine Abwärtsspirale in die Erschöpfung: Wir fühlen uns antriebslos, entscheidungsschwach und verlieren unsere Fähigkeit, Wichtiges von Unwichtigem zu unterscheiden. Wir kriegen unsere Kugel nicht mehr den Berg hoch.

▶ **Kurz gesagt:** Selbstdisziplin ist die regelmäßig aufgebrachte Aktivierungsenergie im Dienste einer gelingenden Umsetzung. Die Energie für Selbstdisziplin gewinnen wir durch emotional attraktive Ziele, durch Utilisieren von Hindernissen und durch sorgfältige Planung von Umsetzungsvorhaben. Weitere Energiespender sind – neben der konsequenten Vermeidung von Überlastungen – regelmäßige Pausen, Mußezeiten und andere »Akkulader« im Sinne des Balance-8-Modells.

**Wieso sollte ich mich besser fühlen wollen? –
Die Frage über den Tellerrand hinaus**

Diese Frage stellte eines Tages ein Coachingklient (ohne Anzeichen einer Depression), während wir an einem emotional attraktiven Ziel arbeiteten. Die Frage hat auch uns intensiv beschäftigt, denn sie berührt aus unserer Sicht die »Spiritualität«. Professor Martin Seligman (die Leitfigur der Positiven Psychologie) definiert in seinem Buch »Der Glücksfaktor – Warum Optimisten länger leben« (2011, S. 250) »Spiritualität« (als eine von 24 menschlichen Signaturstärken) folgendermaßen: »Das Leben hat dadurch Sinn, dass wir uns mit etwas Größerem als uns selbst verbunden fühlen, zum Beispiel mit anderen Menschen, mit der Zukunft, der Evolution, dem Göttlichen, dem Universum.« (S. 250). Aus Spiritualität in diesem Sinne resultieren altruistische Einstellungen und Handlungen. Inzwischen gibt es auch eine Fülle wissenschaftlicher Quellen (nachzulesen unter anderem bei Manfred Spitzer, Martin Seligman, Malcolm Gladwell, Joachim Bauer, Matthieu Ricard – siehe Literaturverzeichnis, S. 231), die eindrucksvoll belegen, dass es kaum mehr Energie bringende und beglückendere Einstellungen und Handlungen gibt, als in diesem Sinne spirituelle beziehungsweise altruistische. Der Dalai Lama sagte bei einer Privataudienz 2010 knapp (und mit Augenzwinkern): »Die intelligenteste Form von Egoismus ist Altruismus.« An dieser Stelle sei auch nochmals auf die Ausführungen zur Wirkung von (altruistischen) Metta-Meditationen im Rahmen der Abbildung »Hirnphasen«, s. S. 160, und die gleichnamige Übung (s. S. 111) hingewiesen.

In unserer weiteren Zusammenarbeit beantwortete der Klient seine eigene Frage übrigens wie folgt: »Damit ich genügend Kraft habe *auch* für andere, vor allem für meine Familie«.

Umsetzung unterstützen – Wie bringe ich es rüber?

Die nachfolgenden Übungen zielen darauf ab, den Teilnehmern (Klienten) das Thema »gelingende Umsetzung« erfahrungs- und handlungsorientiert näherzubringen und Möglichkeiten zur konkreten Veränderung aufzuzeigen. Die Geschichten sollen einen intuitiv-metaphorischen Zugang zum Thema ermöglichen.

Übung: Auf die Umsetzung primen

Ziel: Priming auf ein mögliches Umsetzungsziel.

Methode: Wiederholte Suggestion als Frage und/oder Angebot.

Kernleitfrage: Welches (vielleicht kleine) Umsetzungsangebot aus der Balance-8 werden Sie umsetzen?

Reflexionsleitfragen: Wenn Sie hier morgen um XY Uhr herausgehen, welches Umsetzungsziel werden Sie wohl dabei haben? (A)
Welcher dieser Ansätze könnte für Ihre Umsetzung relevant werden? (B)
An welchem Schräubchen werden Sie (sicher nicht) drehen? (C)

Beschreibung: Nach dem Motto »Steter Tropfen höhlt den Stein« lenken Sie die Aufmerksamkeit der Teilnehmer immer wieder in Richtung Umsetzung. Ein guter Zeitpunkt ist gleich zu Beginn der Veranstaltung (Reflexionsleitfrage A), beim Vorstellen der Balance-8 (Reflexionsleitfrage B) und zum Abschluss (Reflexionsleitfrage C).

Stolpersteine:
- Nach dem Motto »Mehr hilft mehr« übernehmen sich Teilnehmer manchmal und schnüren sich ein gewichtiges Umsetzungspaket. Beugen Sie dem von Anfang an vor, indem Sie auch die kleinen Umsetzungen preisen (bei uns beliebt: »Und wenn Sie nur mit dem Ziel hier rausgehen, täglich zweieinhalb Liter Wasser zu trinken …«. In dieser Übung betonen wir auch gebetsmühlenartig, sich für »ein, maximal zwei Umsetzungsziele« zu entscheiden. Auch hier gilt »Weniger ist mehr«.
- Durch die Wiederholung (etwa dreimal am Tag) könnte eine gewisse Sättigung bei den Teilnehmern eintreten. Wir greifen hier auch gerne zu humoristischen Elementen, um Leichtigkeit statt Strenge zu verbreiten. Dabei helfen Formulierungen wie zum Beispiel: »Auch auf die Gefahr hin, Sie zu langweilen, …«, »Sie haben hier die Wahl aus einem reichhaltigen Buffet von Umsetzungsangeboten …«.

Übung: Der Marshmallow-Test

Ziel: Bewusstmachen, Emotionalisieren und Reflektieren von Selbstdisziplin.

Methode: Videosequenz (circa 5 Minuten) und Reflexion.

Material: Video Marshmallow-Experiment (kostenlos auf YouTube zu sehen unter: http://www.youtube.com/watch?v=Y7kjsb7iyms).

Kernleitfragen: Was ist Selbstdisziplin? Woher kommt diese und wie gehen wir mit gegenläufigen Impulsen um?

Reflexionsleitfragen: Inwiefern kennen Sie das von sich selbst? Was kommt Ihnen dazu in den Sinn? Was hat das mit Selbstdisziplin zu tun? Inwiefern ist Selbstdisziplin angeboren oder erlernbar?

Beschreibung: Gemeinsames Anschauen im Plenum und anschließende Reflexion mit den genannten Leitfragen.

Stolpersteine:
- Achtung Technik. Zeigen Sie das Video vielleicht nach einer Pause, damit Sie vorher in aller Ruhe die Technik prüfen und gegebenenfalls Probleme beheben können.

Übung: Umsetzungshilfen

Ziel: Bewusstmachen bisheriger und Kennenlernen neuer Umsetzungshilfen. Erfahrungsaustausch.

Methode: Zurufmoderation (auf Flipchart), 10–15 Minuten.

Kernleitfragen: Was hat Ihnen schon in der Vergangenheit geholfen, Dinge umzusetzen? Welche Umsetzungstricks kennen Sie von sich, von anderen?

Reflexionsleitragen: Was genau hat Ihnen dabei geholfen? Welche persönlichen Strategien haben Sie angewendet? Wie haben Sie da Ihre Selbstdisziplin gefördert? Was können Sie aus dem Nähkästchen plaudern? (A)
Welche dieser Umsetzungshilfen könnte für Ihr aktuelles Umsetzungsziel hilfreich sein? (B)

Beschreibung:
- **Schritt 1:** Führen Sie diese Übung mit ein paar ressourcenaktivierenden Sätzen ein, wie zum Beispiel: »Jeder von Ihnen hat schon vieles im Leben umgesetzt (sonst säßen Sie nicht hier). Sie haben vermutlich alle den Führerschein gemacht und diverse Prüfungen bestanden. Vielleicht haben Sie sich das Rauchen abgewöhnt oder eine für Sie herausragende (sportliche) Leistung erbracht.«
- **Schritt 2:** Reflexionsleitfragen (A): Strukturieren und visualisieren Sie die Beiträge. Benennen Sie auch Ihre persönliche Strategie zur Umsetzung, das unterstreicht Ihre Authentizität.
- **Schritt 3:** Abschließende Reflexionsleitfrage (B).

Beispiele: Unserer Erfahrung nach sind dies die häufigsten genannten Umsetzungshilfen:

- Planung: kleine Schritte, Zwischenziele, realistische Ziele.
- Sozialkontakte: Vereinssport, Lauftreff, Verbündete finden, Umsetzung im Bekanntenkreis erzählen (sozialer Druck), Vorbilder und so weiter.
- Belohnungen: beispielsweise Wellnesswochenende, Essengehen, Kino, Ausflug.
- Mentale Strategien (Selbstpriming): sich den Nutzen wiederholt vorstellen, sich das gute Gefühl der Zielerreichung wiederholt vorstellen, Erinnerungshilfen jeder Art, zum Beispiel Postkarten, Fotos, Post-its, Kleidungsstücke, Bildschirmschoner, Umbewerten und anderes mehr.
- Struktur: Gewohnheiten aufbauen, zum Beispiel gleiche Zeit – gleicher Ort – gleiche Rahmenbedingungen, Regelmäßigkeit.

Variation: Wenn die Zeit knapp ist, können Sie die Fakten auch als Input bringen und mit den Reflexionsleitfragen eine Bindung zu den Teilnehmern herstellen.

Stolpersteine:
- Für ein brauchbares Visualisierungsergebnis kann eine inhaltliche Struktur hilfreich sein. So können Sie zügiger mitschreiben, ohne erst lang zu überlegen, wohin der Beitrag gehört. Eine mögliche Struktur bieten die genannten Überschriften (Fakten/Beispiele).

Übung: Mentaltraining mit konkretem Umsetzungsziel

Ziel: Herstellen eines ressourcevollen Zustandes, Ausrichten der Gedanken auf positive Vorstellungen und die »emotionale Attraktivität« des Umsetzungsziels. Selbstpriming.

Methode: Mentaltraining (10–15 Minuten).

Kernleitfrage: Wie können wir den Transfer unterstützen?

Reflexionsleitfragen: Keine.

Beschreibung: Mentaltraining besteht aus den Phasen: Entspannung, Fokus und (Selbst-)Priming. Der erste Schritt legt das Ziel fest. Der zweite Schritt zielt auf Entspannung, der dritte auf Fokus und Schritt 4 auf das Selbstpriming. In der Primingphase lenken Sie den Fokus/die Vorstellung auf das Primingziel. Unter den Weblinks im Literaturverzeichnis finden Sie den Link zu einem unserer angeleiteten Mentaltrainings.

- **Schritt 1**: Einleitung: Bitten Sie die Teilnehmer zunächst, sich für ein Umsetzungsziel zu entscheiden. Wir verweisen an dieser Stelle gerne auf die Balance-8 (»Welches vielleicht kleine Umsetzungsziel werden Sie ganz konkret aus der Balance-8 für sich mitnehmen? An welchem Schräubchen wollen Sie drehen? Welches ist Ihr Dominostein zu mehr Balance?«).
- **Schritt 2**: Fokus auf den Körper lenken: »Setzen Sie sich bequem und entspannt hin, sodass Ihr Rücken von der Stuhllehne gestützt wird, je aufrechter, desto besser. Legen Sie Ihre Arme bequem auf die Oberschenkel, in den Schoß oder auf die Armlehnen ab. Wenn es angenehm ist, schließen Sie die Augen, wenn es unangenehm ist, lassen Sie einen kleinen Spalt offen. Ziel ist es, die Fülle der visuellen Reize zu reduzieren. Spüren Sie, wie Ihr Rücken Kontakt zur Stuhllehne hat, Gesäß und Oberschenkel zum Stuhlsitz und Ihre Füße zum Boden. Entspannen Sie sich so gut wie möglich.«
- **Schritt 3**: Fokus auf den Atem richten: Richten Sie nun den Fokus der Teilnehmer mit folgenden Leitfragen auf die Erfahrung des Atmens (eine Auswahl): »Wie fühlt sich Ihr Einatem an, was genau passiert beim Ausatem? Was genau bewegt sich bei Ihnen beim Atmen (Bauch? Brustkorb? Oder was sonst?) Wie fühlt es sich an, wenn die Atemluft ein- und wieder ausströmt? Können Sie die Atempausen wahrnehmen? Wie fühlen sich diese an?«
- **Schritt 4**: Fokus auf die Kraft der Vorstellung richten: Richten Sie den Fokus beziehungsweise die Vorstellung der Teilnehmer mit einer Auswahl aus folgenden Leitfragen auf das persönliche Umsetzungsziel und wiederholen Sie diesen zentralen Teil der Übung mehrfach: »Stellen Sie sich nun vor, was Sie konkret umsetzen wollen: Was ist Ihr Ziel? Vielleicht mehr Gelassenheit? Vielleicht mehr Ausgeglichenheit? Wie wird es sich anfühlen, wenn Sie Ihr Ziel erreicht haben? Vielleicht in zwei Wochen, in zwei Monaten? Wie wird sich mehr Gelassenheit anfühlen? Wo genau werden Sie Ausgeglichenheit im Körper spüren? Was können Sie hören? Können Sie vielleicht etwas schmecken, wenn Sie Ihr Ziel erreicht haben? Wie schmeckt Gelassenheit? Wie schmeckt Ausgeglichenheit? Wie, wenn Sie vor dem Wecker aufwachen? Und wenn Sie dann vielleicht zurückschauen – von dem Punkt in der Zukunft aus, an dem Sie Ihr Ziel erreicht haben auf heute, den jetzigen Moment: Was ist der erste Schritt den Sie machen, um dieses Ziel zu erreichen? Was werden Sie konkret angehen, wenn Sie wieder nach Hause oder zur Arbeit gekommen sind? Was ist der erste Dominostein, den Sie anstoßen werden, um zu Ihrem Ziel zu kommen?«
- **Schritt 5**: Ausleitung: Führen Sie langsam aus der Übung heraus, indem Sie **Schritt 3** wiederholen, dann **Schritt 2** und zurück zu 1. Das heißt, die Augen öffnen und wieder bewusst auf dem Stuhl und im Raum ankommen.

Geben Sie den Teilnehmern bei den Schritten 2 bis 4 jeweils Zeit. Wiederholen Sie sie gegebenenfalls. Finden Sie eine gute Balance zwischen verbaler Anleitung und Phasen von Schweigen.

Eine passende Musik im Hintergrund kann – vor allem, wenn die Übung im Rahmen einer längeren Veranstaltung mehrfach wiederholt wird (Musterprägung) – unterstützend wirken. Das Muster für passende Musik besteht zum einen aus einem langsamen Takt (weniger als 50 bpm (beats per minute), der unter dem durchschnittlichen Ruhepuls im Sitzen liegt – unser Herzschlag passt sich nämlich gerne dem Takt von Musik an – und zum anderen ohne eine durchgehende Melodielinie (was das Gehirn leichter in den entspannten Alphazustand bringt).

Variation: Die Metapher mit der Oberfläche eines Sees dazu anbieten, siehe Übung »Mentaltraining« (Variation 2) auf Seite 106.

Stolpersteine:
- Vermeiden Sie instruktive Formulierungen und verwenden Sie eher Milton-Formulierungen im Sinne von Angeboten, zum Beispiel durch den Einsatz von »vielleicht, möglicherweise« und den Einsatz von Metafragen (»Wie könnte Ihr persönlicher Weg zum Ziel aussehen?«).
- Bei Teilnehmern, bei denen sich das »Gedankenkarussell« schnell dreht, sind Formulierungen hilfreich, die den Fokus auf die Atmung stabil halten. Das könnte zum Beispiel folgendermaßen klingen: »Und immer wenn Sie merken, dass Sie denken (das ist ganz natürlich), den Gedanken freundlich, aber bestimmt loslassen; den Fokus zurück auf die Atmung lenken.«

Übung: Umsetzungsvertrag

Ziel: Konkretisierung des persönlichen Umsetzungsziels und erster mentaler Schritt (im Sinne eines Primings) in die Umsetzungsphase im Alltag.

Methode: Schriftliche Ausarbeitung (5–10 Minuten) und anschließender Zweieraustausch (10–15 Minuten).

Material: Arbeitsblatt »Umsetzungsvertrag«.

Kernleitfragen: Was genau werden Sie wie und (bis) wann umsetzen? Welche Unterstützung werden Sie eventuell nutzen? Welche Hindernisse erwarten Sie und wie gehen Sie konstruktiv damit um?

Reflexionsleitfragen: Welchen Nutzen erwarten Sie sich von Ihrer Umsetzung? Woran werden Sie sehen, spüren, dass es Ihnen gut tut? Woran erkennen Partner (Familie), Freunde, Kollegen, dass Sie Ihr Ziel erreicht haben?

Beschreibung: Arbeitsblätter ausgeben, ansonsten selbsterklärend. Die Reflexionsleitfragen können Sie zur Vertiefung (visualisiert) in die Zweieraustauschphase einbringen.

Variation 1: Die Übung kann für sich alleine stehen oder als Vorübung für die »Umsetzungsgasse« dienen.

Variation 2: Als paradoxe Intervention können Sie den »Umsetzungsvertrag« als Verhinderungsvertrag anbieten.

Stolpersteine:
- Bei möglichen Widerständen auf den Freiwilligkeitsaspekt und/oder das Ziel der Übung sowie den Aspekt der kollegialen Unterstützung hinweisen.

Umsetzungsvertrag

Mein Umsetzungsziel: .... Zielpartner(in): ....

Kontakt:
Wie: .... Wann? ....

Wie genau erreiche ich mein Ziel? ....

(Bis) wann will ich mein Ziel erreicht haben? ....

Wer könnte mich wie unterstützen? ....

Konsequenzen bei Zielerreichung: ....

Konsequenzen bei Nicht-Zielerreichung: ....

Mögliche Widerstände: ....

Gegenmaßnahmen: ....

Meine Unterschrift .... Unterschrift Zielpartner(in) ....

Übung: Umsetzungsgasse

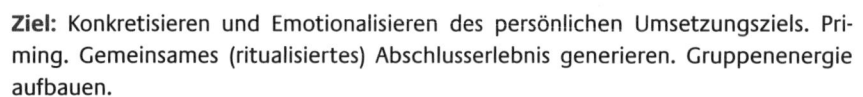

Ziel: Konkretisieren und Emotionalisieren des persönlichen Umsetzungsziels. Priming. Gemeinsames (ritualisiertes) Abschlusserlebnis generieren. Gruppenenergie aufbauen.

Methode: Handlungsorientierte (ritualisierte) Inszenierung (je Teilnehmer 1–2 Minuten).

Material: Eine (Papier-)Wolke »Umsetzung« als Bodenanker.

Kernleitfrage: Was genau werde ich umsetzen?

Reflexionsleitfragen: Keine.

Beschreibung:
- **Schritt 1:** Laden Sie die Teilnehmer zu einer abschließenden (Priming-) Übung beziehungsweise zu einem Umschaltritual »Vom Seminar in den Alltag« ein (oder eine andere aus ihrer Sicht anschlussfähige Formulierung).
- **Schritt 2:** Bitten Sie die Teilnehmer, eine Gasse zu bilden (die Teilnehmer stehen einander zugewandt locker in zwei Reihen). Definieren Sie Ausrichtung, Anfang und Ende der Gasse (den Anfang durch die Wolke »Umsetzung« zum Beispiel auf der Seminarbühne und das Ende der Gasse zum Beispiel beim Fenster/Ausgang oder machen Sie die Übung draußen in einem schönen Gelände).
- **Schritt 3:** Teil 1: Wenn die Gasse »steht«, halten Sie die Wolke »Umsetzung« hoch und leiten die Übung wie folgt an: »An diesem Punkt geht es um Ihre Umsetzung (halten Sie hier kurz die Wolke »Umsetzung« hoch und legen Sie sie dann – für Sie selbst lesbar – würdevoll auf den Boden). »Das Ziel der Übung ist, den Weg in die Umsetzung gleich hier zu beginnen (zeigen Sie dabei auf die Wolke »Umsetzung«), Ihr Umsetzungsziel hier vor Zeugen zu formulieren und im Kreis der anderen Teilnehmer (beziehungsweise Kollegen) Unterstützung und Kraft für Ihre Umsetzung mitzunehmen. Gleich werden Sie hier stehen, wo ich stehe. Sie können einer nach dem anderen vorkommen. Formulieren Sie hier kurz und prägnant Ihr Umsetzungsziel und verwenden Sie dazu eine kraftvolle Sprache, zum Beispiel »Ab morgen werde ich täglich drei Alphapausen zusätzlich machen« statt »Bald versuche ich vielleicht einmal mehr Pausen zu machen« (achten Sie bei den Teilnehmern auf eine Kraftsprache und intervenieren Sie gegebenenfalls wertschätzend-direktiv (zum Beispiel: »Versuchen Sie es nur oder werden Sie es tun?«).

- **Schritt 4:** Teil 2: »Jetzt kommt der zweite, aktive Teil. Bevor Sie gleich Ihren Weg in die Umsetzung durch die Gasse nehmen, dürfen Sie sich etwas von den Kollegen wünschen, zum Beispiel bestätigenden Applaus, eine La-Ola-Welle, ein aufmunterndes »Du schaffst es!«, Schulterklopfen, einen Handschlag von jedem, einen Song zum Thema oder einfach nur Stille. Wünschen Sie sich einfach etwas, was Ihnen Energie gibt und Sie in Ihrer Umsetzung unterstützt.«
- **Schritt 5:** Nachdem der Teilnehmer sein Umsetzungsziel formuliert hat, geht er nun durch die Umsetzungsgasse und bekommt seinen persönlichen Wunsch von den anderen Teilnehmern erfüllt. Hier ist es auch schön, wenn Sie am Ende der Gasse stehen und ein Erinnerungsfoto von jedem Teilnehmer aufnehmen und mit der Fotodokumentation versenden.

Variation: Zur Veranschaulichung das Ganze an einem prägnanten Beispiel (zum Beispiel: »Ab morgen gehe ich dreimal pro Woche, montags, mittwochs und freitags um 18:00 Uhr für 30 Minuten mit meinem Kollegen XY joggen«) vorführen.

Stolpersteine:
- Anschlussfähigkeit beachten – hier braucht es bisweilen etwas Fingerspitzengefühl: Leiten Sie die Übung wertschätzend-direktiv an, halten Sie das Tempo eher hoch und bringen Sie eine etwas feierliche und/oder humorvolle Note ein. Bei sehr bodenständiger Klientel eher handfeste Metaphern verwenden, damit es nicht abgehoben wirkt.

Übung: Geschichten zum Thema

Ziel: Bewusstmachen bestimmter Einstellungen und Zusammenhänge zum Thema Umsetzung. Einen weiteren, intuitiven Zugang zum Thema eröffnen. Priming (im Sinne von »innere Suchprozesse auslösen«).

Methode: Geschichte vorlesen.

Kernleitfragen: Inwiefern können wir mit einer Geschichte die Teilnehmer berühren, bewegen, irritieren, inspirieren, öffnen, konfrontieren? Wie funktioniert Umsetzung (nicht)? Was für Einstellungen zum Thema Umsetzung haben wir und welche Konsequenzen resultieren daraus?

Reflexionsleitfragen: (optional – manchmal ist es zielführender, eine Geschichte einfach stehen zu lassen) Was kommt Ihnen jetzt gerade in den Sinn? Was löst diese Geschichte bei Ihnen (nicht) aus? Was nehmen Sie aus der Geschichte für sich (sicher nicht) mit?

Stolpersteine:
- Vermeiden Sie es, vor oder nach der Geschichte mögliche Interpretationen vorzugeben, damit die metaphorische Wirkung nicht verloren geht.

Geschichte 1: »Biografie in 5 Kapiteln« (nach Sogyal Rinpoche, aus »Das tibetische Buch vom Leben und vom Sterben«)

»1. Kapitel
Ich gehe die Straße entlang.
Da ist ein tiefes Loch im Gehsteig.
Ich falle hinein.
Ich bin verloren … Ich bin ohne Hoffnung.
Es ist nicht meine Schuld.
Es dauert endlos, wieder herauszukommen.

2. Kapitel
Ich gehe dieselbe Straße entlang.
Da ist ein tiefes Loch im Gehsteig.
Ich tue so, als sähe ich es nicht.
Ich falle wieder hinein.
Ich kann nicht glauben, schon wieder am gleichen Ort zu sein.
Aber es ist nicht meine Schuld.
Immer noch dauert es sehr lange herauszukommen.

3. Kapitel
Ich gehe dieselbe Straße entlang.
Da ist ein tiefes Loch im Gehsteig.
Ich sehe es.
Ich falle immer noch hinein … aus Gewohnheit.
Meine Augen sind offen.
Ich weiß, wo ich bin.
Ich weiß, dass ich das selbst zu verantworten habe.
Ich komme sofort heraus.

4. Kapitel
Ich gehe dieselbe Straße entlang.
Da ist ein tiefes Loch im Gehsteig.
Ich gehe darum herum.

5. Kapitel
Ich gehe eine andere Straße.«

Geschichte 2: »Die blutende Leiche« (aus dem Internet, siehe Literaturverzeichnis »Geschichten«)
»Ein Psychiater hatte einen Patienten, der davon überzeugt war, tot zu sein. Er zeigte sich jedem Argument gegenüber verschlossen und beharrte auf seiner Überzeugung, eine Leiche zu sein. Eines Tages hatte der Psychiater eine glänzende Idee. Er fragte den Patienten, ob Leichen bluten können. Der Patient schüttelte den Kopf und antwortete: ›Natürlich nicht!‹ Der Psychiater bat darum, seinen Patienten leicht die Haut ritzen zu dürfen. Der Patient hatte keine Einwände. Der Psychiater wies triumphierend auf den Tropfen Blut, der heraustrat. Der Patient musterte das Blut und schüttelte dann erstaunt den Kopf: ›Na so was. Ich habe mich geirrt. Leichen können doch bluten.‹«

Körper-Balance 1: Bewegung & Körperhaltung – die Kräfte des Körpers

»Wer mit seinen Gefühlen arbeiten will, muss lernen,
wie er mit dem Körper arbeitet.«
Maja Storch

Das Wesentliche im Überblick:

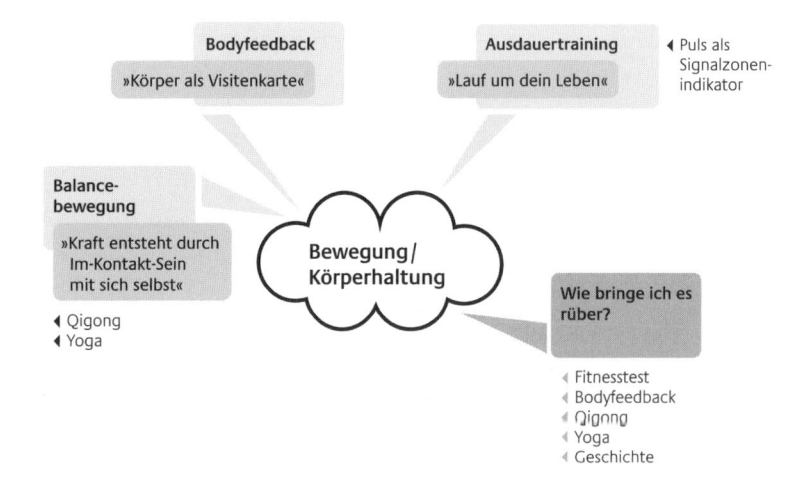

Bodyfeedback
»Körper als Visitenkarte«

Ausdauertraining
»Lauf um dein Leben«
◁ Puls als Signalzonenindikator

Balancebewegung
»Kraft entsteht durch Im-Kontakt-Sein mit sich selbst«
◁ Qigong
◁ Yoga

Bewegung / Körperhaltung

Wie bringe ich es rüber?
◁ Fitnesstest
◁ Bodyfeedback
◁ Qigong
◁ Yoga
◁ Geschichte

Bewegung und Körperhaltung

Körper als Visitenkarte

Lauf um dein Leben! »Sound body, sound mind« ist das Motto einer renommierten Laufschuhmarke, und sie hat recht. Neuere Studien, die weit über die Banalität einer »Bewegung-ist-gesund-Aufklärungskampagne« hinausgehen, haben das Potenzial eines regelmäßigen Herz-Kreislauf-Trainings (synonym: Ausdauersport) neu definiert. Wer mindestens fünf Wochen regelmäßig Ausdauersport treibt, ist in »gewisser Weise vor Angst und Verzweiflung geschützt« (Servan-Schreiber 2006) und kann schwierige Lebensphasen lösungsorientierter angehen. Metastudien zeigen, dass regelmäßiger Ausdauersport sogar Angstzustände und Depression heilen kann.

Bewegung als Ausdauertraining – Ausgleich für Kopfarbeiter, Teil 1 Das ist der Teil, der sich bereits herumgesprochen hat, aber gerade für uns Kopfarbeiter einen wichtigen Ausgleich zu unserer gedanklichen Hyperaktivität bietet. »Körperarbeit« bedarf mentaler Aktivität als Ausgleich, »Kopfarbeit« bedarf körperlicher Bewegung als Ausgleich. Wir können mithilfe von Ausdauersport unser Herz-Kreislauf-System ankurbeln und vitalisieren, die Muskulatur fit halten und unsere Gedanken ruhiger werden lassen. Die Redewendung »sich den Kopf frei laufen« bringt diese subtile Wechselwirkung zwischen Körper und Gehirn einmal mehr auf den Punkt.

Die Wirkungen von Ausdauertraining Menschen, die regelmäßig ihr Herz-Kreislauf-System trainieren, ernten die folgenden positiven Wirkungen (Definition »regelmäßig«, s. S. 140):

- Sie sind emotional ausgeglichener und können sich leichter an einfachen Dingen erfreuen (Endorphine hoch): Die Endorphinrezeptoren im limbischen System (dem emotionalen Zentrum im Gehirn) werden empfänglicher. Ein Gewöhnungseffekt wie bei Opiumderivaten bleibt aus. Endorphinausschüttungen erzeugen Wohlbefinden und Zufriedenheit (Dieser Zustand ist zum Beispiel bei Langstreckenläufern als »Runners High« bekannt).
- Sie haben eine »eingebaute« Depressionprophylaxe (Endorphine und Dopamin hoch, Melatonin runter): Die Freisetzung von Endorphinen und Dopamin sowie der Abbau von Melatonin haben einen antidepressiven und angstlösenden Effekt. Untersuchungen aus Nordskandinavien (wo durch die langen Winternächte das nächtlich ausgeschüttete Melatonin (eine hirneigene »Schlafdroge«) nicht mehr ausreichend durch Tageslicht abgebaut wird und die Menschen dadurch verstärkt zu depressiven Verstimmungen und erhöhtem Alkoholkonsum neigen) belegen, dass Ausdauersport wirkungsvoll Melatonin abbaut.
- Sie haben eine stärkere Immunabwehr (Killerzellen hoch, Kortisol runter): Die Anzahl der Killerzellen steigt unter Stress an, während sie bei

Nicht-Trainierenden abnimmt. Das Stresshormon Kortisol (ein Immunsystemhemmer) wird durch Herz-Kreislauf-Bewegung verstoffwechselt.
- Sie kommen schneller in die Ruhe (Serotonin hoch): Nach Herz-Kreislauf-Training werden Alphaphasen im Gehirn angeregt und der Parasympathikus (»Rest-and-Repair-System«) wird wie ein Muskel trainiert. Die Fähigkeit zur schnellen Regeneration und Entspannung steigt.
- Sie haben einen variableren Herzrhythmus: Ein variabler Herzrhythmus ist ein Indikator der für uns so wichtigen Fähigkeit zum Abschalten. Je variabler der Herzrhythmus, desto gesünder und stärker ist der Parasympathikus (Servan-Schreiber 2006).

Das Zauberwort für diese Vitalität und emotionale Ausgeglichenheit lautet: »Regelmäßigkeit« (siehe Kapitel »Mentale Balance 4: Umsetzung – die Kraft der Selbstdisziplin«, S. 118 ff.). Regelmäßigkeit – bezogen auf das Herz-Kreislauf-Training – heißt dreimal 30 Minuten pro Woche. Grundsätzlich ist jede Form der Ausdauerbewegung geeignet (so zum Beispiel Jogging, Radfahren, Schwimmen, Ausdauergeräte zu Hause oder im Fitnesscenter). Wir müssen uns auch nicht auf eine Bewegungsform festlegen: montags joggen, mittwochs schwimmen und freitags Fitnessstudio könnte zum Beispiel ein angenehm abwechslungsreiches Design sein. Ein geeigneter Indikator für das richtige Bewegungsangebot ist die gefühlte »emotionale Attraktivität« (s. S. 119 f.). Als Frage formuliert: Welche Bewegungsform macht uns besonders Spaß?

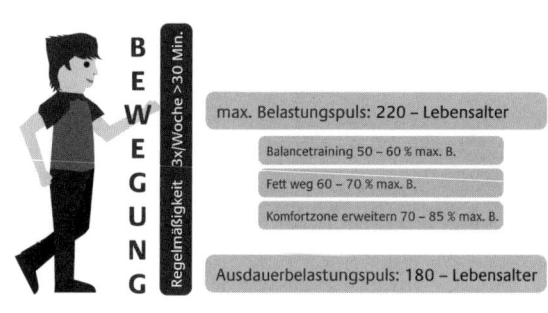

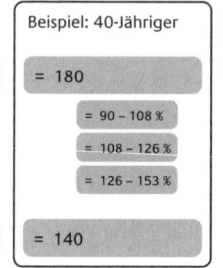

	Beispiel: 40-Jähriger
max. Belastungspuls: 220 – Lebensalter	= 180
Balancetraining 50 – 60 % max. B.	= 90 – 108 %
Fett weg 60 – 70 % max. B.	= 108 – 126 %
Komfortzone erweitern 70 – 85 % max. B.	= 126 – 153 %
Ausdauerbelastungspuls: 180 – Lebensalter	= 140

BEWEGUNG — Regelmäßigkeit: 3x/Woche >30 Min.

Was Bewegungen bewirken

Das richtige Maß finden – der Puls als Signalzonenindikator Neben der Bewegungsdauer kann vor allem der eigene Puls als Signalgeber für das richtige Maß eine hilfreiche Rolle spielen. Der richtige Pulsbereich hängt von dem Ziel ab, das Sie verfolgen. Er sollte den maximalen Belastungspuls (max. B. = 220 – Lebensalter) nicht überschreiten. In der Abbildung auf Seite 140 sind die drei wesentlichen Trainingsziele (Balancetraining, Gewichtsreduzierung und Erweiterung der Komfortzone) und die entsprechenden Pulsfenster (in Prozent des maximalen Belastungspulses) dargestellt.

Am Beispiel eines 40-jährigen Teilnehmers bedeutet bereits ein Puls (s. Abbildung auf der gegenüberliegenden Seite) von 50–60 Prozent des maximalen Belastungspulses (im folgenden »max. B.« abgekürzt) einen Balanceimpuls (zum Beispiel durch schnelles Gehen oder leicht beschleunigtes Radfahren). Balanceimpuls im Sinne des Balancemodells, S. 26, heißt: »einen körperlichen Ausgleich schaffen zu Kopfarbeit bei vielem Sitzen«. Die Fettverbrennung (falls man sich mit dem Hauptziel »Abnehmen« bewegt) ist bei 60–70 Prozent max. B. optimal (zum Beispiel durch leichtes Treppensteigen oder langsames Joggen). Die Fitness im genannten Sinne (Wirkung von Herz-Kreislauf-Training) wird insbesondere in einem Pulsbereich von 70–85 Prozent max. B. erhöht. Dies entspricht übrigens auch einer Erweiterung der Komfortzone im Hinblick auf unsere Herz-Kreislauf-Belastbarkeit.

Vielleicht haben Sie auch schon die Erfahrung gemacht, dass Sie nach einem abendlichen Training (Fußball, Volleyball, Joggen, oder was auch immer) nicht gut einschlafen konnten? Oder obwohl Ihnen Ihr Training viel Spaß macht, fühlen Sie sich hinterher schlechter als vorher? Dann sind Sie wahrscheinlich weit (oder länger) über Ihrem maximalen Belastungspuls unterwegs gewesen. Das passiert häufig bei älteren Menschen, bei denen der Kopf die alten Bewegungsmuster noch gespeichert hat, das zunehmende Alter aber eher Mäßigung empfiehlt. Besorgen Sie sich daher lieber ein einfaches Pulsmessgerät und prüfen Sie während beziehungsweise nach Ihrem gewohnten Training Ihren Puls. Korrigieren Sie gegebenenfalls Ihr Tempo beziehungsweise die Intensität Ihres Programms entsprechend den für Sie geltenden Pulsfenstern.

Der »Fitnesstest« auf Seite 146 ist – neben einem Kurzinput entlang der Abbildung auf der Seite gegenüber – eine aus unserer Erfahrung gute, weil erlebnis- und handlungsorientierte Heranführung an das Thema.

▸ **Kurz gesagt:** Regelmäßiges Ausdauertraining ist eine nachhaltige und hochwirksame Ausgleichs-Strategie (nicht nur) gegen Stressspitzen ohne negative Nebenwirkungen und (schwäbisch gedacht) enorm »preiswert«.

Balancebewegung – Ausgleich für Kopfarbeiter, Teil 2 Vor allem bei Menschen, die überwiegend mit dem Kopf und im Sitzen arbeiten, kommt der körperlichen Bewegung besondere Bedeutung zu. Ziel der Balancebewegungen ist es, einen Ausgleich zu den zumeist statischen, sitzenden und kopfbetonten Phasen unserer Leistungskurve (s. S. 26) zu schaffen. Der Ausgleich besteht darin, den Fokus weg vom Denken und Kommunizieren (unserem alltäglichen Arbeitsmodus) hin zu Bewegung, Entspannung und In-Kontakt-mit-sich-Sein zu lenken. Balancebewegungen schaffen also den Teil unserer Leistungskurve, wo wir Kraft und Energie tanken.

Eine aus unserer Sicht hervorragende Quelle für Balancebewegungen ist das auf den Prinzipien der traditionellen chinesischen Medizin (TCM) basierende Qigong (Qi heißt »Lebensenergie«, Gong heißt »bemühen um/arbeiten mit«). Aber auch andere »ganzheitliche« Bewegungsformen, wie zum Beispiel Yoga (siehe Übung »Beinschaukel« auf Seite 151 f.), Pilates, Feldenkrais und andere, wirken in die gleiche Richtung und sind vielfach in der Literatur beschrieben (siehe Literaturverzeichnis, »Bewegung und Entspannung«). Unter »ganzheitlich« verstehen wir Übungen, die »Körper *und* Gedanken« (im Sinne des Bewusstseinsrads, S. 51) berücksichtigen und trainieren. Das ist ein grundsätzlicher Unterschied zu rein körperorientierten Übungen, wie zum Beispiel Gymnastik (das ist zwar auch gut, aber es gibt – speziell für Kopfarbeiter – mehr zu holen). Die in diesem Buch beschriebenen Qigong- und Yoga-Übungen sind so einfach, dass Sie diese unmittelbar für Ihre Zielgruppen anwenden können. Wenn Sie bisher über keine Qualifikation in Qigong oder Yoga verfügen, empfehlen wir Ihnen dennoch, sich zumindest als Kursleiter ausbilden zu lassen.

Die Übungen des Qigong sind darauf ausgelegt, das Qi, unsere Lebensenergie zu stärken. Denn gemäß der traditionellen chinesischen Medizin (TCM) fließt die Energie in Bahnen, den Meridianen, wie das Blut in den Blutbahnen fließt. Ist der Mensch gesund, dann fließt das Qi frei. Die Übungen des Qigong sind über Jahrhunderte hinweg speziell dafür entwickelt worden, Energie aufzubauen und den freien Energiefluss zu unterstützen.

Wesentlich für die Entfaltung der vollen Wirkung ist der mentale Fokus bei den Übungen. Das heißt, jedes Mal, wenn wir merken, dass wir denken, lassen wir das Denken (den Gedanken) bewusst los und lenken unseren Fokus auf einen Übungsaspekt, entweder die momentane Bewegung, die Atmung, eine der Vorstellungen, welche die Bewegungen begleiten oder aber den gesamten Fluss von »Bewegung-Atmung-Vorstellung«. Damit schulen wir nicht nur unsere Körperwahrnehmung, sondern auch unsere Fähigkeit zur Sammlung (Konzentration). Wir trainieren den inneren Beobachter genauso wie unsere Fähigkeit, im Jetzt präsent zu sein.

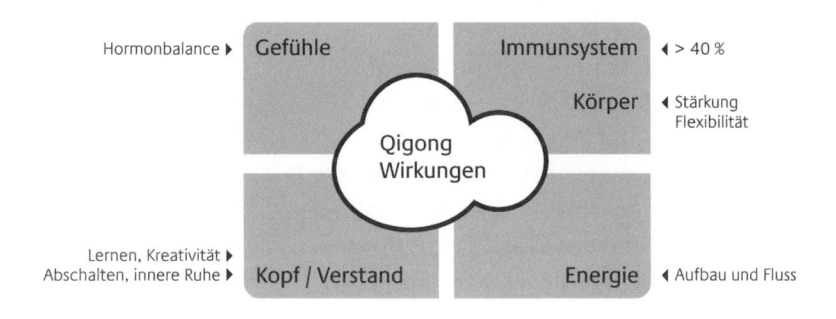

	Gefühle	Immunsystem	◂ > 40 %	
Hormonbalance ▸		Körper	◂ Stärkung Flexibilität	Wirkungen von Qigong
	Qigong Wirkungen			
Lernen, Kreativität ▸ Abschalten, innere Ruhe ▸	Kopf / Verstand	Energie	◂ Aufbau und Fluss	

Kraft entsteht durch »im Kontakt sein mit sich selbst« – was bewirkt Qigong? Daten aus über 15 Jahren empirischer Forschung (vor allem in USA und Europa, mittlerweile auch in China) belegen die positiven Wirkungen von Qigong und ermöglichen so den Einzug in nahezu jede Reha-Klinik in Deutschland. Qigong wirkt auf den drei Ebenen Kopf (Verstand), Gefühle und Körper (siehe Abbildung oben). Den folgenden Fakteninput bringen wir meist nach der ersten Übungsrunde »Qigong« (s. S. 148 ff.).

Auf der Ebene des Verstandes führt der mentale Fokus zu einer Reduzierung unserer Gedanken und dadurch zu mehr Gedankenhygiene. Wir werden innerlich ruhiger und können besser abschalten. Die Dopaminproduktion wird angeregt und fördert somit Neugier, Kreativität und Lernfähigkeit. In einer Studie mit Schulkindern verbesserten sich die Leistungen nach einem halben Jahr regelmäßiger Qigong-Praxis – als Bewegungspause während des Unterrichts – um durchschnittlich 20 Prozent; Aggression und Reizbarkeit reduzierten sich und der Zusammenhalt unter den Schülern war gewachsen.

Auf der Ebene der Gefühle wirken Qigong-Übungen ausgleichend. Das heißt, die hormonellen Gegenspieler (Antagonisten) Adrenalin und Acetylcholin werden ins Fließgleichgewicht gebracht (siehe Abbildung auf Seite 26). So wird beispielsweise bei Überspannung Adrenalin abgebaut und Acetylcholin verstärkt produziert. Bei Antriebslosigkeit wird Acetylcholin verstoffwechselt und Adrenalin produziert.

Auf körperlicher Ebene steigert Qigong die Flexibilität und stärkt die Muskulatur. Sensationell waren jedoch die Forschungsergebnisse im Hinblick auf die Auswirkungen beim Immunsystem. Menschen, die regelmäßig Qigong machen (Definition »regelmäßig« s. S. 140), haben ein um 40 Prozent wehrhafteres Immunsystem, verglichen mit Menschen, die verschiedene Sportarten treiben (und nicht etwa verglichen mit »Couchpotatoes«).

Die Formel für Regelmäßigkeit in der Umsetzung heißt in diesem Fall: wöchentlich fünfmal mindestens zehn Minuten, am besten morgens. Die Wirkung entfaltet sich in der Regel nach etwa drei Wochen.

Nimmt man alle drei Wirkungsebenen zusammen, bringt Qigong unsere Lebensenergie in Fluss – dahin, wo sie gebraucht wird. Vergleichbar mit einem Bewässerungssystem, wo kein Rohr leckt und das Wasser deshalb auch bei den Pflanzen ankommt. Außerdem baut Qigong Energie im Körpersystem auf, schlicht auch deswegen, weil weniger Kraft durch Krankheiten und gedankliche Endlosschleifen verbraucht wird.

▶ **Kurz gesagt:** Qigong ist ein hervorragender »Triplewhopper«, um Körper, Gefühle und Verstand in einen balancierten, vitalen, kraftvollen Zustand zu bringen. Damit schaffen wir ideale innere Voraussetzungen für Ausgeglichenheit, Zufriedenheit und die Fähigkeit, mit uns selbst und unserer Umwelt optimal zu interagieren.

Bodyfeedback – der Körper als Visitenkarte Der Volksmund beschreibt innere Haltungen (Einstellungen) oft mit äußeren Haltungen: Jemand »lässt die Schultern hängen« oder »ist aufrichtig«. Jemand »hat einen festen Standpunkt« oder »steht mit beiden Beinen im Leben«. Man »hat Rückgrat« oder wir »bieten jemandem die Stirn«. Der Volksmund bestätigt damit eindrucksvoll, was wir im Kapitel »Mentale Balance 1: Bewusstheit & Signalzone – die Kraft des Jetzt« durch das Bewusstseinsrad bereits ausgeführt haben (s. S. 51): Der Mensch bildet eine Einheit aus Körper, Gefühlen und Gedanken, aus Körper und Geist.

Das Besondere ist, das das auch umgekehrt funktioniert! Wir können bewusst eine bestimmte Körperhaltung einnehmen, die dann auf unsere innere Haltung (unsere Einstellung) wirkt. »Mens sana in corpore sano« – »In einem gesunden Körper wohnt ein gesunder Geist«, wusste man bereits in der Antike. Diese Rückkoppelungsschleifen werden in der modernen Psychologie als Bodyfeedback oder auch Embodiment bezeichnet: Der Körper gibt durch seine Haltung eine Rückmeldung beziehungsweise Rückkoppelung zum Gehirn. Die Körperhaltung bewirkt eine innere Haltung (Einstellung). Die Übungen »Bodyfeedback« (s. S. 152 f.), »Das Ziel verkörpern« (s. S. 154 und »Wie der Hochseilartist« (s. S. 23) beschreiben dazu praktische Zugänge (siehe dazu auch die Ausführungen zur Abbildung »Erfahrungspyramide«, s. S. 53).

Aktuelle Ergebnisse aus der Embodiment-Forschung geben deutliche Hinweise darauf, dass Bodyfeedback einer der schnellsten und wirkungsvollsten Wege zu Einstellungsveränderungen ist (Storch 2012). In unserer Arbeit als Trainer und Coaches erleben wir häufig, dass eine körperorientierte Herangehensweise über Bodyfeedback – vor allem auch bei Kopfarbeitern – besonders zielführend wirkt (im Hinblick auf Einstellungsveränderungen). Da intelligente Menschen sich leider oft auch selbst intelligent austricksen, ist die Arbeit mit dem Körper (als Visitenkarte unserer Einstellungen) ehrlicher und unmittelbarer als Sprache und Vernunft. Auch bei Menschen, deren Reflexionsvermögen nicht sehr ausgeprägt ist (zum Beispiel Kinder und Jugendliche) eignen sich derartige Methoden eindeutig besser. Körpertherapien setzen hier an. Durch Bodyfeedback können wir situativ und präventiv auf unsere Einstellung Einfluss nehmen und damit konstruktiv Stimmungsmanagement betreiben (uns gezielt in ressourcevollere Zustände bringen). Oder wie es Maja Storch formuliert: »Wer mit seinen Gefühlen arbeiten will, muss lernen, wie er mit dem Körper arbeitet.« Wenn wir uns zum Beispiel in einer schwierigen Verhandlungssituation befinden, mit hängenden Schultern und rundem Rücken in unserem Stuhl sitzen, werden wir uns weniger souverän fühlen, als wenn wir bewusst eine aufrechte und raumgreifende Körperhaltung einnehmen.

▶ **Kurz gesagt:** Um eine förderlichere Einstellung zu einer Situation zu gewinnen, kann es bisweilen reichen, einfach eine andere Körperhaltung einzunehmen – und zwar die Körperhaltung, die wir aus unserer Erfahrung heraus mit einer förderlichen Einstellung verbinden. Dank der engen Verschaltungen von Gehirn und Körper sind wir durch Bodyfeedback in der Lage, auch tiefgehende und langfristige Veränderungsprozesse in Gang zu setzen. Wir fördern somit unsere Selbststeuerung und werden zum Gestalter unserer Erfahrungen.

Bewegung und Körperhaltung als Ressourcen – Wie bringe ich es rüber?

Die nachfolgenden Übungen zielen darauf ab, den Teilnehmern (Klienten) das Thema »Bewegung und Körperhaltung« im Hinblick auf die Alltagsrelevanz erfahrungs- und handlungsorientiert näherzubringen. Die Geschichten sollen einen intuitiv-metaphorischen Zugang zum Thema ermöglichen.

Übung: Fitnesstest

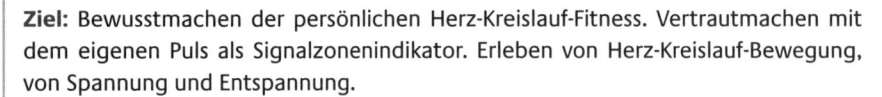

Ziel: Bewusstmachen der persönlichen Herz-Kreislauf-Fitness. Vertrautmachen mit dem eigenen Puls als Signalzonenindikator. Erleben von Herz-Kreislauf-Bewegung, von Spannung und Entspannung.

Methode: Fitnesstest (Übung, Fakteninput und Auswertung ungefähr 15 Minuten) entlang der Abbildung auf Seite 147.

Kernleitfragen: Wie steht es um meine Fitness? Wie fit bin ich?

Material: Stoppuhr, Flipchartvorlage vorbereiten nach folgendem Muster auf S. 147.

Beschreibung:
- **Schritt 1:** Beginnen Sie die Übung damit, die Teilnehmer stehend ihren Ruhepuls messen zu lassen. Das generiert die erste Information und gibt allen die Gelegenheit, den eigenen Puls aufzuspüren und zu messen. Faktisch liegt ein gesunder Ruhepuls bei durchschnittlich 50–70 im Sitzen und bei 60–80 im Stehen. Für die Ermittlung der persönlichen Fitness braucht es nun zwei Werte: den Belastungspuls und den Entlastungspuls.
- **Schritt 2:** Für den Belastungspuls braucht es zwei Minuten körperliche Leistung. Leiten Sie diese Übung folgendermaßen an, machen Sie sie zunächst kurz vor und danach mit: »Stehen Sie schulterbreit. Winkeln Sie beide Arme an und ziehen Sie erst das rechte Knie nach oben zum linken Ellenbogen, dann das linke Knie zum rechten Ellenbogen und so fort – immer im Wechsel«. Legen Sie ein gutes Tempo vor und halten Sie es. Wichtig: Bringen Sie die Knie zum Ellenbogen, nicht umgekehrt! Sprechen Sie während der zwei Minuten weiter. Sätze, wie zum Beispiel: »Schon 30 Sekunden geschafft, da freuen sich die Muskeln, das Fett schmilzt wie Butter in der Sonne, und weiter lächeln, 60 Sekunden« unterstützen und bringen eine Prise Humor hinein. Zählen Sie vielleicht auch die letzten zehn Sekunden runter, das schafft neue Motivation. Nach exakt zwei Minuten wird der Belastungspuls stehend gemessen und notiert.

- **Schritt 3**: Als zweiter Wert wird der Entlastungspuls gemessen. Für zwei Minuten können die Teilnehmer verschnaufen. Wer sich hingesetzt hat, sollte aber zum Zeitpunkt der Messung des Entlastungpulses aufstehen, damit das Ergebnis nicht verfälscht wird. Lassen Sie Ihre Stoppuhr besser auf vier Minuten weiterlaufen, dann haben Sie weniger zu koordinieren. Nach exakt zwei Minuten Ruhe wird der Entlastungspuls gemessen. Kündigen Sie diesen Moment schon 20 Sekunden vorher an, damit alle Teilnehmer die Finger zum Messen an ihrem Handgelenk oder der Halsschlagader haben. Lassen Sie auch diesen Wert notieren.
- **Schritt 4**: Berechnen Sie zunächst die Differenz aus Belastungspuls (zum Beispiel 180) minus Entlastungspuls (zum Beispiel 140). In diesem Beispiel ist die Differenz = 40. Nehmen Sie nun zehn Prozent des Belastungspulses (im Beispiel = 18). Errechnen Sie anschließend, wie häufig die zehn Prozent Belastungspuls (= 18) in die Differenz (= 40) passen: im Beispiel sind das ungefähr 2,2-mal. Das heißt nach der folgenden Tabelle (Auswertung) = Fitness okay.

☐ Die Formel zur Errechnung der Fitness lautet

Fitness =	**Beispiel:** Fitness =
a – b == c	180 – 140 = 40
a x 0,1 = d	18
c : d = Fitnesswert	40 : 18 ≈ 2,2

☐ Auswertung Fitnesstest

1 x	Schlechte Fitness
2 x	Fitness okay
3 x und mehr	Gute Fitness

Stolpersteine:
- Mögliche körperliche Einschränkungen (zum Beispiel starker Bluthochdruck, akute Bandscheiben- oder Kniebeschwerden, Herzbeschwerden) vorher abfragen und von der Übung abraten oder auf eine einfachere Version verweisen (zum Beispiel die »Yogaübung Beinschaukel« auf Seite 151 f.).
- Sehr korpulente oder unsportliche Teilnehmer können die zwei Minuten vielleicht nicht durchhalten. Betonen Sie gegebenenfalls das Freiwilligkeitsprinzip, damit die Übung nicht zum Zwang wird.

- Geben Sie anfangs genügend Zeit, bis alle ihren Puls lokalisiert haben, damit sie keine Teilnehmer in der Übung verlieren.
- Meist hilft Humor, zum Beispiel ein wenig Persiflage von Aerobic-TV. Wir verkaufen diese Übung auch gerne als »gutes Workout« am Nachmittag eines Tages und haben bisher nur aufgeschlossene Teilnehmer erlebt.

1. Ruhepuls: sitzend ø 50 – 70
              stehend ø 60 – 80

2. Belastungspuls (nach 2' Leistung) = A
3. Entlastungspuls (nach 2' Ruhe) = B

FITNESSTEST 10% A in (A – B)

$$\frac{A - B}{A \times 0{,}1} = \text{Fitness}$$

< 1 = schlechte Fitness
2 = Fitness o.k.
> 3 = gute Fitness

Zum Beispiel:

Belastungspuls = 180
Entlastungspuls = 140

Fitnesstest

$$\frac{180 - 140}{180 \times 0{,}1} = 2{,}2$$

Puls als Signalzonenindikator

Übung: Qigong-Übungsreihe Erde-Himmel-Mensch

Ziel: Erfahrbar machen, wie Qigong als Balancebewegung wirkt, die Fähigkeit zur Sammlung (mentaler Fokus) und den inneren Beobachter trainieren, Balancieren, Immunsystem stärken, Energie aufbauen und in Fluss bringen.

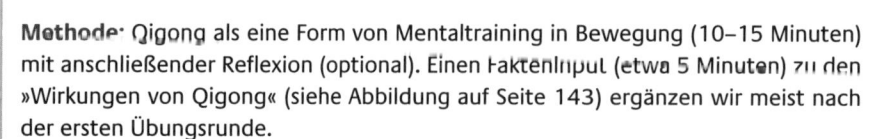

Methode: Qigong als eine Form von Mentaltraining in Bewegung (10–15 Minuten) mit anschließender Reflexion (optional). Einen Faktenlnput (etwa 5 Minuten) zu den »Wirkungen von Qigong« (siehe Abbildung auf Seite 143) ergänzen wir meist nach der ersten Übungsrunde.

Kernleitfrage: Wie wirkt Qigong (als eine Möglichkeit von Balancebewegungen)?

Reflexionsleitfragen: (optional – manchmal ist es angemessener, die Wirkung einer Übung stehen zu lassen) Wie fühlen Sie sich im Vergleich zu vorher? Was haben Sie innerlich beobachtet (wahrgenommen)? Wie (un)ruhig sind Sie jetzt nach der Übung? Was macht der Gedankenfluss? Wie ist der Grad Ihrer Entspannung jetzt (auf einer Skala von … bis …)?

Beschreibung: Gehen Sie für diese Übung nach Möglichkeit an einen schönen, nahe gelegenen Ort auf dem Hotelgelände (warm genug und windstill), wie zum Beispiel unter einen großen Baum im Park (die Umgebung fließt bei uns als Wunschkriterium in unsere Hotelwahl ein).

Leiten Sie die Übung zum Beispiel folgendermaßen an: »Suchen Sie sich einen festen Standpunkt im Raum. Stellen Sie sich weit genug auseinander, sodass Sie beide Arme seitlich ausstrecken können, ohne andere Teilnehmer zu berühren. Stehen Sie schulterbreit, mit beiden Füßen fest auf dem Boden. Die Knie sind leicht gebeugt, nicht durchgestreckt. Hüfte und Becken sind in Wohlfühlposition, stabil und flexibel gleichermaßen. Richten Sie Ihre Wirbelsäule Wirbel für Wirbel auf, so als würden Sie einen Reißverschluss von unten nach oben zuziehen. Wir sind aufrichtig, haben eine Wirbel*säule*. Unser Rückgrat ist lang und stark, der Kopf ruht leicht und frei auf dem Hals, der Nacken ist leicht gestreckt. Schultern, Unterkiefer und Augenlider sind völlig entspannt. Die Hände ruhen wie eine Schale unter dem Bauchnabel ineinander. Die Atmung ist tief, lang und ruhig. Der Geist ist zunächst fokussiert auf die jeweilige Körperempfindung (von den Füßen beginnend nach oben bis zum Kopf) und dann auf die Atmung gerichtet.« Diese Qigong-Grundposition ist Ausgangs- und Endhaltung für alle drei Übungen und gleichzeitig die gesündeste Art zu stehen (auf der Basis unserer Anatomie), auch wenn sie sich zunächst vielleicht etwas ungewohnt anfühlt.

Führen Sie bei den nun folgenden drei Übungen die Bewegungen gemäß den Abbildungen und Beschreibungen durch. Machen Sie die Übungen langsam, nach Ihrem eigenen Rhythmus, die Bewegungen in Harmonie mit der Atmung, Ihre (Kraft der) Vorstellung synchron mit den Bewegungen. Wiederholen Sie jede Bewegung mindestens sechsmal.

Erde: »Ruhig und tief einatmend bewegen Sie nun langsam wie in Zeitlupe Ihre Hände in der Schalenhaltung mit den Handflächen nach oben, entlang Ihrer Körpermitte bis etwa Schulterhöhe. Die Bewegung folgt der Atmung. Auf Schulterhöhe drehen Sie die Hände und bewegen sie mit den Handflächen nach unten entlang der Körpermitte wieder zur Grundposition zurück, während Sie langsam ausatmen. Ihr mentaler Fokus folgt der fließenden Bewegung, entspannt, aber wachsam, vielleicht neugierig. Die Atmung begleitet – nach Ihrem persönlichen Tempo – den Fluss der Bewegung frei, ruhig, lang und tief. Folgen Sie Ihrem natürlichen Atemimpuls. Auf keinen Fall die Atmung anhalten.«

Himmel: »Bewegen Sie nun langsam, wie in Zeitlupe, Ihre Hände in der Schalenhaltung mit den Handflächen nach oben entlang Ihrer Körpermitte nach oben bis etwa in Schulterhöhe. Im Fluss der Bewegung verschränken Sie die Finger dort ineinander, bis ungefähr auf Kopfhöhe, die Handflächen nach außen und oben drehen, bei gleichzeitig beginnender Streckung der Arme. Die Endposition ist die komplette kräftige Streckung von Armen und Ellbogen, die Hände zeigen zum Himmel (›stützen den Himmel‹). Suchen Sie die kraftvolle Spannung in dieser Position. Die Atmung begleitet – nach Ihrem persönlichen Tempo – den Fluss der Bewegung frei, ruhig, lang und tief. Folgen Sie Ihrem natürlichen Atemimpuls. Auf keinen Fall die Atmung anhalten, auch nicht in der maximalen Streckung nach oben! Der Geist ist fokussiert auf die Hände, begleitet die Handflächen in ihren Bewegungen und unterstützt die körperlich kraftvoll-gespannte Streckung nach oben mit der Vorstellung, ›den Himmel durch kraftvoll gespannte Streckung nach oben zu stützen‹. Nach der Spannung kommt nun die Entspannung. Lösen Sie die Spannung in Armen, Händen und im Körper und bewegen Sie die Hände langsam seitlich von Ihrem Körper nach unten, bis Sie wieder in der Ausgangsposition sind. Ihr mentaler Fokus begleitet die Bewegung durchgängig auf Höhe der Hände.«

Mensch: »Bewegen Sie nun langsam, wie in Zeitlupe, ihre Hände in der Schalenhaltung mit den Handflächen nach oben entlang Ihrer Körpermitte nach oben bis etwa in Schulterhöhe. Dort öffnen sich die Hände, und die Arme bewegen sich langsam nach hinten. Die Schulterblätter bewegen sich aufeinander zu, sodass über die dortige Spannung eine größtmögliche Öffnung von Brust- und Herz-Raum möglich wird. Der mentale Fokus ruht auf ›Öffnen von Brust- und Herz-Raum‹ oder (wenn ihnen das leichter fällt) in der Vorstellung, ›so wie wir unser Herz öffnen, um einen geliebten Menschen zu umarmen‹. Die Atmung ist jederzeit fließend, ruhig und tief. Nach kurzer maximaler Öffnung entspannen wir die Schulterblätter wieder und die Arme bewegen sich langsam aufeinander zu, um dann die Hände mit den Handflächen nach unten entlang der Körpermitte wieder zur Grundposition zu führen. In Höhe des Nabels drehen die Handflächen dann wieder nach oben und legen sich schalenförmig in die Ausgangslage. Der mentale Fokus folgt der Bewegung, entspannt und dennoch wachsam.«

Zum Abschluss der Übungsreihe verharren Sie noch für ein paar Atemzüge zum Nachspüren in der Grundposition, im bewussten Kontakt mit sich. Lassen Sie die Übung auf sich wirken. »Was hat die Übung für Sie getan? Wie fühlt es sich jetzt in Ihrem Körper an?«. Als Unterstützung können Sie sich den Übungsablauf auf unserer Homepage (siehe Weblinks, S. 233) anschauen.

Stolpersteine:

- Bei Menschen mit ausgeprägtem Gedankenkarussell ist es hilfreich, den mentalen Fokus immer wieder zu betonen, um die Gedankenhygiene zu fördern. Wenn der mentale Fokus nicht in die Übung integriert und dort etabliert wird, ist Qigong wie langsame Gymnastik und entwickelt nicht das volle Potenzial. Wir streuen daher häufig die folgenden Sätze ein: »Immer wenn Sie merken, dass Sie denken, lassen Sie den Gedanken freundlich, aber bestimmt los und richten Ihren mentalen Fokus wieder ... (siehe Beschreibung). Gratulieren Sie sich innerlich, dass Sie das Denken bemerkt haben – dies ist ein Moment von Bewusstheit (und geißeln Sie sich nicht, wenn Sie wieder gedankenverloren waren).«
- Manchmal stellt sich eine (angenehme) Wirkung erst nach ein- oder mehrfacher Wiederholung ein. Ein Leitsatz, an dem wir uns aus unserer Erfahrung gerne orientieren und den wir den Teilnehmern anbieten, lautet: »Lerne wenig, übe viel« (oder auch: »Weniger ist mehr«. Es gibt mehr als 2.000 Qigongübungen. Wir entscheiden uns ganz bewusst, nur diese eine Übungsreihe anzubieten, um eine möglichst starke Musterprägung durch Wiederholung und emotionaler Attraktivität (erlebter Wirkung) zu erreichen. Bei eintägigen Veranstaltungen sind zwei Wiederholungen realistisch, bei zweitägigen drei bis vier.

Übung: Yogaübung Beinschaukel

Ziel: Balancieren des vegetativen Nervensystems (Hormonbalance der Sympathikus-Parasympathikus-Antagonisten, siehe die Ausführungen dazu auf Seite 30). Erfahrbar machen, wie Yoga als Balancebewegung wirkt.

Methode: Yoga; Balancebewegung (3–5 Minuten) mit Kurzinput und anschließender Reflexion (optional).

Kernleitfrage: Wie wirkt Yoga (als eine Möglichkeit von Balance-Bewegungen)?

Reflexionsleitfragen: (optional – manchmal ist es angemessener, die Wirkung einer Übung stehen zu lassen) Wie fühlen Sie sich im Vergleich zu vorher? Was haben Sie innerlich beobachtet (wahrgenommen)? Wie (un)ruhig sind Sie jetzt nach der Übung? Was macht der Gedankenfluss?

Beschreibung: Sitzen Sie mit aufrechter Wirbelsäule, den Händen fest am Stuhl und strecken Sie in schnellem Tempo (ungefähr einmal pro Sekunde) wechselweise ein Bein nach dem anderen nach vorne und entspannen Sie es wieder. Beim Beinstrecken einatmen, beim Entspannen ausatmen.

Fakten: Während (oder vor) der Übung bringen wir die nachfolgenden Fakten zur Übung ein (was übrigens häufig die Akzeptanz der Übung erhöht – wir sind nun mal Kopfmenschen): »Validierte Untersuchungen haben gezeigt, dass durch diese Übung unser vegetatives Nervensystem balanciert wird. Was genau passiert, ist Folgendes: Wenn wir zum Beispiel überspannt sind (Sympathikusüberfunktion), wird durch die Übung Noradrenalin sehr schnell abgebaut. Wenn wir andererseits ermattet sind (Parasympathikusüberfunktion), wird (Nor-)Adrenalin ausgeschüttet und Acetylcholin abgebaut. Das konnte nach bereits dreiminütiger Übungspraxis unmittelbar im Blutbild der Versuchspersonen festgestellt werden.«

Variation: Ursprünglich wird die Übung liegend durchgeführt. In Anpassung an die vielen sitzenden Arbeitsplätze zeigen wir die Übung jedoch meist im Sitzen. Im Liegen werden die Beine wechselseitig nacheinander so senkrecht wie möglich und so gestreckt wie möglich nach oben bewegt. Zum Einatmen geht das eine Bein nach oben, zum Ausatmen wieder runter. Dann kommt das nächste Bein zum Einatmen und so weiter.

Stolpersteine:
- Ermutigen Sie die Teilnehmer, gerne humorvoll, das hohe Tempo bis zum Schluss beizubehalten: etwas Robinson-Club-»Animationsflair« mit Augenzwinkern wirkt Wunder. Oder locken Sie mit den angeführten Fakten beziehungsweise Sätzen wie: »Die Wirkung ist umso intensiver, je gewissenhafter wir die Übung machen«.

Übung: Bodyfeedback (»So, wie es mir geht, gehe ich«)

Ziel: Erfahrbar machen, wie bestimmte Körperhaltungen auf Gefühle und innere Einstellungen wirken. Erlebbarmachen der Zusammenhänge des Bewusstseinsrads (s. S. 51).

Methode: Praktische Übung (etwa 5 Minuten) mit anschließender Reflexion und Fazit (5–10 Minuten).

Kernleitfragen: Welche Körperhaltungen lösen welche Gefühle/Stimmungen/Gedanken/Erinnerungen aus? Welche Körperhaltung begünstigt förderliche Einstellungen und ressourcevolle Zustände?

Reflexionsleitfragen: Welche Unterschiede haben Sie zwischen der ersten und der zweiten Übung wahrgenommen? Was heißt das nun konkret? Welche Schlüsse/Konsequenzen ziehen Sie aus der Übung?

Beschreibung: Mithilfe dieser Übung können Sie erkennen, wie die Körperhaltung direkt auf Ihr Inneres wirkt – und umgekehrt.

- **Schritt 1:** »Stellen oder setzen Sie sich hin und lassen Sie Ihre Schultern hängen, die Arme, den Kopf, die Gesichtszüge ... Stellen Sie Ihre Füße leicht nach innen. Richten Sie währenddessen Ihren inneren Beobachter darauf, welche Gefühle/Stimmungen sich einstellen. Lassen Sie sich etwas Zeit.« Es braucht etwa 30 Sekunden, damit ein Gefühl entstehen kann.
- **Schritt 2:** Nach 30–60 Sekunden: »Versuchen Sie nun, ein Gefühl ekstatischer Freude zu entwickeln. Denken Sie an etwas wirklich Schönes, an eine freudvolle Erinnerung, aber behalten Sie dabei Ihre Körperhaltung bei. Versuchen Sie es etwa eine Minute lang. Sie werden feststellen, dass selbst diese Vorstellung es nicht schafft (oder es nur sehr schlecht gelingt), Freude entstehen zu lassen. Das entsprechende Gefühl will sich in dieser Körperhaltung nicht einstellen. Unser Körpersystem verbindet (aus Erfahrung) mit dieser Körperhaltung eben keine freudvollen Erfahrungen.«
- **Schritt 3:** Gegenübung: »Richten Sie nun Rücken und Schultern auf, atmen Sie tief durch und stellen Sie eine gewisse Körperspannung her. Stellen Sie die Füße gerade. Richten Sie nun Ihren inneren Beobachter darauf, welche Gefühle/Stimmungen sich jetzt einstellen (30–60 Sekunden Zeit lassen). Welche Unterschiede nehmen Sie im Vergleich zur ersten Körperhaltung wahr?«
- **Schritt 4:** »Und jetzt versuchen Sie in dieser Körperhaltung, ein Gefühl von Angst zu entwickeln. Denken Sie an etwas, von dem Sie sicher wissen, dass Sie davor Angst hatten, und behalten Sie dabei Ihre Körperhaltung bei. Versuchen Sie es etwa eine Minute lang. Sie werden feststellen, dass selbst diese Erinnerung es nicht schafft oder es nur sehr schlecht gelingt. Das Gefühl von Angst will sich in dieser Körperhaltung einfach nicht einstellen. Unser Körper-Kopf-System verbindet (aus Erfahrung) mit dieser Körperhaltung eben keine Angst.«

Stolpersteine:

- Zu schnell: Entschleunigen Sie diese Übung, damit die Teilnehmer genügend Zeit haben, sich auf diese ungewöhnliche Übung einzulassen. Halten Sie die Zeit aus, bis die Teilnehmer ins Spüren kommen. Es dauert mindestens 30 Sekunden, bis Gefühle/Stimmungen aus einer Körperhaltung entstehen.

Übung: Das Ziel verkörpern

Ziel: Erarbeiten einer körperlichen »Ressourcen-/Lösungshaltung« mit Erinnerungsfunktion. Körperliches Priming auf ein emotional attraktives Ziel.

Methode: Praktische Partnerübung (etwa 15 Minuten) mit anschließendem Erfahrungsaustausch im Plenum (5–10 Minuten).

Kernleitfragen: Durch welche Körperhaltung lässt sich der gewünschte Zielzustand ausdrücken? Welche Körperhaltung begünstigt eine für die Zielerreichung förderliche Einstellung? Welches Alltagssignal können wir als Erinnerungsfunktion utilisieren?

Reflexionsleitfragen: Keine.

Beschreibung: Wir empfehlen vor der Partnerübung eine kurze Demonstration.
- **Schritt 1:** Die Problemhaltung einnehmen: »Bitte nehmen Sie die Körperhaltung ein, die sich in Bezug auf das Problem einstellen möchte.« Unterstützen Sie den Teilnehmer durch Fragen, sich seiner Körperhaltungen beziehungsweise Bewegungen bewusst zu werden (»Welche Körperhaltung?«, »Wie ist Ihre Atmung?«, »Wie ist Ihr Raumempfinden?«).
- **Schritt 2:** Die Lösungshaltung erarbeiten. Erfragen Sie nun die Körperhaltung so konkret wie möglich, damit der Teilnehmer eine möglichst exakte, seinem Zielzustand entsprechende Körperhaltung einnimmt. (»Wie genau verkörpern Sie das Ziel, die Lösung?«, »Wie ist Ihre Atmung?«, »Wie ist Ihr Raumempfinden?«).
- **Schritt 3:** Mehrfach zwischen **Schritt 1** und **Schritt 2** pendeln und dadurch eine neuronale Bahnung herstellen: »Wechseln Sie nun zwischen beiden Körperhaltungen hin und her. Tun Sie das in Ihrem eigenen Tempo und so lange, bis Sie das Gefühl haben, dass die Lösungshaltung erfolgreich integriert ist (das heißt, die neuronale Bahnung erfolgt ist).«
- **Schritt 4:** Die Erinnerungsfunktion mithilfe der folgenden Leitfrage erarbeiten: »Welches Signal könnte Sie im Alltag an Ihre Lösungshaltung erinnern?« Mögliche Beispiele für die Erinnerungsfunktion sind Teile der Problemhaltung (zum Beispiel »die geballte Faust« oder »der Tunnelblick«). Auch visuelle, akustische und olfaktorische Signale können diese Funktion übernehmen (beispielsweise »der Blick auf ein Urlaubsfoto«, »der Klang der Kirchenglocken« oder »Kaffeeduft«).
- **Schritt 5:** Nochmals zwischen den beiden Körperhaltungen mehrfach hin - und herpendeln *mit* der Erinnerungsfunktion. Empfehlen Sie den Teilnehmern, diese »Trockenübungen« auch nach der Veranstaltung noch einige Male zu machen, um die neuronale Bahnung zu verstärken (nach dem Motto: »Aus einem Trampelpfad wird ein Weg, aus dem Weg eine Straße, aus der Straße eine Autobahn«.

Stolpersteine:
- Zu schnell: Entschleunigen Sie diese Übung in der Demonstration, damit die Teilnehmer genügend Zeit haben, sich auf diese ungewöhnliche Übung einzulassen. Halten Sie die Zeit aus, bis die Teilnehmer ins Spüren kommen. Es dauert mindestens 30 Sekunden, bis Gefühle/Stimmungen aus der
- Körperhaltung entstehen.
- Zu kopfig: Unterstützen Sie Ihre Teilnehmer durch klare Fragen entlang der Körperwahrnehmung dabei, wirklich ins Spüren zu kommen.

Übung: Geschichte zum Thema

Ziel: Bewusstmachen bestimmter Einstellungen und Zusammenhänge zum Thema Umsetzung. Einen weiteren, intuitiven Zugang zum Thema eröffnen. Priming (im Sinne von »innere Suchprozesse auslösen«).

Methode: Geschichte vorlesen.

Kernleitfragen: Inwiefern können wir mit einer Geschichte die Teilnehmer berühren, bewegen, irritieren, inspirieren, öffnen, konfrontieren? Wie funktioniert Bodyfeedback? Was für Einstellungen zum Thema Bodyfeedback haben wir und welche Konsequenzen resultieren daraus?

Reflexionsleitfragen: (optional – manchmal ist es zielführender, eine Geschichte einfach stehen zu lassen) Was kommt Ihnen jetzt gerade in den Sinn? Was löst diese Geschichte bei Ihnen (nicht) aus? Was nehmen Sie aus der Geschichte für sich (sicher nicht) mit?

Stolpersteine:
- Vermeiden Sie es, vor oder nach der Geschichte mögliche Interpretationen vorzugeben, damit die metaphorische Wirkung nicht verloren geht.

Geschichte: »Das Zweifingerlächeln« (nach Ajahn Brahm 2009)
»Der Meister gab seinen Schülern im Kloster einen nützlichen Rat. Sie sollten sich jeden Morgen im Spiegel anlächeln. Die Schüler protestierten, sie kämen doch immer so spät ins Bett und sähen deshalb morgens nicht frisch aus. Manchmal hätten sie sogar Angst, sich morgens im Spiegel zu betrachten, geschweige denn, sich anzulächeln.

Der Meister sah die Schüler an und antwortete ihnen: ›Wenn ihr es nicht schafft, euch anzulächeln, dann legt eure Zeigefinger an die Mundwinkel und zieht sie nach oben.‹ Er führte ihnen vor, was er meinte, und die Schüler kicherten, weil es lächerlich aussah. Doch der Meister erwiderte: ›Tut es mir nach!‹ Sie folgten der Aufforderung. Die meisten gaben sich anfangs Mühe mit dieser Übung. Sie betrachteten sich im Spiegel, was oft wahrlich kein schöner Anblick war und ein natürliches Lächeln verhinderte. Also legten sie die Zeigefinger in die Mundwinkel und schoben sie hoch. Beim Anblick ihres komischen Gesichtsausdrucks mussten sie unwillkürlich grinsen. Nach einer Weile gelang es ihnen, das Spiegelbild anzulächeln, und der Mann im Spiegel lächelte zurück.

Zwei Jahre lang machten die Schüler jeden Morgen die Übung, ganz gleich, wie sie sich fühlten. Sie lachten sich im Spiegel an, oft unter Zuhilfenahme der beiden Finger. Heute wird behauptet, dass diese Mönche dieses Klosters besonders viel lachen. Und es stimmt: Wer die Mönche kennt, weiß, wie viel sie lachen. Vielleicht sind ja die Muskeln beim Üben stehen geblieben. Egal, das Ergebnis überzeugt und lädt zum Nachmachen ein!«

Körper-Balance 2: Entspannung – in der Ruhe liegt die Kraft

Das Wesentliche im Überblick:

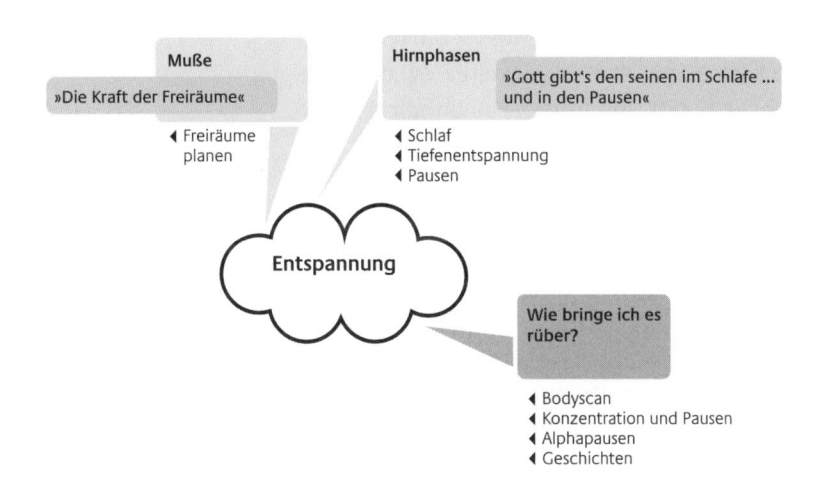

Muße
»Die Kraft der Freiräume«
◄ Freiräume planen

Hirnphasen
»Gott gibt's den seinen im Schlafe ... und in den Pausen«
◄ Schlaf
◄ Tiefenentspannung
◄ Pausen

Entspannung

Wie bringe ich es rüber?
◄ Bodyscan
◄ Konzentration und Pausen
◄ Alphapausen
◄ Geschichten

Entspannen in bewegten Zeiten – Was ist wirklich wichtig?

Wozu entspannen? In der Ruhe liegt die Kraft. Entspannung schafft die Basis für innere Ruhe, für Bewusstheit, für Gedankenklarheit und damit für Fokus und Orientierung (Was ist wirklich wichtig? Was ist mir wertvoll?). Entspannt sehen wir Herausforderungen gelassener entgegen und sind eher in der Lage, uns mental so auszurichten, dass wir angemessener handeln können. Außerdem fördert Entspannung bei den meisten Menschen angenehme Gefühle wie Zufriedenheit und Einstellungen wie Zuversicht und Optimismus. Entspannung eröffnet (neben »Flow«) den Zugang zu unseren unbewussten Ressourcen und damit zu Intuition und Kreativität (siehe dazu die Ausführungen zur Abbildung »Erfahrungspyramide« auf Seite 53). Ent-

»Entspannung schafft die kleine Distanz, die Freiheit bedeutet.«
Johann Wolfgang von Goethe

spannung ermöglicht uns – vor allem auch in schwierigen Situationen –, Gelassenheit zu bewahren, die »kleine Distanz, die Freiheit bedeutet«.

Auf die Frage eines Teilnehmers, was denn Entspannung eigentlich genau sei, fanden wir – nach reiflicher Reflexion – folgende Antwort am passendsten (als kleinsten gemeinsamen Nenner sozusagen): »Wenn man sich – auch bei häufiger Anwendung – nachher besser fühlt als vorher«.

Wodurch entspannen? In einer Zeit, wo Menschen unter Strom stehen, ist »Entspannung suchen« und »Balance finden« fast schon gleichbedeutend. Die Wege dahin sind vielfältig und individuell: Sport, Musik, Gartenarbeit, Basteln, Natur, Nichtstun, Lesen, Sauna, Kino, TV und so weiter. All diese Tätigkeiten wirken meist jedoch nicht sehr tief und weniger nachhaltig (siehe Beschreibung der Alphaphasen auf Seite 160 ff.). Tiefenentspannung (s. Beschreibung der Theta- und Deltaphasen« auf Seite 160 ff.) erreichen wir vor allem im Schlaf und mit gezielten Entspannungsmethoden. Die folgenden Methoden gelten als wissenschaftlich validiert: Progressive Muskelentspannung (nach Jacobson), autogenes Training (nach Schulz), Qigong, Bodyscan, Yoga, Atemtechniken, Mentaltraining und Meditation.

Aus unserer Erfahrung sind – vor allem als Ausgleich für lange geistige Leistungsphasen – besonders folgende Methoden wirkungsvoll (und wir haben alles ausprobiert): Bodyscan (s. S. 163 f.) sowie die beschriebenen Übungen aus Qigong (s. S. 148 ff.), die Yogaübung Beinschaukel (s. S. 151 f.), Atemtechniken (»Tiefatmung« und »Wechselatmung«, s. S. 174 f. und 176) und Mentaltraining (s. S. 105). Für weitere Methoden finden Sie Hinweise im Literaturverzeichnis.

Wie entspannen? Für eine tiefe Entspannung ist ein ausgewogener Wechsel (Fließgleichgewicht) von Spannung und Ent-Spannung wichtig. Da wir meist ausreichend Spannung erleben, ist der Fokus auf Entspannung umso wichtiger. Entspannungsmethoden wirken über die Aktivierung des Parasympathikus (s. dazu der Infokasten Seite 30 im Kapitel »Das Balancemodell«), der die Ruhe- und Erholungsfunktionen (das »Rest-and-Repair-System«) des Körpers steuert. Der Parasympathikus wird durch die genannten Methoden aktiviert, ferner auch durch Reizreduzierung (weniger Licht, weniger Geräusche, weniger Tempo), Wellnessanwendungen (Bäder, Massagen, Sauna) oder Kurzschlaftechniken und vieles mehr. Entspannung wirkt auch direkt auf (über) unser Gehirn, über die Aktivierung bestimmter Gehirn-Ströme

»Wer nicht loslassen kann, kann auch nicht richtig zupacken.«
Marcus Aurelius

(Alpha- bis Deltawellen, siehe Abbildung »Hirnphasen« auf Seite 160), die – so die Vermutung der Hirnforschung – über die Ausschüttung von Gehirnbotenstoffen (Neurotransmittern), wie zum Beispiel Serotonin, Melatonin und Endovalium, erzeugt werden.

Entspannungsmethoden bewirken eine Harmonisierung (Balancierung) des gesamten Systems und führen zu einer Erhöhung der Belastbarkeit. Verspannungen der Muskulatur werden gelöst, bestehende psychosomatische Beschwerden (wie zum Beispiel Spannungskopfschmerz, Herz- und Kreislaufstörungen, vegetative Disbalancen, depressive Verstimmungen) werden abgebaut und das Immunsystem wird messbar gestärkt.

Die Muskeln willkürlich in ihrem Spannungsgrad zu beeinflussen, fällt den meisten Menschen recht leicht (siehe dazu auch »Bodyfeedback – der Körper als Visitenkarte« auf Seite 144 f.). Aus diesem Grund eignen sich körperorientierte Ansätze wie zum Beispiel Qigong, Yoga, Bodyscan oder progressive Muskelentspannung besonders gut. Das Grundmuster dahinter liegt in der aufeinanderfolgenden An- und Entspannung willentlich beeinflussbarer Muskeln. Bereits 1934 stellte Dr. Jacobson (der Erfinder der progressiven Muskelentspannung) fest, dass Muskelverspannungen und Psyche eng zusammenhängen: Bei Gefühlen von Angst, Ärger und Unruhe erhöhte sich stets die Muskelanspannung. Seine Folgerung: Die bewusste Anspannung von Muskeln führt zu einem natürlichen Ermüdungseffekt und damit zu einer verbesserten Muskelentspannung. Eine tiefe Muskelentspannung bewirkt wiederum eine Senkung des Spannungsniveaus des gesamten Organismus (zum Beispiel sinkt der Blutdruck) einschließlich der Psyche (weniger negative Gedanken, mehr innere Ruhe, Zufriedenheit und Zuversicht).

▶ **Kurz gesagt:** Entspannung braucht Spannung – Spannung braucht Entspannung. Da wir in unseren beruflichen (und oft auch in den privaten) Kontexten in der Regel ausreichend Spannung erleben, ist der balancierende Ausgleich in der regelmäßigen (wir arbeiten ja auch regelmäßig) Praxis von Entspannungsmethoden zu finden.

Schlaf und Pausen Schlaf ist die elementarste Form von Entspannung, Pausen die alltagsrelevanteste. Unser Gehirn ist im wahrsten Sinne des Wortes ein Dauerbrenner. Es ist 24 Stunden aktiv und braucht vor allem für die modernen und teuren Großhirnfunktionen reichlich Ausgleich. Das menschliche Großhirn – mit dem wir unser Geld (sowie Ruhm und Ehre) hauptsächlich verdienen – ist eine evolutionäre Neuentwicklung und arbeitet teuer:

»Gott gibt's den seinen im Schlafe.«
(Psalm 127, Vers 2)
… und in den Pausen!

hoher Verbrauch von Sauerstoff (siehe Übung »Zwei Fäuste«, S. 172 f.), Glucose, B-Vitaminen, Magnesium und Omega-3-Fettsäuren (siehe »Brainfood«, S. 184) und erschöpft sich schnell (siehe Übung »Konzentration und Pausen«, S. 164 ff.). Der Ausgleich (»Preis«) für diese Hochspannung ist – neben reichlich Treibstoff – ausreichend und regelmäßig Entspannung durch Schlaf, Pausen und geeignete Entspannungsmethoden.

Die Abbildung zu den »Hirnphasen« (s. unten) zeigt die wesentlichen Fakten und Zusammenhänge zum Thema (wir machen daraus in unseren Seminaren einen kurzen Input von etwa zehn Minuten): Die Kurve entspricht (selbstverständlich) der Kurve aus dem Balancemodell (s. S. 26), ergänzt um die Tiefschlaf-, beziehungsweise Tiefenentspannungsphasen.

Die hochfrequenten (»teuren«) Betaphasen sind identisch mit den Leistungs- (Konzentrations-)Phasen (siehe Eustress/Disstress in der Abbildung »Balancemodell«, S. 26). Die niederfrequenten (»sparsamen«) Alpha-, Theta- und Deltaphasen sind eine Feindifferenzierung der Regenerations- (Entspannungs-)Phasen.

Tiefenentspannung beziehungsweise Tiefschlaf ist gleichbedeutend mit den Theta- und Deltaphasen. Hier regeneriert das Gehirn besonders gut. Ferner werden hier die am Tag aufgenommenen Informationen sortiert, verglichen und gespeichert (diesen Vorgang nennt man auch »Lernen«) oder gelöscht (diesen Vorgang nennt man auch »Vergessen«).

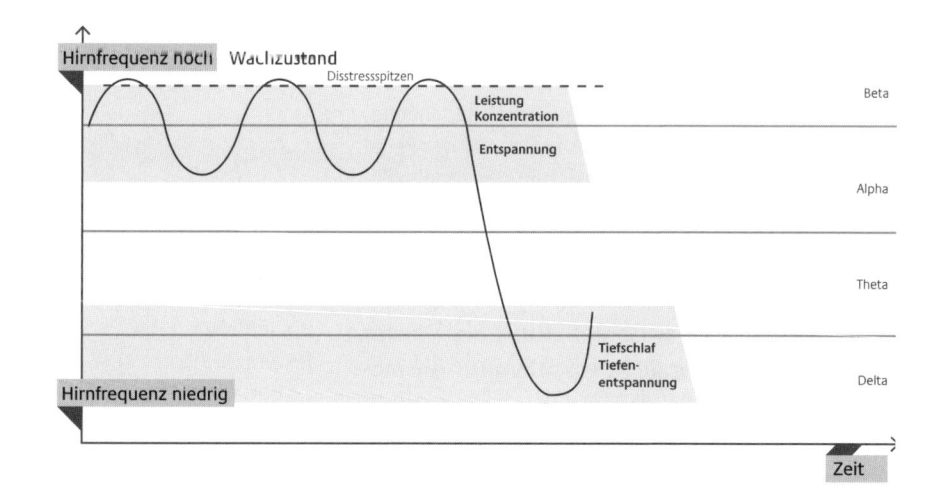

Hirnphasen

Mentale Tiefenentspannung durch Meditation

Neuere Forschungsergebnisse (nachzulesen zum Beispiel im 2008 erschienenen Buch »Hirnforschung und Meditation« von Wolf Singer und Matthieu Ricard) zeigen, dass unser Gehirn durch regelmäßige Meditation in diese tiefen mentalen Entspannungsphasen kommt, begleitet von einer Reihe äußerst positiver Wirkungen. Dazu gehören beispielsweise mehr innere Ruhe, Ausgeglichenheit, Gelassenheit, Zufriedenheit, Konzentrationsfähigkeit. Außerdem wird der linke Frontallappen des Großhirns durch bestimmte Meditationstechniken größer, bei denen man förderliche Einstellungen in der Form trainiert, dass man sich und anderen wohlwollend Gutes wünscht – sogenannte Metta-Meditationen (s. S. 111 ff.).

Im linken Frontallappen werden die positiven Bewertungen getroffen – im Sinne des Huxley-Zitats »Erfahrung ist das, was wir daraus gemacht haben, was uns passiert ist«, die wiederum positive Gefühle erzeugen (siehe dazu auch die Zusammenhänge im Bewusstseinsrad, S. 51). Das ist insofern bemerkenswert, als dass Training positiver Bewertungen nicht nur positive Einstellungen und Gefühle erzeugt, sondern auch messbar das Gehirn verändert und für mentale Tiefenentspannung sorgt.

In den Alphaphasen regeneriert das Gehirn ebenfalls, jedoch nicht so tief und nachhaltig. Alphaphasen sind im Alltag als Kurzpausen ein idealer Ausgleich zu den Betaleistungsphasen, da sie in kürzester Zeit einsetzen – manchmal schon nach wenigen Sekunden. Unser Gehirn nimmt sich solche Kurzpausen unbewusst, wenn wir dies nicht bewusst-gezielt tun. Allerdings holt sich das Gehirn diese unbewussten Alphapausen erst dann, wenn es bereits sehr viel Treibstoff verbrannt hat, also zu spät.

Typische derartige Alphaphänomene sind zum Beispiel Tagträumen, Luftlöcher starren, Einnicken (wenn plötzlich Glieder erschlaffen oder der Kopf vornüberkippt), die Gedanken springen lassen. Rechtzeitig terminierte, bewusste und gezielte Alphapausen (siehe Übung »Konzentration und Pausen«, S. 164 ff.) regenerieren dagegen unser Gehirn frühzeitig, schnell und effektiv. Beispielsweise helfen kurze Pausen, in denen man innehält und die eigene Atmung beobachtet, zum Fenster hinausschaut, ein Bild (Bildschirmschoner) betrachtet, den eigenen Gedankenfluss beobachtet, bewusste Bewegungen durchführt (zum Beispiel eine Runde um den Block laufen, Wasserholen, zum WC gehen), mit anderen Menschen scherzt und lacht, Kurzschlaf (Nickerchen), bewusster Genuss jeder Art (Cappuccino, Cartoon des Tages, ein herzlicher Austausch) oder auf der Parkbank der Sonne im Gesicht nachspürt.

- **Kurz gesagt:** Wenn man sein (Groß-)Hirn braucht, dann ...
  - schlafe man reichlich: Die aktuelle Schlafforschung empfiehlt besonders bei Menschen mit viel Betaaktivität (also Großhirnleistung) regelmäßig ungefähr siebeneinhalb Stunden Schlaf pro Nacht. Das wichtigste Kriterium für die Schlafmenge ist jedoch, dass man sich morgens ausgeruht und frisch fühlt (die eigene Signalzone beachten!). Manche Menschen brauchen weniger Schlaf.
  - mache man regelmäßig Alphapausen: je Stunde eine Pause von etwa zwei Minuten sowie eine längere Alphapause (10–15 Minuten) während der Mittagspause.
  - mache man sich eine Tiefenentspannungsmethode zur Gewohnheit (siehe Übungen ab Seite 164).

Muße – Die Kraft der Freiräume Muße ist die Pause im Menü des Lebens. Was wäre ein Fünfgängemenü ohne die Pausen dazwischen? Eine Qualität von Muße ist Freiraum, ist selbstgesteuert tun und lassen zu können, was man will. Dadurch ist Muße ein wichtiger Ausgleich zur allgegenwärtigen Fremdsteuerung und Durchstrukturierung unseres Lebens. Dennoch will Muße – paradoxerweise – geplant sein, sonst geht sie leicht im Alltagshype verloren.

> **Alltägliche Inseln der Muße schaffen**
>
> Spitzensportler pflegen Mußezeiten als Teil ihres Trainingsplans.
> Ein (mit sich und der Welt sehr zufriedener) Teilnehmer erzählte, dass er und seine Frau sich regelmäßig einmal im Monat ein »Mußewochenende« einplanen, bei dem im Vorfeld nichts geplant wird – erst an dem Wochenende wird spontan entschieden, was gemacht wird.
> Ein anderer, älterer Teilnehmer (vital bis in die Haarspitzen, eine seltene Ausnahme für jemanden, der seit über 30 Jahren Drei-Schicht-Arbeit unter Tage gemacht hat), plant schon seit vielen Jahren jedes Vierteljahr mindestens eine Woche Mußezeit ein.

Muße ist Ausgleich und Wohlfühlen. Eine weitere Qualität von Muße ist, dass es einem währenddessen (aber spätestens danach) besser geht als zuvor.

Wie bereits beim »Balancekompass« (s. S. 20) erwähnt, sind Mußezeiten oft Zeiten von Inspiration, Kreativität und Intuition.

> **Muße als Inspirationsquelle**
>
> Beispielsweise werden die Entwicklungsingenieure eines großen deutschen Automobilherstellers (wenn ihnen nichts mehr einfällt) von ihrem Management angehalten, in ihr nach feinsten Mußekriterien (offene Feuerstelle, exquisite Saunaanlage, gemulchte Spazier- und Joggingwege, edler Weinkeller und anderes mehr) ausgestattetes Schulungszentrum in schöner Natur umzuziehen.
>
> Das Wissenschaftskolleg in Berlin hat Muße zum Programm erhoben: Hier geht es nicht mehr darum, ein Ergebnis zu produzieren, sondern »sich frei von Zwängen und Verpflichtungen für ein akademisches Jahr auf selbstgewählte Arbeitsvorhaben zu konzentrieren«. Jedes Jahr folgen dieser Einladung 40 Wissenschaftler und Künstler.

Aber Muße ist mehr. Neue Forschungen weisen auf einen engen Zusammenhang zwischen Bewusstheit und Muße hin. Muße als »geistiger Leerlauf« ist, so die Vermutung der Hirnforscher, wichtig für den Prozess der Bewusstseinsbildung und damit lebenswichtig für unsere geistige Gesundheit und unser Reflexionsvermögen. Bei Kindern, Alzheimer- und Psychiatriepatienten – Menschen mit meist weniger ausgeprägter Bewusstheit – ist die Leerlaufaktivität hingegen reduziert. Im Zustand der Muße wechselt unser Gehirn ferner in einen Modus (als »Leerlaufnetzwerk« bezeichnet), in dem es sich neu strukturiert (ähnlich dem Prozess der Reorganisation im Schlaf). Dadurch werden innere Suchprozesse gefördert (siehe dazu auch die Ausführungen zur Abbildung »Erfahrungspyramide«, S. 53).

Dass Muße längst nichts mit Versagern, Faulenzern oder Weicheiern zu tun hat, zeigt eindrucksvoll die Liste der Menschen, durch deren Fähigkeit zur schöpferischen Pause unsere Welt ein bisschen besser, bunter, klarer oder leichter wurde: Johann Wolfgang von Goethe, John Lennon, Ernst Pöppel, Doris Dörrie, Yvon Chouinard, John Cage und viele andere mehr (an der Stelle sei dem Leser die »Galerie der Müßiggänger« in Ulrich Schnabels Buch »Muße« herzlich empfohlen.) Vielleicht wird Muße eines Tages wieder in die Politik einziehen: Merkel auf den Malediven.

▶ **Kurz gesagt:** Muße schafft Bewusstheit, Kreativität, Wohlfühlen und fördert innere Suchprozesse. Wer kann sich leisten, darauf zu verzichten?

Pausen, Schlaf und Muße – Wie bringe ich es rüber?

Die nachfolgenden Übungen zielen darauf ab, den Teilnehmern (Klienten) das Thema »Pausen, Schlaf und Muße« im Hinblick auf die Alltagsrelevanz handlungs- und erfahrungsorientiert näherzubringen. Die Geschichten sollen einen intuitiv-metaphorischen Zugang zum Thema ermöglichen.

> **Übung: Bodyscan**
>
> **Ziel:** Entspannung (auch für zwischendurch und auf dem Bürostuhl geeignet). Trainieren des inneren Beobachters und der Fähigkeit zur Sammlung.
>
> **Methode:** Wahrnehmungsübung (10–15 Minuten), Reflexion der Erfahrungen.
>
> **Kernleitfrage:** Wie fühlt sich Ihr Körper an?
>
> **Reflexionsleitfragen:** Was spüren Sie nun nach der Übung? Was spüren Sie im Vergleich zu vor der Übung?
>
> **Beschreibung:** Die hier beschriebene Methode ist eine Kombination aus Bodyscan und progressiver Muskelentspannung. Dies hat sich unserer Erfahrung nach bewährt, da die Teilnehmer so leichter ins Spüren kommen.
>
> Bei dieser Variation vom Bodyscan werden die Körperbereiche in folgender Reihenfolge bewusst wahrgenommen, angespannt und wieder entspannt: Füße → Beine/Gesäß → Schultern → Arme/Hände → Unterkiefer → Gesicht → Gesamtkörper.
> - **Schritt 1:** Zunächst spürt man in die jeweiligen Körperteile hinein.
> - **Schritt 2:** Dann spannt man die Muskulatur an, achtet dabei genau auf die Empfindungen.
> - **Schritt 3:** Danach lässt man locker und achtet wieder genau auf die (veränderten) Empfindungen. So lernt man, immer feinere Unterschiede wahrzunehmen, und kann die jeweiligen Bereiche von Mal zu Mal tiefer entspannen. Diese Übung führt auch dazu, dass die mit Disstress verbundenen Muskelverspannungen schneller und sicherer wahrgenommen werden können.
>
> Leiten Sie die Übung wie folgt an: »Setzen (legen) Sie sich bequem auf einen Stuhl (eine Unterlage). Korrigieren Sie die Haltung, bis Sie die optimale Lage erlangt haben, die Ihnen ein bequemes und druckfreies Sitzen (oder Liegen) ermöglicht. Die Arme sind leicht angewinkelt und die Hände liegen entweder locker auf den Oberschenkeln auf (oder neben dem Körper). Die Füße haben guten Kontakt mit dem

Boden, wobei sie leicht nach außen stehen (fallen). Schließen Sie die Augen. Konzentrieren Sie sich nach und nach auf jeden einzelnen Körperbereich (Füße → Beine/Gesäß → Schultern → Arme/Hände → Unterkiefer → Gesicht → Gesamtkörper). Atmen Sie ruhig, tief und gleichmäßig weiter. Beobachten Sie, wie die Entspannung den gesamten Körper überzieht und genießen Sie die innere Ruhe, Schwere, Wärme oder was auch immer Sie wahrnehmen.«

Stolpersteine:
- Keine bekannt.

Übung: Konzentration und Pausen

Ziel: Bewusstmachen der Bedeutung von Pausen und Anregung eines konsequenten persönlichen Pausenmanagements.

Methode: Fakteninput (10–15 Minuten – anhand der Abbildung unten) mit vorausgehender Erfahrungsabfrage »Konzentrationsverlauf«.

Kernleitfragen: Welchen Gesetzmäßigkeiten folgen unsere Konzentrationsphasen (Leistungsphasen)? Wie wirken Pausen?

Reflexionsleitfragen: Wie schätzen Sie Ihren persönlichen Konzentrationsverlauf über eine Stunde ein? Welchen Einfluss haben Pausen auf Ihren Konzentrationsverlauf über einen Tag hinweg?

Beschreibung:
- **Schritt 1:** Kurze Erfahrungsabfrage zu beiden Leitfragen.
- **Schritt 2:** Fakteninput zur Abbildung auf Seite 165: Darstellung eines durchschnittlichen Konzentrationsverlaufs auf der Basis von etwa 5.000 Versuchspersonen verschiedenen Alters, Geschlechts und verschiedener Berufsgruppen, bei Ausübung einer motivierten hochkonzentrierten Tätigkeit (Lösung von Rechenaufgaben pro Zeit). Zwei Muster sind hervorzuheben:

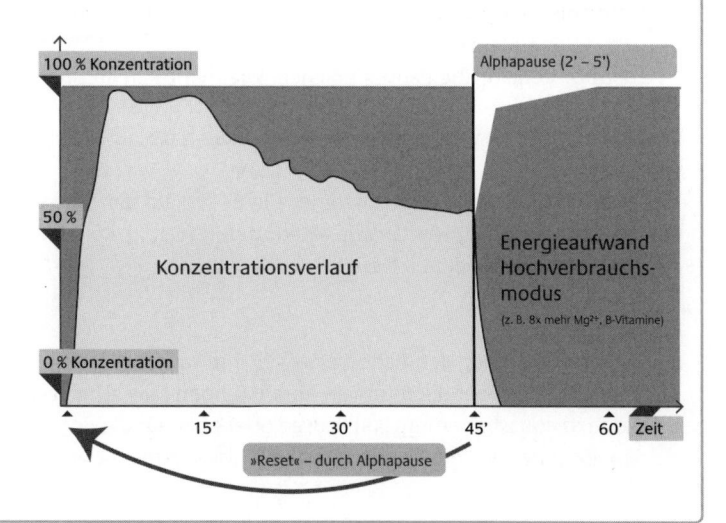

- Muster 1: Konzentration muss erst aufgebaut werden, durchschnittlich braucht man dazu ungefähr eine Minute.
- Muster 2: Nach circa 45 Minuten fällt die Konzentration ab (das ist übrigens der Grund, warum Schulstunden 45 Minuten dauern).

  Konsequenzen aus Muster 1: Jede Unterbrechung bedeutet daher, dass das Gehirn wieder etwa eine Minute braucht, um wieder voll konzentriert zu sein (auf die eigentliche Arbeit oder die Unterbrechung). Da wir aber momentan im Schnitt – je nach Jobdesign – zwischen 10–20 Unterbrechungen pro Stunde haben, benötigen wir alleine 10–20 Minuten Konzentrationsaufbauzeit (und wir merken das nicht einmal bewusst) – da ist die Zeit, die wir für die Unterbrechung an sich brauchen, nicht einmal mitgerechnet. Konkret bedeutet das: Wir arbeiten höchstens mit 40–50 Minutenstunden.
- *Lösung:* Unterbrechungen erfassen und – wo möglich – reduzieren oder eliminieren, Blockbildung suchen (siehe Kapitel »Mentale Balance 2: Selbstmanagement – die Kraft des Wesentlichen«).
- *Konsequenzen aus Muster 2:* Arbeiten wir an diesem Punkt ohne Pause weiter (was mit Willenskraft möglich ist), läuft unser Gehirn in einen Hochverbrauchsmodus (entweder »Moment of Excellence« oder Disstress, je nachdem), bei dem zum Beispiel achtmal mehr Magnesium und B-Vitamine verbraucht werden. Spürbar wird das nach einer Weile an Phänomenen wie »Luftlöcher starren«, »nicht mehr zuhören können« oder »Texte mehrfach lesen müssen, um deren Inhalt zu verstehen«. Die weiteren Folgeschäden sind Erhöhung der Fehlerwahrscheinlichkeit (weshalb Hochkonzentrationsjobs wie zum Beispiel Simultanübersetzer oder Fluglotsen nur sehr kurze Arbeitsphasen haben), mentale Erschöpfung, Gedankenkarussell (nicht mehr abschalten können), fehlende Willenskraft (Selbstdisziplin) für Ausgleichsaktivitäten, Nervosität, innere Unruhe, Gereiztheit und vieles andere mehr.
- *Lösung:* Regelmäßig Pausen machen, wie mehrfach im Buch dargestellt.

Variation 1: Die Kurve und die Inhalte nach und nach am Flipchart entwickeln.

Variation 2: Als Einstieg die Teilnehmer – in Bezug auf die erste Reflexionsleitfrage – ihre eigenen (geschätzten, antizipierten, gefühlten …) Konzentrationsverläufe auf ein Blatt Papier aufzeichnen lassen.

Stolpersteine:
- Falls der Einwand: »Ich habe keine Zeit für Pausen!« kommt, können Sie nochmals freundlich auf die positiven Auswirkungen (wie zum Beispiel Leistungs- und Produktivitätssteigerung) von Pausen oder aber auf die negativen Konsequenzen hinweisen, wenn keine oder zu wenig Pausen gemacht werden.

»Wer keine Pausen macht, schadet sich und seinem Unternehmen.«

Übung: Alphapausen

Ziel: Erfahrbar machen, wie Kurzpausen wirken. Bewusstmachen der Wirkung von Pausen und Anregung eines konsequenten persönlichen Pausenmanagements.

Methode: Regelmäßige (im Sinne einer Musterprägung) Kurzpause (2–5 Minuten) je Stunde.

Kernleitfragen: Wie wirken Pausen? Wie fühlen sich Pausen an?

Reflexionsleitfragen: Wie fühlen Sie sich nun nach der Pause? Wie fühlen Sie sich im Vergleich zu vor der Pause?

Beschreibung: Leiten Sie die Kurzpause zum Beispiel in Form einer Atem-, Bewegungs-, Bewusstseinsübung (siehe Übungen »Innehalten und Beobachten«, S. 61, »Qigong-Übungsreihe Erde-Himmel-Mensch«, S. 148 ff.), Mentaltrainingsübung (siehe Übung »Mentaltraining«, S. 105) oder ganz schlicht als Mußemoment (geistigen Leerlauf) an. Die regelmäßigen Kurzpausen gewinnen noch mehr an Kraft, wenn man sie rituell einführt. Wir machen das mit einem (Augenzwinkern) quietschendem Huhn.

Stolpersteine:
- Keine bekannt.

Übung: Loriots Feierabend

Ziel: Bewusstmachen (und »Behaupten«) von Mußemomenten.

Methode: Kurzfilm (3 Minuten) und optional anschließende Reflexion (maximal 5 Minuten).

Material: Kurzfilm »Feierabend« von Loriot.

Kernleitfrage: Was ist Muße?

Reflexionsleitfragen: Wie fühlt sich Muße für Sie persönlich an? Wer oder was hindert Sie bisher daran, Muße im Alltag zu erleben? Wie viel Zeit für Muße nehmen Sie sich (bisher – ab jetzt)?

Beschreibung: Gemeinsames Anschauen im Plenum.

Variation: Um einen Austausch zu diesem Thema zu fördern, bietet sich hier auch ein zweier Austausch oder die Übung mit dem »Lernpartner« (s. S. 218) an.

Stolpersteine:
- Achtung Technik. Zeigen Sie das Video gegebenenfalls nach einer Pause, damit Sie in aller Ruhe die Technik prüfen und Probleme beheben können.

Übung: Geschichten zum Thema

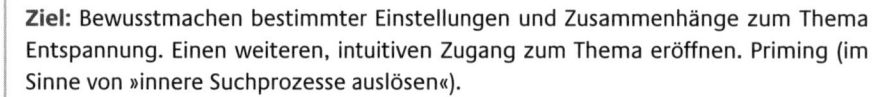

Ziel: Bewusstmachen bestimmter Einstellungen und Zusammenhänge zum Thema Entspannung. Einen weiteren, intuitiven Zugang zum Thema eröffnen. Priming (im Sinne von »innere Suchprozesse auslösen«).

Methode: Geschichte vorlesen.

Kernleitfragen: Inwiefern können wir mit einer Geschichte die Teilnehmer berühren, bewegen, irritieren, inspirieren, öffnen, konfrontieren? Wie funktioniert Entspannung? Was für Einstellungen zum Thema Entspannung haben wir und welche Konsequenzen resultieren daraus?

Reflexionsleitfragen: (optional: Geschichte einfach stehen lassen) Was kommt Ihnen jetzt gerade in den Sinn? Was löst diese Geschichte bei Ihnen (nicht) aus? Was nehmen Sie aus der Geschichte für sich (sicher nicht) mit?

Stolpersteine:
- Vermeiden Sie es, vor oder nach der Geschichte mögliche Interpretationen vorzugeben, damit die metaphorische Wirkung nicht verloren geht.

Geschichte 1: »Der ehrgeizige Schüler« (nach Jack Kornfield, aus dem Internet, siehe Literaturverzeichnis »Geschichten«)
»Ein Schüler war für seinen besonderen Eifer bekannt. Er übte und trainierte Tag und Nacht und wollte seine Übungen nicht einmal zum Essen oder Schlafen unterbrechen. So wurde er immer dünner und dünner und auch die Erschöpfung nahm zu. Der Meister rief ihn zu sich und riet ihm, langsamer vorzugehen und nicht zu viel von sich zu verlangen. Das aber wollte der Schüler nicht hören. ›Warum hast du es so eilig?‹ wollte der Meister von ihm wissen. ›Ich strebe nach Glück‹ entgegnete der Schüler, ›Da habe ich keine Zeit zu verlieren‹. ›Und woher weißt du, dass das Glück vor dir läuft, sodass du ihm hinterherlaufen musst?‹ fragte ihn da der Meister. ›Es könnte doch auch sein, dass es hinter dir ist und dass du nichts weiter tun musst, als innezuhalten und dir dessen gewahr zu werden ...‹«

Geschichte 2: »Vom Gleichgewicht« (von Paulo Coelho, aus dem Internet, siehe Literaturverzeichnis »Geschichten«)
»Ein Bogenschütze ging durch den Wald in der Nähe eines Klosters, das für die Strenge seiner Lehre bekannt war, als er sah, wie die Mönche im Garten tranken und miteinander scherzten. ›Wie zynisch die doch sind, die den Weg Gottes suchen!‹, empörte sich der Bogenschütze laut. ›Da sagen sie, Disziplin sei wichtig – und betrinken sich!‹ – ›Wenn du 100 Pfeile hintereinander abschießt, was wird dann mit deinem Bogen geschehen?‹, fragte einer der Mönche. ›Mein Bogen würde zerbrechen!‹, antwortete der Bogenschütze. ›Wenn jemand seine Grenzen überschreitet, bricht er auch seinen Willen!‹, sagte der Mönch. ›Wer kein Gleichgewicht zwischen Arbeit und Ruhezeit schafft, verliert seine Kraft, seine Begeisterung und wird nicht weit kommen!‹«

Geschichte 3: »Sich mit dem Strom treiben lassen« (nach Ajahn Brahm 2009)
»Ein weiser Mönch wanderte mit einem alten Freund durch eine unbewohnte Gegend. An einem heißen Nachmittag erreichten sie einen wunderschönen langen Sandstrand. Obwohl Mönchen eigentlich untersagt ist, aus reinem Vergnügen zu schwimmen, verspürte dieser Mönch das Bedürfnis, sich nach der langen Wanderung abzukühlen. Und das blaue Wasser sah höchst einladend aus. Also zog er sich aus und stieg hinein. Als junger Mann war er ein kräftiger Schwimmer gewesen. Inzwischen waren jedoch viele Jahre seit seinem letzten Bad im Meer vergangen.
Nach ein paar Minuten des Herumschwimmens geriet er in eine starke Strömung und trieb aufs Meer hinaus. Später wurde ihm erzählt, dass es sich wegen der unberechenbaren Strömungen um einen sehr gefährlichen Strand handelte.
Zunächst versuchte der Mönch noch, gegen die Strömung anzuschwimmen, doch er merkte bald, dass er das nicht schaffen konnte. Jetzt kam ihm seine Ausbildung als Mönch zu Hilfe. Er entspannte sich und ließ sich vom Strom treiben.
Es gehört viel Mut dazu, sich in einer solchen Lage zu entspannen, vor allem, wenn man sieht, wie sich das Ufer immer weiter von einem entfernt.
Hunderte von Metern trennten ihn vom Strand, als die Kraft der Strömung nachließ und er beginnen konnte, zum Strand zurückzuschwimmen.
Er verbrauchte dabei seine letzten Kraftreserven und kam völlig erschöpft am Strand an. Er war davon überzeugt, dass er in der Strömung untergegangen wäre, wenn er versucht hätte, gegen sie anzukämpfen. Dabei hätte es ihn genauso weit nach draußen getrieben, aber dann wäre er zu entkräftet gewesen, um zurückzuschwimmen. Wenn er nicht losgelassen und sich dem Strom ergeben hätte, wäre er untergegangen, meinte er. Solche Anekdoten verdeutlichen, dass die Redewendung ›Wenn es nichts zu tun gibt, tu nichts‹ nicht nur eine schrullige Theorie ist, sondern eine lebensrettende Weisheit sein kann. Wenn der Strom stärker ist als Sie, sollten Sie sich treiben lassen, und wenn Sie dann wieder handeln können, ist es Zeit, sich anzustrengen.«

Körper-Balance 3: Atmung – die Kraft des Atems

»Wenn der Atem wandert, dann ist der Geist unruhig – aber wenn der Atem still ist, ist es auch der Geist.«

Dr. Sushil Bhattacharya, Yogalehrer

Das Wesentliche im Überblick:

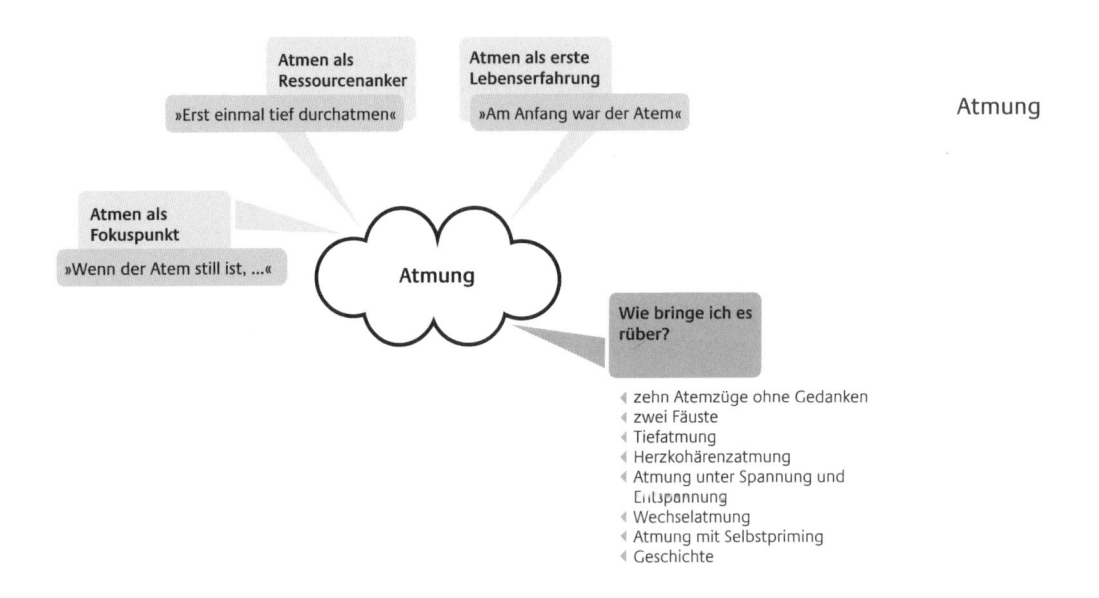

Atmen als Ressourcenanker
»Erst einmal tief durchatmen«

Atmen als erste Lebenserfahrung
»Am Anfang war der Atem«

Atmen als Fokuspunkt
»Wenn der Atem still ist, ...«

Atmung

Wie bringe ich es rüber?
- zehn Atemzüge ohne Gedanken
- zwei Fäuste
- Tiefatmung
- Herzkohärenzatmung
- Atmung unter Spannung und Entspannung
- Wechselatmung
- Atmung mit Selbstpriming
- Geschichte

Mehr Balance durch Atmung – Was ist wirklich wichtig?

Atmen als erste Lernerfahrung – Lernen ist schön! Atmen ist Leben. Atmen ist das Erste und das Letzte, was wir auf dieser Welt tun. Atmen ist das Allererste, was ein Mensch lernt. Bereits als Embryo im Mutterleib lernen wir den Ausatemimpuls, damit wir nach der Geburt das Fruchtwasser sofort aus der

Lunge herausbefördern, um den ersten Einatemzug (»an Land«) machen zu können. Und weil dieser erste Lernimpuls in einem »geschützten Wohlfühlraum« (genauer: eine nährende, warme, schaukelnde Flüssigkeit, von einem lebenden, schützenden, liebenden Mutterorganismus umgeben), stattfindet, ist er für die allermeisten Menschen mit einer (selbstverständlich unbewusst) positiven Erfahrung geankert. Man trifft daher eher selten Menschen, die sagen: »Ich find Atmen doof«. Und genau diese erste elementare Lernerfahrung können wir als Fokus nutzen, um uns in positive, ressourcevolle Zustände zu bringen. Beispiele sind die Übungen »Benennen« (s. S. 103 f.), »Herzkohärenzatmung« (s. S. 176 ff.) und »Atmung mit Selbstpriming« (s. S. 171 f.).

▶ **Kurz gesagt:** Atmen als erster Lernimpuls ist mit hoher emotionaler Attraktivität positiv geankert. Daher können wir Atmung als Fokus nutzen, um uns in ressourcevolle Zustände zu bringen.

Atmen als Ressourcenanker – Erst einmal tief durchatmen! Atmen begleitet uns das ganze Leben, in schönen wie in schwierigen Momenten. Da der Unterschied zwischen schönen und schwierigen Momenten die im Körper wahrnehmbare gefühlte Folge einer (gedanklichen) Bewertung der jeweiligen Situation ist (zur Erinnerung: Gefühle sind im Körper materialisierte Gedanken, siehe Bewusstseinsrad, S. 51), ist die Atmung zwangsläufig mitbetroffen. Sätze wie beispielsweise »Mir stockte der Atem«, »Es ist atemberaubend schön« beschreiben diese Alltagserfahrung. Wenn uns zum Beispiel jemand beim Autofahren die Vorfahrt nimmt, wie reagiert die Atmung? Oder wenn wir völlig entspannt eine Massage genießen, wie atmen wir dann? Die Übung »Atmung unter Spannung und Entspannung« (s. S. 173 f.) macht diese Zusammenhänge unmittelbar erfahrbar und anschaulich. Folglich macht es Sinn, sich bewusst zu machen, wie wir in ressourcevollen Zuständen atmen, nämlich ruhig, tief und gleichmäßig. Dann können wir uns genau dieses Atemmuster zur gezielten Veränderung negativer Zustände zunutze machen. Daher kommen auch die Alltagsweisheiten für schwierige Disstresssituationen (zum Beispiel bei Zeitdruck oder im Konflikt), wie zum Beispiel: »Erst mal tief durchatmen«. Die Übungen in diesem Kapitel bieten dafür Beispiele und konkrete methodische Anleitungen. Übrigens beschreibt die moderne Hirnforschung eine Korrelation zwischen Atmung und Anzahl (und Qualität) der Gedanken, das heißt: Je tiefer, ruhiger und gleichmäßiger die Atmung (Tiefatmung), desto weniger (und positivere) Gedanken denkt man.

▶ **Kurz gesagt:** Atmung ist ein Indikator unserer momentanen Befindlichkeit. Mit gezielten Atemübungen können wir uns in positivere Zustände versetzen und so Stimmungsmanagement betreiben.

Atemtechniken im Alltag – Wie bringe ich es rüber?

Die nachfolgenden Übungen zielen darauf ab, den Teilnehmern (Klienten) das Thema »Atemtechniken« im Hinblick auf die Alltagsrelevanz handlungs- und erfahrungsorientiert näherzubringen. Die Geschichte soll einen intuitiv-metaphorischen Zugang zum Thema ermöglichen.

> ### Übung: Zwei Fäuste
>
> **Ziel:** Veranschaulichen der Größe des menschlichen Gehirns sowie einige wesentliche Zahlen, Daten, Fakten zum Gehirn. Relevanz tiefer Atmung aufzeigen.
>
> **Methode:** Einführende Kurzdemonstration (etwa 1 Minute) mit anschließendem Fakteninput (maximal 5 Minuten).
>
> **Kernleitfragen:** Was kann das menschliche Gehirn (leisten)? Was hat die Atmung damit zu tun?
>
> **Reflexionsleitfragen:** Was sehen Sie hier? (A – rhetorisch) Was schätzen Sie, wie viel Prozent-Sauerstoff vom Gesamtsauerstoffbedarf braucht das Gehirn? (B – offen) Wie kommt man am besten zu so viel Sauerstoff? (C – offen)
>
> **Beschreibung:** (Anmerkung: Die Aussagen und Fakten in »Anführungszeichen« sind ein »nice to have« für Menschen, die Zahlen mögen).
> - **Schritt 1:** Kurzdemonstration: Die eigenen Fäuste zusammenlegen, sodass sich mittlere Fingerknochen und Daumen berühren. Die Teilnehmer auffordern, das Gleiche zu tun.
> - **Schritt 2:** Reflexionsleitfrage (A).
> - **Schritt 3:** Fakteninput: Unsere so gelegten Fäuste entsprechen in etwa der Größe unseres Gehirns (aufgrund einer sogenannten Allometrie, was aber nicht heißt, das die Besitzer größerer Fäuste schlauer sind als die Besitzer kleinerer Fäuste). Für eine gute Hirnleistung (bildlich gesprochen: Rechenkapazität) ist der Grad der Vernetzung entscheidend (»der liegt bei etwa 10^{15} bit/sec«), nicht die Größe (»In diesem etwa 1,5 kg schweren Gehirn

- verfügen wir über circa 10^{11} Nervenzellen – das sind etwa so viele, wie es Sterne in der Milchstraße gibt.« »Die Reizverarbeitungskapazität beträgt 10^9 bit/sec – was etwa 30.000 beschriebene DIN-A4-Seiten pro Sekunde bedeutet. Allerdings sind davon nur etwa 10^3 bit/sec bewusst – bildlich gesprochen: das momentan geöffnete Textverarbeitungsprogramm. Der Rest läuft unbewusst; das Betriebssystem sozusagen.«)

Fazit: Unser Gehirn ist ein relativ kleines und leichtes, aber unglaublich leistungsfähiges Organ.

- **Schritt 4:** Reflexionsleitfrage (B).
- **Schritt 5:** Fakteninput: 20 Prozent! Also gemessen an Größe und Gewicht eine unverhältnismäßig große Menge.
- **Schritt 6:** Reflexionsleitfrage (C).
- **Schritt 7:** Fakteninput: Tiefatmung! Fakten zur Tiefatmung (siehe dazu die gleichnamige Übung). Das heißt: Wenn wir nicht tief atmen, sondern flach – durch wenig Bewegung, viel Sitzen und Disstress begünstigt –, ist es, wie wenn ein man ein Auto mit fast leerem Tank fährt: kommt eine Steigung, stottert es.

Stolpersteine:

- Auf die Anschlussfähigkeit beim Input der Zahlen, Daten, Fakten achten. Tendenziell ist weniger mehr. Die Kernaussage der Übung ist: Wir brauchen Tiefatmung, damit unser Gehirn leistungsfähig ist und bleibt.

Übung: Atmung unter Spannung und Entspannung

Ziel: Veranschaulichen der Zusammenhänge zwischen hoher Spannung (beziehungsweise Disstress) und Entspannung.

Methode: Einführende Kurzdemonstration (2 Minuten), Reflexion der Erfahrungen mit anschließendem Fakteninput.

Kernleitfrage: Wie wirken sich hohe Spannung und Entspannung auf die Atmung aus?

Reflexionsleitfrage: Wie war Ihre Atmung während/nach der Armspannung?

Beschreibung: Diese Übung simuliert, wie Atmung unter starker Spannung, also Disstress (siehe Kapitel »Das Balancemodell«, S. 26 ff.) funktioniert. Die Muskelspannung steht dabei stellvertretend für Disstressimpulse im Allgemeinen (egal ob Zeit- oder Leistungsdruck, Konflikte, Überforderung, Ärger, Ängste).

Leiten Sie die Übung wie folgt an: »Winkeln Sie einen Arm (wie ein Bodybuilder) an, sodass die Faust in Schulternähe kommt. Bringen Sie maximale Muskelspannung in den Arm, halten Sie diese Spannung (bis zum Anschlag, bis zum Zittern) und beobachten Sie dabei bewusst die Atmung.« Nach ungefähr 30 Sekunden den Arm wieder entspannen *und* wieder bewusst die Atmung beobachten. Die Teilnehmer auffordern, parallel jeweils das Gleiche zu tun. Dann Reflexion der Erfahrungen mit obiger Reflexionsleitfrage.

Fakten: Die Atmung ist unter starker Spannung flacher und schneller oder setzt manchmal sogar ganz aus, wir sind »kurzatmig« beziehungsweise »der Atem stockt«. Im Gegensatz dazu ist die Atmung in der Entspannung danach tiefer und ruhiger. Der Effekt der Anspannung/Flachatmung ist Unterversorgung des Gehirns mit Sauerstoff (siehe dazu auch die Fakten in der vorausgehenden Übung »Zwei Fäuste«) mit daraus resultierendem Energieverlust und Gedankenkarussell. Dadurch wird der Disstress meist noch größer und die Atmung noch flacher und schneller: Eine Negativspirale entsteht.

Konsequenzen: Unterbrochen werden kann diese Negativspirale durch bewusstes Tiefatmen, Wechselatmung, Herzkohärenzatmung und Atmung mit Selbstpriming (siehe nachfolgende Übungen) beziehungsweise durch Bewegungs- und Entspannungsübungen. Das Grundmuster hinter all diesen Methoden ist jedoch eine tiefe, ruhige und gleichmäßige Atmung.

Stolpersteine:
- Die Teilnehmer animieren, die Muskelentspannung im Arm wirklich aufzubauen und zu halten. Wenn die Übung zu »lasch« gemacht wird, sind die Unterschiede nicht oder kaum wahrzunehmen.

Übung: Tiefatmung

Ziel: Bewusstmachen, Sensibilisieren, Spüren und Üben von Tiefatmung. Erklärung der Bedeutung von Tiefatmung.

Methode: Demonstration mit Übungsphase (mindestens 3 Minuten), Reflexion der Erfahrungen und Fakteninput (optional).

Kernleitfragen: Was genau ist Tiefatmung? Wie fühlt sich Tiefatmung an? Was sind die Wirkungen von Tiefatmung?

Reflexionsleitfragen: Was spüren Sie nun nach der Übung? Was spüren Sie im Vergleich zu vor der Übung?

»Die Zufriedenheit liegt am Ende des Ausatmens.«
David Servan-Schreiber

Beschreibung: Tiefatmung (synonym: Zwerchfell-, oder Bauchatmung) ist eine tiefe, gleichmäßige und ruhige Atmung in vier Schritten (am besten aufrecht sitzend oder stehend demonstrieren – zur Unterstützung der Wahrnehmung der Atembewegung können die Hände auf den Bauch gelegt werden).
- **Schritt 1:** Bauch aktiv nach vorne rausschieben.
- **Schritt 2:** Brustkorb heben.
- **Schritt 3:** Brustkorb entspannt sinken lassen.
- **Schritt 4:** Bauch aktiv einziehen (kann durch folgende Vorstellung unterstützt werden: »den Bauchnabel zur Wirbelsäule nach hinten ziehen«). Bei den Schritten 1 und 2 einatmen, bei 3 und 4 ausatmen).

Fakten: Tiefatmung ist die natürliche, grundlegende menschliche Atmung im Komfortbereich. Sie bewegt sich im fließenden Wechsel von Entspannungs- und Eustress-Zustand (siehe Balancemodell, S. 26 ff.): Beim Einatmen (die Kurve geht nach oben) nehmen wir Energie in Form von Sauerstoff auf und stellen dadurch Leistungsbereitschaft (den Eustresszustand) her. Beim Ausatmen (die Kurve geht nach unten) entspannen wir und lassen Ausatemluft und Körperspannung los. Kinder atmen so. Wenn wir in natürlich fließender Beschäftigung und Bewegung (dem sogenannten Flowzustand) sind, atmen wir so. Wenn wir völlig entspannt sind, atmen wir so.
Viele Menschen heutzutage atmen aber selten auf diese Weise. Die Ursachen sind: zu viel Disstress, zu wenig Bewegung wegen langer Sitzphasen und Schönheitsideale (»Man zeigt keinen Bauch«). Wir beobachten vor allem bei Frauen, dass sie bei den Schritten 1 und 4 genau entgegengesetzt atmen, wodurch der Bauch flacher bleibt. Bei Männern (Schönheitsideal »Brust raus, Bauch rein«) beobachten wir häufig eine unterdrückte Bauchatmung. Beides ist für die Atemintensität äußerst nachteilig. Dadurch bleibt ein Drittel der Lungenkapazität ungenutzt, es setzen sich Ablagerungen (und Keime) im unteren Lungendrittel fest (erhöhte Infektionsgefahr), die Gewebe, insbesondere das Gehirn, werden nur unzureichend mit Sauerstoff versorgt. Körper und Gehirn verlieren an Spannkraft, das Immunsystem wird messbar beeinträchtigt. Tiefatmung stimuliert hingegen das harmonische Fließgleichgewicht von Leistung und Energie (der Sympathikus, unser Eustresssystem, wird angeregt) sowie Erholung und Entspannung (der Parasympathikus, unser Rest-and-Repair-System, wird aktiviert, s. S. 30).

Stolpersteine:
- Die Übung nicht zu kurz oder zu schnell machen, damit sich die Wirkung entfalten kann. Viele Menschen heutzutage (vor allem in sitzenden Berufen und bei viel Disstress) atmen kaum noch Tiefatmung und brauchen daher etwas Zeit, damit wieder vertraut zu werden.

Übung: Wechselatmung

Ziel: Bewusstmachen, Spüren und Üben von Wechselatmung als einer Atemübung für zwischendurch (auch im Büro und in Meetings einsetzbar).

Methode: Demonstration mit Übungsphase (2 Minuten), Reflexion der Erfahrungen und Fakteninput (optional).

Kernleitfragen: Wie wirkt Wechselatmung? Wie fühlt sich Wechselatmung an? Was bewirkt Wechselatmung?

Reflexionsleitfragen: Was spüren Sie jetzt nach der Übung? Was spüren Sie im Vergleich zu vor der Übung?

Beschreibung: Wechselseitig wird durch ein Nasenloch eingeatmet und durch das andere ausgeatmet.
»Schließen Sie zuerst das linke Nasenloch mit einem Finger und atmen Sie durch das rechte Nasenloch ein. Dann schließen Sie das rechte Nasenloch mit einem Finger und atmen durch das linke aus. Atmen Sie nun wieder durch das linke Nasenloch ein (während das rechte durch einen Finger geschlossen wird) und schließen es, wenn Sie durch das rechte wieder ausatmen. Setzen Sie die Atmung auf diese Weise fort. Die Atmung ist dabei lang, ruhig und tief, wie bei der Tiefatmung« (siehe vorangehende Übung).«

Fakten: Die Übung, die aus dem Pranayama kommt (Pranayama = Atemtechniken des Yoga-Ayurveda-Systems), harmonisiert das vegetative Nervensystem, das heißt bei Hektik und Stress (zu viel Sympathikus) ist die Wirkung beruhigend, bei Kraftlosigkeit und Schlappheit (zu viel Parasympathikus) anregend und stärkend. Außerdem unterstützt die Übung das körpereigene Abwehrsystem.

Stolpersteine:
- Anschlussfähigkeit beachten.

Übung: Herzkohärenzatmung

Ziel: Bewusstmachen, Spüren und Üben von Herzkohärenzatmung. Entspannung und Balancierung. Zustand der Kohärenz erleben (Erklärung siehe »Fakten«).

Methode: Herzkohärenzatmung (5–10 Minuten) mit einführendem Fakteninput (maximal 5 Minuten).

Kernleitfragen: Was ist Herzkohärenzatmung? Wie wirkt Herzkohärenzatmung?

Reflexionsleitfragen: Was fühlen Sie jetzt nach der Übung? Wie ist die Wirkung jetzt, verglichen mit vor der Übung? Welche Wirkung hatte beziehungsweise hat die Übung auf Ihre Gedanken (Gefühl, Körperbefindlichkeit?).

Beschreibung:
- **Schritt 1:** Einleitung: »Setzen Sie sich bequem hin, sodass Ihr Rücken von der Stuhllehne gestützt wird, je aufrechter, desto besser. Legen Sie Ihre Arme bequem auf die Oberschenkel, in den Schoß oder auf den Armlehnen ab. Wenn es angenehm ist, schließen Sie die Augen, wenn es unangenehm ist, lassen Sie sie einen kleinen Spalt offen. Ziel ist es, die Fülle der visuellen Reize zu reduzieren.«
- **Schritt 2:** Fokus auf den Atem richten: »Beginnen Sie nun damit, dreimal langsam tief ein- und auszuatmen. Atmen Sie dann gleichmäßig weiter, indem Sie auf vier zählend einatmen und auf vier zählend ausatmen (kürzer oder länger geht auch; entscheidend ist, dass es für Sie angenehm ist). Verfolgen Sie dabei jeden Atemzug ganz bewusst bis zum Ende – lassen Sie sich förmlich zum Ende des Ausatmens tragen.«
- **Schritt 3:** Fokus auf die Herzgegend richten: »Spüren Sie, wie sich der Raum im Brustkorb anfühlt. Stellen Sie sich bildlich oder sinnlich vor, wie Sie *durch* Ihr Herz atmen. Halten Sie die Vorstellung von einem atmenden Herzen aufrecht.«
- **Schritt 4:** Fokus auf Atmen in Verbindung mit der Kraft der Vorstellung: »Denken Sie, während Sie gleichmäßig atmen, an einen geliebten Menschen oder an etwas, dass Dankbarkeit in Ihnen aufsteigen lässt (das Herz ist sehr empfänglich für Emotionen wie Dankbarkeit und Liebe). Hier genügt häufig die Erinnerung an ein vertrautes Gesicht oder an ein schönes Erlebnis, um diese Gefühle in sich auszubreiten.« An dieser Stelle sehen wir oft ein Lächeln im Gesicht der Teilnehmer – ein äußeres Zeichen von Kohärenz.
- **Schritt 5:** Ausleitung: Führen Sie langsam aus der Übung heraus, indem Sie **Schritt 3** wiederholen, dann **Schritt 2** und zurück zu 1. Das heißt: die Augen öffnen und wieder bewusst auf dem Stuhl und im Raum ankommen.

Geben Sie den Teilnehmern bei den Schritten 2 bis 4 jeweils Zeit. Wiederholen Sie sie gegebenenfalls. Finden Sie eine gute Balance zwischen verbaler Anleitung und Phasen von Schweigen.

Eine passende Musik im Hintergrund kann – vor allem, wenn die Übung im Rahmen einer längeren Veranstaltung mehrfach wiederholt wird (Musterprägung) – unterstützend wirken. Passende Musik hat – wie bereits beschrieben – einen langsamen Takt und keine durchgehende Melodielinie.

Fakten: »Kohärenz« ist die Übereinstimmung des Herzrhythmus mit dem Schwingungsmuster des limbischen Systems (unserem »emotionalen« Gehirn). Kohärenz bewirkt einen inneren Gleichgewichtszustand. Das Kohärenzniveau kann durch Biofeedback auf einem Bildschirm sichtbar gemacht werden. Diesem Zustand werden nachweislich eine emotional ausgleichende Wirkung, verbesserte Leistungsfähigkeit unseres Großhirns sowie eine bessere interne Stressverarbeitung zugeschrieben. Zudem hält dieser Zustand das Herz gesund, da die Fähigkeit zur Herzfrequenzvariabilität trainiert wird. Durch Stress, Angst und Wut wird der Herzschlag unregelmäßig (inkohärent). Die Herzkohärenzatmung ermöglicht es uns, den Zustand von Kohärenz willentlich herbeizuführen (s. Infokasten).

Stolpersteine:
- Anschlussfähigkeit beachten. Diese kann bisweilen durch einen einführenden Fakteninput erhöht werden.

Wirkungen der Herzkohärenzatmung

Studien des amerikanischen HeartMath Institute (hier wurde die Herzkohärenzatmung für einen Monat fünfmal pro Woche je 30 Minuten von fast 6.000 Führungskräften von Shell, Hewlett Packard und anderen Unternehmen sowie von Krankenschwestern und Lehrern angewendet. Folgende Wirkungen (vorher/nachher) wurden festgestellt:
- Der DHEA-Spiegel (das »Jugendhormon«) war um 100 Prozent erhöht.
- Der Kortisolblutwert (das »Immunsystem-Stopp-Hormon«) war um 23 Prozent gesunken.
- Verbessertes Immunsystem (die Produktion der Immunglobuline A erhöhte sich für sechs Stunden nach der Übung).
- Abnahme der Symptome des prämenstruellen Syndroms (PMS) – darunter versteht man das regelmäßige Auftreten von psychischen und körperlichen Beschwerden vor der Regelblutung. (PMS tritt bei ungefähr 75 Prozent aller gebärfähigen Frauen in unterschiedlicher Ausprägung auf. Anzeichen können sein: »von himmelhochjauchzend bis zu Tode betrübt«, von energiegeladen bis müde und unkonzentriert. Je nach Schwere der PMS-Symptome kann es in dieser Zeit zu wiederkehrenden Konflikten in Partnerschaft, Familie und Beruf kommen.)
- Bis zu ein Drittel weniger Schlaflosigkeit, Herzklopfen, Erschöpfung und Schmerzen.
- Bis zu einem Viertel weniger Ängste, Wut und Unzufriedenheit.

Übung: Atmung mit Selbstpriming

Ziel: Herstellen eines ressourcevollen Zustandes und mehr Gedankenhygiene (Reduktion von Gedanken sowie Ausrichten von Gedanken auf positive Vorstellungen).

Methode: Mentaltrainingsübung, die mit Atemfokus arbeitet (10–15 Minuten).

Kernleitfragen: Wie funktioniert Selbstpriming in Verbindung mit Atmung? Wie können wir Selbstpriming durch die positive Wirkung bewusster Tiefatmung noch intensivieren?

Reflexionsleitfragen: Was fühlen Sie jetzt nach der Übung? Wie ist die Wirkung jetzt, verglichen mit vor der Übung? Welche Wirkung hatte beziehungsweise hat die Übung auf Ihre Gedanken (Gefühl, Körperbefindlichkeit?).

Beschreibung: Die Verbindung von Atmung und Mentaltraining entsteht dadurch, dass wiederholt beim Einatmen »Energie aufnehmen, Kraft schöpfen« imaginiert wird und beim Ausatmen »Loslassen, Entspannen«.

- **Schritt 1:** Einleitung: »Setzen Sie sich bequem hin, sodass Ihr Rücken von der Stuhllehne gestützt wird, je aufrechter, desto besser. Legen Sie Ihre Arme bequem auf die Oberschenkel, in den Schoss oder auf den Armlehnen ab. Wenn es angenehm ist, schließen Sie die Augen, wenn es unangenehm ist, lassen Sie einen kleinen Spalt offen. Ziel ist es, die Fülle der visuellen Reize zu reduzieren.«
- **Schritt 2:** Fokus auf den Körper lenken: »Spüren Sie, wie Ihr Rücken Kontakt zur Stuhllehne hat, Gesäß und Oberschenkel zum Stuhlsitz und Ihre Füße zum Boden.«
- **Schritt 3:** Fokus auf den Atem richten: Führen Sie mit folgenden Leitfragen (eine Auswahl): Wie fühlt sich Ihr Einatmen an, was genau passiert beim Ausatmen? Was genau bewegt sich bei Ihnen beim Atmen? (Bauch? Brustkorb? Oder was sonst?) Wie fühlt es sich an, wenn die Atemluft ein- und wieder ausströmt? Können Sie die Atempausen wahrnehmen? Wenn ja: We fühlen sich diese an?
- **Schritt 4:** Fokus auf Atmen in Verbindung mit der Kraft der Vorstellung: Denken Sie (beziehungsweise »Stellen Sie sich vor«, »Spüren Sie«) beim Einatmen: »Energie aufnehmen, Kraft schöpfen«, beim Ausatmen: »Loslassen, Entspannen«. Wiederholen Sie diesen zentralen Teil der Übung mehrfach.
- **Schritt 5:** Ausleitung: Führen Sie langsam aus der Übung heraus, indem Sie **Schritt 3** wiederholen, dann **Schritt 2** und zurück zu 1. Das heißt: die Augen öffnen und wieder bewusst auf dem Stuhl und im Raum ankommen.

Geben Sie – wie bei den vorangegangenen Übungen – bei den Schritten 2 bis 4 jeweils Zeit. Wiederholen Sie sie gegebenenfalls. Finden Sie eine gute Balance zwischen verbaler Anleitung und Phasen von Schweigen.

Eine passende Musik (langsamer Takt, keine durchgehende Melodie) im Hintergrund kann die Wirkung unterstützen, vor allem wenn sie mehrfach wiederholt wird (Musterprägung).

Stolpersteine:
- Möglichen Widerständen kann durch Freiwilligkeit und durch die einführende Erklärung des Ziels sowie mit einer kurzen Übersicht über den Ablauf der Übung vorgebeugt werden.
- Zu viel Reflexion: Manchmal erscheint es aus unserer Sicht zielführender, nicht direkt nach der Übung zu reflektieren, sondern die Erfahrung – die bei vielen Teilnehmern oft tiefer geht – wirken zu lassen. Am besten diesbezüglich nach dem eigenen Fingerspitzengefühl handeln. Wir empfehlen jedoch, nach der Übung auf jeden Fall den Raum für eventuelle Fragen zu öffnen.

Übung: Zehn Atemzüge ohne Gedanken

Ziel: Bewusstmachen, wie selten wir »nicht denken«. Herausarbeiten und Erlebbarmachen des Grundmusters »weniger Gedanken durch Fokus«. Erfahrbarmachen der Arbeitshypothese 1: »Gedankenkarussell als Berufskrankheit – Gedankenhygiene als Lösungsstrategie«.

Methode: Praktische Übung (etwa 1 Minute). Sammeln und Interpretieren der Erfahrungen (ungefähr 5 Minuten). Reflexion und Fazit.

Kernleitfrage: Wie geht »zehn Atemzüge lang nicht denken«?

Reflexionsleitfragen: Was könnte möglicherweise helfen, weniger zu denken? Wie schaffen wir es, weniger Gedanken zu denken? Wie können wir das Abschalten von Gedanken trainieren? Wie kommen wir aus dem Kreislauf »Denken-Fühlen-Handeln« heraus?

Beschreibung:
- **Schritt 1:** Die Übung (bei manchen Zielgruppen zieht das Wort »Experiment« mehr) besteht darin, zu versuchen, zehn (oder 20) Atemzüge lang nicht zu denken. Zählen ist erlaubt (sonst weiß man ja nicht, dass man bei zehn ist). Die nachfolgende Ergänzung bei der Anleitung ist hilfreich: »Falls zehn (oder 20) Atemzüge ohne Denken nicht gehen sollte, besteht die Aufgabe darin, zu ergründen, was hilft, so viele Atemzüge wie möglich nicht zu denken.«
- **Schritt 2:** Sammeln und Interpretieren der Erfahrungen. Aus unserer Erfahrung ist für die meisten Teilnehmer die Übung schwierig bis unmöglich, da Gedanken

allgegenwärtig sind, das Denken – vor allem bei »Kopfgeldjägern« (Menschen, die ihr Geld mit dem Kopf verdienen) – sehr dominant ist.
- Was aber – so die Rückmeldungen – häufig hilft, die Wogen des Denkens (etwas) zu glätten, ist das bewusste Fokussieren auf Zählen, Atmen, Fokussieren auf einen Punkt auf dem Boden oder an der Wand, auf ein inneres Bild, einen geliebten Menschen, ein Körperteil und so weiter.

Fazit: Das Grundmuster hinter diesen Rückmeldungen ist, dass das Einrichten eines bewussten Fokus hilfreich für die Reduktion von Gedanken ist. Ein Fokus bündelt die Aufmerksamkeit und reduziert das Ausschweifen von Gedanken, stoppt das Gedankenkarussell.

Stolpersteine:
- Wenn einzelne Teilnehmer in einem schnellen Gedankenkarussell sind (was nicht selten vorkommt) und sich vollständig mit ihren Gedanken identifizieren (nach dem Motto von Descartes: »Ich denke, also bin ich«), können sie oft die Gedanken an sich gar nicht mehr wahrnehmen. Dann wirkt manchmal die Leitfrage in der Anleitung: »Durch was genau während der nächsten zehn Atemzüge (beziehungsweise in der nächsten Minute) werden (beziehungsweise »wurden« bei der anschließenden Reflexion) Sie innerlich etwas ruhiger?«.

Übung: Geschichte zum Thema

Ziel: Bewusstmachen bestimmter Einstellungen und Zusammenhänge zum Thema Atmung. Einen weiteren, intuitiven Zugang zum Thema eröffnen. Priming (im Sinne von »innere Suchprozesse auslösen«).

Methode: Geschichte vorlesen.

Kernleitfrage: Inwiefern können wir mit einer Geschichte die Teilnehmer berühren, bewegen, irritieren, inspirieren, öffnen, konfrontieren?

Reflexionsleitfragen: (optional – manchmal ist es zielführender, eine Geschichte einfach stehen zu lassen) Was kommt Ihnen jetzt gerade in den Sinn? Was löst diese Geschichte bei Ihnen (nicht) aus? Was nehmen Sie aus der Geschichte für sich (sicher nicht) mit?

Stolpersteine:
- Vermeiden Sie es, vor oder nach der Geschichte mögliche Interpretationen vorzugeben, damit die metaphorische Wirkung nicht verloren geht.

Geschichte: »Gibt es ein Leben nach der Geburt?«
(nach Henri J. M. Nouwen, mündlich überliefert von Wilfried Pfeffer,
Leiter TKH Freiburg)

»Ein Zwillingspaar in der Gebärmutter unterhält sich: ›Glaubst du eigentlich an ein Leben nach der Geburt?‹ – ›Ja, ich denke schon, dass es das gibt. Unser Leben hier ist nur dazu gedacht, dass wir wachsen und uns auf dieses Leben nach der Geburt vorbereiten, vielleicht, damit wir stark genug sind für das, was uns erwartet.‹ – ›Ach was! Ich glaube nicht, dass es das wirklich gibt. Wie soll denn das überhaupt aussehen, so ein ›Leben nach der Geburt‹?‹ – ›Na ja, das weiß ich auch nicht so genau. Aber es wird sicher heller als hier sein. Und vielleicht werden wir herumlaufen, Luft atmen und mit dem Mund essen?‹ – ›So ein Unsinn! Herumlaufen, das geht doch gar nicht. Und Luft atmen und mit dem Mund essen, so eine komische Idee! Und überhaupt: wozu gibt es denn die Nabelschnur?‹ – ›Doch, das geht ganz bestimmt. Es wird eben alles nur ein bisschen anders!‹ – ›Woher willst du das wissen? Es ist noch nie einer zurückgekommen von ›nach der Geburt‹. Mit der Geburt ist das Leben zu Ende, danach ist alles finster und vorbei.‹ – ›Auch wenn ich nicht genau weiß, wie das Leben nach der Geburt aussieht, jedenfalls werden wir dann unsere Mutter sehen und sie wird für uns sorgen.‹ – ›Mutter? Du glaubst an eine Mutter? Wo ist sie denn bitte?‹ – ›Na hier, überall um uns herum. Wir sind und leben in ihr und durch sie. Ohne sie können wir gar nicht sein.‹ – ›So ein Käse! Von einer Mutter habe ich noch nie etwas bemerkt, also gibt es sie auch nicht.‹ – ›Doch. Manchmal, wenn wir ganz still sind, kannst du sie hören. Oder spüren, wenn sie unsere Welt streichelt.‹«

Körper-Balance 4: Ernährung – mehr Kraft aus Nahrung

»Der Mensch ist, was er isst.«

Das Wesentliche im Überblick:

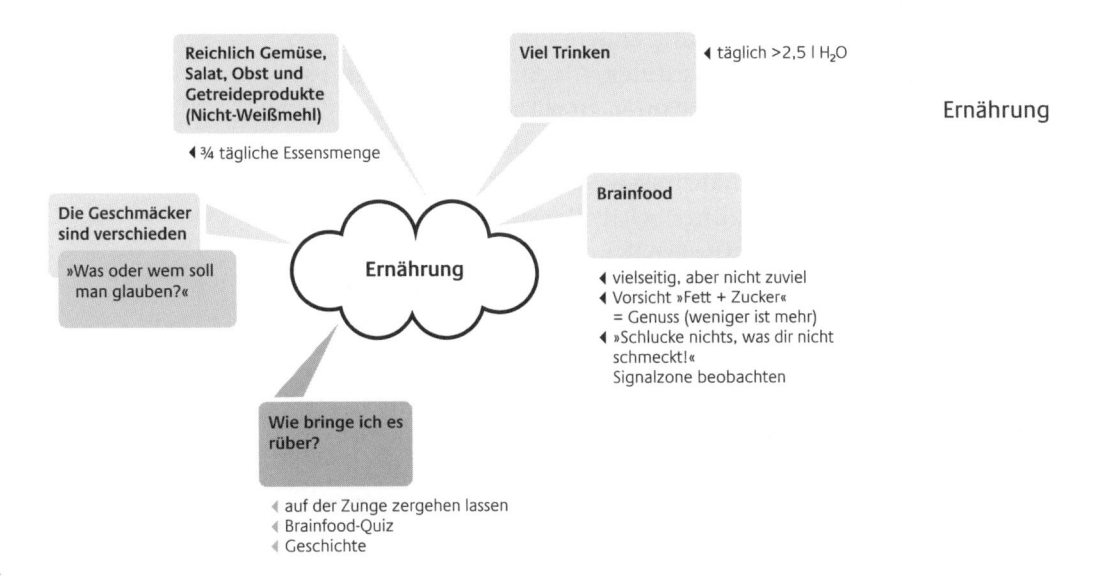

Ernährung

- Reichlich Gemüse, Salat, Obst und Getreideprodukte (Nicht-Weißmehl)
  - ◀ ¾ tägliche Essensmenge
- Viel Trinken
  - ◀ täglich >2,5 l H₂O
- Die Geschmäcker sind verschieden
  - »Was oder wem soll man glauben?«
- Brainfood
  - ◀ vielseitig, aber nicht zuviel
  - ◀ Vorsicht »Fett + Zucker« = Genuss (weniger ist mehr)
  - ◀ »Schlucke nichts, was dir nicht schmeckt!« Signalzone beobachten
- Wie bringe ich es rüber?
  - ◀ auf der Zunge zergehen lassen
  - ◀ Brainfood-Quiz
  - ◀ Geschichte

Ernährung für Kopfarbeiter – Was ist wirklich wichtig?

Die Geschmäcker sind verschieden – Was (oder wem) soll man glauben? Es gibt wohl kaum eine Richtung aus dem Gesundheitsbereich, über die mehr gesprochen, geschrieben und kontrovers diskutiert wird. Nach wie vor machen ernährungsbedingte Zivilisationskrankheiten (wie beispielsweise Übergewicht und dessen Kollateralschäden, Blutgefäßerkrankungen, Altersdiabetes, Gicht) einen erheblichen Teil der enormen Kosten im Gesundheitswesen aus. Die Zahlen liegen – seit Jahren praktisch unverändert – im hoch zweistelligen Milliarden-Euro-Bereich. Das sind einerseits gewaltige volkswirtschaftliche Kosten, die wir alle über unsere Krankenversicherungsbeiträge und Steuergelder mittragen. Andererseits, worauf wir hier fokussieren, gibt es die erheblichen Beeinträchtigungen der Lebensqualität und Lebensbalance jedes Einzelnen aufgrund falscher Ernährung.

Viele der kontroversen Diskussionen zum Thema Ernährung entstehen aus den unterschiedlichen Interessen der jeweilgen Protagonisten. In einem Fachblatt der Metzgerinnung steht natürlich: »Iss Fleisch, bleib gesund«. So kommen bei Untersuchungen, die von großen Nahrungsmittelkonzernen angelegt wurden, »überraschenderweise« häufig andere Ergebnisse heraus, als bei Untersuchungen von unabhängigen Instituten. Als ein Beispiel sei die großangelegte Screeningstudie in den 1990er-Jahren zum Thema »Wirkung von Nahrungsergänzungsmitteln (wie Vitamine und Mineralstoffe)« des unabhängigen europäischen Instituts für Ernährungswissenschaften genannt. Die Überschrift war: »Im besten Falle wirkungslos«! (Pollmer/Warmuth 2010 und www.dge.de – Deutsche Gesellschaft für Ernährung e. V., www.aid.de – Allgemeiner Informationsdienst für Ernährung, Landwirtschaft, Verbraucherschutz, www.euleev.de – Europäisches Institut für Lebensmittel- und Ernährungswissenschaften). Im Gegensatz dazu gibt es eine Reihe von Untersuchungen namhafter Lebensmittelkonzerne, die genau das Gegenteil »beweisen«. Wem glaubt man nun? Es ist eben ein Milliardengeschäft. Richtig dreist wird es aber dann, wenn fett- und zuckergesättigte Brotaufstriche und Pausensnacks – mit Fokus auf die Zielgruppe Kinder – als »gesund« verkauft werden. Das ist bitter. Von der meterweise existierenden Literatur zum Thema empfehlen wir deshalb die Veröffentlichungen der DGE (Deutsche Gesellschaft für Ernährung, siehe im Literaturverzeichnis unter »Ernährung«).

Brainfood – Life-Balance-Ernährung für Kopfarbeiter Eine Essenz aus über 30 Jahren intensiver (kritischer) Beobachtung wissenschaftlicher Publikationen zum Thema Ernährung (inklusive Evolutionsbiologie der Ernährung), Ernährungspraktiken in verschiedenen Kulturkreisen im Vergleich, Ernährungswissen aus traditioneller chinesischer Medizin und dem Yoga-Ayurveda-System sowie reichlich eigener Erfahrung (vieles selbst ausprobiert) und jahrelangem Erfahrungsaustausch mit Ernährungswissenschaftlern und Medizinern, zeigt die Abbildung auf Seite 153. Nach der einführenden Übung »Auf der Zunge zergehen lassen« (s. S. 191), dient uns diese Übersicht für einen Essenzinput mit 15–20 Minuten Länge. Danach beziehungsweise dazwischen ist Raum für Fragen und Selbstreflexion. Die Inhalte orientieren sich an den Bedürfnissen intensiver Kopfarbeit, deshalb der Titel »Brainfood«. Diese Form von Ernährung ist jedoch auch die Basis für eine allgemein vitalisierende Ernährung im Sinne einer guten Lebensbalance.

»**Schlucke nichts, was dir nicht schmeckt**« Nachfolgend finden Sie Erläuterungen zu den einzelnen Kernsätzen.

- **Unser Tun beeinflusst unsere Ernährung.** Dazu ein Beispiel: Ein Freund, der einen Winter in einer Blockhütte in Alaska verbrachte, erzählte uns, dass er jeden Tag genussvoll mindestens ein halbes Pfund Butter verspeiste. Sein dortiges Tun (bei meist unter minus 30° C Außentemperatur) hat seine Bedürfnisse so verändert, dass er eine derart große Lust (Signalzonenimpuls) auf Butter (stellvertretend für Nahrung mit hoher Energiedichte) entwickelte. Er erzählte, dass er dort täglich etwa 7.000 kcal an Energie aufnehmen musste, im Gegensatz zu etwa 2.000–3.000 kcal in seinem Bürojob danach (wo er übrigens keine Lust mehr auf derartig große Mengen an Butter verspürte).

  ▶ Kurz gesagt: Unser Körpersystem weiß, was es braucht, und meldet das mit großer Verlässlichkeit (als Signalzonenimpulse, wie zum Beispiel Hunger auf ..., Durst auf ...). Umgekehrt heißt das: Lieber »Finger weg« von den Sachen, bei denen unser System keine Impulse gibt (nur weil die gerade »hip« sind oder sie in einer neuen Studie von ... als »gesund« definiert wurden), also: »Schlucke nichts, was dir nicht schmeckt!«
  Die Ausnahmen sind allerdings »Fett und Zucker«, deshalb Vorsicht damit (Erklärungen folgen).

- **Unsere Ernährung beeinflusst unser Tun.** Dies ist die andere Seite, die unter anderem durch eine eindrucksvolle Gefängnisstudie aus den USA belegt wurde (Gerald Hüther berichtete davon bei einer Weiterbildung). Die Ergebnisse der Studie zeigten, dass Ernährung den Grad an aggressivem Verhalten messbar beeinflusst: In der Studie wurde Gefangenen über einen Zeitraum von drei Monaten anstelle von viel Fleisch viel Gemüse,

Salat, Obst und Getreideprodukte angeboten. Die Anzahl der aggressiven Handlungen ging signifikant zurück.

Diese Erkenntnisse sind in der traditionell chinesischen Medizin (TCM) und dem Yoga-Ayurveda-System allgemein bekannt. So sprechen beide Schulen von einer ausgewogenen Ernährung mit reichlich Gemüse, Obst und Vollwertgetreideprodukten bei gleichzeitig wenig Fleisch, Salz, scharfen Gewürzen, Coffein und Alkohol. Dadurch sind und bleiben Menschen balanciert und verfügen über reichlich Energie. Im Gegensatz entsteht – gemäß beider Schulen – Launenhaftigkeit, Zorn und Trübsinn durch ein Zuviel an Fleisch, Salz, scharfen Gewürzen, Koffein und Alkohol. Wer hätte das gedacht?

Vorsicht: Mit Fett und Zucker im Genussbereich bleiben (weniger ist mehr)! Die angebrachte Vorsicht bei Fett und Zucker ist evolutionär bedingt. In der Natur gab es (für Menschen) kaum leicht verfügbare Fette. (Haben Sie schon einmal in freier Wildbahn einen fetten Hirsch oder ein pummeligen Hasen gesehen?) Auch an Zucker war schwer ranzukommen. (Den gibt es nur saisonal als reife Früchte und Honig). Daher war es – evolutionär gesehen – nicht notwendig, für diese beiden Nahrungsmittel eine »Fresshemmung« einzubauen. Das ist übrigens der Grund, warum Fett und Zucker, vor allem in dieser Kombination, fast allen Menschen schmeckt und wir hiervon deutlich über unseren Hunger hinaus essen können, also keine »Signalzonenbremse« entwickelt haben. Im Gegensatz dazu würde wohl kaum jemand auf die Idee kommen, 17 Karotten und fünf Brokkoli auf einmal zu essen. Eine Ursache für Übergewicht, in Verbindung mit »Disstress-Kompensationsfressen« (Kummerspeck) liegt darin begründet.

- **Fett macht fett und träge.** Wir alle kennen wahrscheinlich das träge, matte, schläfrige Gefühl, das sich nach einem opulenten (vor allem fettreichen) Mahl einstellt (zur Unterstützung Ihrer Vorstellungskraft: »eine Schweinshaxe mit Pommes und danach eine Schwarzwälder Kirschtorte«). Dahinter stecken die folgenden zwei Zusammenhänge. Erstens: Verdauung geht vor Großhirn. Aus Überlebenssicht war es im Laufe unserer Evolution wichtiger, Nahrung zu verdauen (und damit Energie zu gewinnen), als das (relativ neu entwickelte) Großhirn »online« zu schalten. (»Reflektieren, Analysieren und Planen kann Mensch ja auch noch nach dem Mittagsschläfchen.« – In der heutigen Arbeitswelt ist diese evolutionäre Priorisierung allerdings bisweilen problematisch.) Zweitens: Etwa 30 Prozent der Gesamtenergie eines Menschen geht in die Fettverdauung (bei Proteinen sind es ungefähr 20 Prozent, bei Kohlenhydraten lediglich etwa zehn Prozent), das heißt fast ein Drittel der Energie geht in den Verdauungstrakt, wodurch für das Großhirn deutlich weniger zum konzentrierten Arbeiten übrig bleibt.

- **Kurz gesagt:** Wenn man sein Großhirn (steht für konzentriertes Arbeiten, Planen, Analysieren, Formulieren, Reflektieren) braucht, ist leicht verdauliche, fettarme Nahrung (während der Kopfarbeitszeiten) hilfreich.
  Das bedeutet, dass man davor und danach (wie in den mediterranen Esskulturen) es sich dann wieder schmecken lassen kann. Auch die Art der Fette ist relevant. Eher weglassen sollte man die gesättigten (vor allem tierischen) Fette, die häufig in fettem Fleisch, in Wurst und in Fertiggerichten (Fastfood und Fertiggerichte), Süßigkeiten und Snacks enthalten sind. Reichlich genießen sollte man stattdessen die (vor allem mehrfach) ungesättigten Fette, wie die für unser Gehirn zum Beispiel sehr wichtigen Omega-3-Fettsäuren, die in (Meer-)Fisch, Nüssen, Keim- und Kernölen zu finden sind.

- **Zucker (und Weißmehl) schwächt das Gehirn.** Zucker (genauer: Mehrfachzucker wie zum Beispiel Saccharose, also weißer Haushaltszucker) und Weißmehl (ist chemisch gesehen ein langkettiger Mehrfachzucker, also praktisch dasselbe) verbrauchen für ihre Verdauung (Spaltung zu Glucose, dem eigentlichen Treibstoff) unter anderem B-Vitamine. Aber genau diese B-Vitamine werden für die Vorgänge im Großhirn (vor allem für das Aufrechterhalten von Konzentration) ebenfalls gebraucht. Da wir – wie bereits erwähnt – eine klare evolutionäre Priorisierung haben, nämlich »Verdauung vor Großhirn«, fehlen diese B-Vitamine dort. Dies gilt übrigens nicht für Glucose (Traubenzucker) und Fructose (Fruchtzucker), beides Einfachzucker, die Früchte und Honig süß machen.

Neben Vitamin-B-Mangel durch Mehrfachzucker entsteht durch alle Zuckerarten eine negative Wirkung auf unsere Balancekurve. Zunächst gibt es zwar einen Leistungsschub, der geschieht jedoch stets auf Kosten eines nachfolgenden Leistungstiefs. Den Leistungsschub nehmen wir kurzfristig wahr und bewerten das entsprechend positiv. Im Gegensatz dazu nehmen wir das Leistungstief nicht mehr bewusst wahr, weil es zeitverzögert passiert. Dadurch schreiben wir das Tief fataIerweise oft anderen Umständen zu, im schlimmsten Fall zum Beispiel einem »ätzenden« Kollegen, dem »nervenden« Kunden oder dem »ewig nörgelnden« Partner. Die Amplituden unserer Leistungskurven (siehe Balancemodell, S. 26) werden durch hohen Zuckerkonsum stärker, das heißt, es geht auf Kosten von Ausgeglichenheit und Gelassenheit, hin zu mehr Launenhaftigkeit.

Die besten Lieferanten für B-Vitamine sind Nicht-Weißmehl-Getreideprodukte, (genauer: der Keimling des Korns) und Innereien (die sollte man heutzutage aufgrund der Schwermetallbelastungen allerdings eher meiden). Übersetzt heißt das: Alle Getreideprodukte, bei denen der Keimling mitverarbeitet wird, wie zum Beispiel die gesamte Vollkornpalette (egal ob Weizen, Hafer, Reis, Roggen), Hartweizengrießnudeln (italienische Pasta), Naturreis und Nicht-Weißmehl-Brote (zum Beispiel Weizenmehl Type 1050), liefern ausreichend B-Vitamine. 1050- oder Vollkornbrote mit Zucker (in Form von Marmelade, Haselnusscreme oder Honig) sind folglich für »Gehirnanwender« unproblematisch.

▶ **Kurz gesagt:** Hoher Zucker- (und Weißmehl-) Konsum verursacht längerfristig Konzentrationsschwächen und Aufmerksamkeitsstörungen sowie mentale und emotionale Unausgeglichenheit. Wer viel konzentriert denkt, braucht viel Nicht-Weißmehl-Getreideprodukte.

Äußerst heikel ist das Ganze, da wir intuitiv Lust auf Zucker bekommen (Signalzonenimpuls), wenn die Konzentration abfällt. Unser Gehirn, vor allem unser Großhirn, ist ein außergewöhnliches Hochleistungsorgan, das schnell große Mengen an Sauerstoff und Glucose (die beiden Haupttreibstoffkomponenten) sowie B-Vitamine, Magnesiumionen und Omega-3-Fettsäuren – verstoffwechselt. Führen wir nun schnell – dem Signalzonenimpuls folgend – Saccharose zu (vorzugsweise in Kombination mit Kaffee, da dann die Wirkung am stärksten ist), spüren wir zwar umgehend einen »Energieschub« und es geht uns kurzfristig besser. Wir bringen unser System dadurch jedoch langfristig in eine Negativspirale (bis hin zu Suchtverhalten) – und merken es nicht einmal. Wir stecken in einer sogenannten kontraintuitiven Dynamik. Da hilft nur: Bewusstmachen und den Impuls mit Obst füttern statt mit taurin- oder koffeeinhaltigen Getränken oder Schokolade. Was aber nicht heißen soll, komplett darauf zu verzichten. Für eine Genussinsel oder einen »Moment of Excellence« sind derartige Zugaben – bewusst und wohldosiert – durchaus eine Option.

Ferner sei noch erwähnt, dass B-Vitamine auch im Knorpelstoffwechsel gebraucht werden. Das bedeutet: Viel Zucker schwächt auch Bandscheiben, Knie-, Hüft- und andere Gelenke.

Und noch eine Anmerkung: Sollte jemand auf die Idee kommen, B-Vitamine, Omega-3-Fettsäuren (oder andere Vitamine und Spurenelemente) hochdosiert als Nahrungsergänzungsmittel zuzuführen, erinnern wir Sie gerne an die bereits erwähnte Metastudie mit der Kernaussage: »Im besten Falle wirkungslos«. Der Hintergrund dafür ist, dass unser Körpersystem auf natürliche Lebensmittel (und den darin in natürlichen Verbindungen und Dosierungen enthaltenen Vitaminen und Spurenelementen) evolutionär programmiert wurde. Die Zufuhr über nicht-natürliche Quellen greift in unser subtil abgestimmtes ökologisches Gleichgewicht ein und erzeugt eben »im besten Falle« (zum Beispiel bei den wasserlöslichen Vitaminen) Wirkungslosigkeit. In vielen belegten Fällen aber auch (zum Beispiel im Falle einiger fettlöslicher Vitamine) erhebliche Schäden, zum Beispiel in Form von Erhöhung des Krebsrisikos, Osteoporose, Allergien und etliches mehr. Betrachten Sie diese Anmerkung als hinfällig, wenn eine ärztliche Indikation vorliegt, zum Beispiel in Form einer Magnesiumgabe bei starker Krampfneigung oder Vitamin C bei Rauchern.

Vielseitig – aber nicht zu viel! »Das einzige, was ein Mensch machen muss, um sich zu ruinieren, ist zu viel zu essen« lautet eine alte indische Weisheit, die letztendlich alles aussagt. Zwei hilfreiche Gedächtnisstützen (beziehungsweise Indikatoren) sind:

- Zunächst eine Weisheit meiner Oma: »Wenn es am besten schmeckt, soll man aufhören« und
- zweitens: Mit der nächsten Mahlzeit immer so lange warten, bis man schon den ersten Hungerimpuls überwunden hat.

Viel trinken – täglich mehr als zweieinhalb Liter Für Kopfarbeiter hat das Top-Priorität! Auch hierzu ein Beispiel: Eine Untersuchung bei Grundschülern (Edmonds/Burford 2009, Bar/David u. a. 2005) ergab, dass die durchschnittliche schulische Leistung (gemessen in Noten) nach einem halben Schuljahr, in dem die Schülerinnen und Schüler täglich zweieinhalb Liter Wasser tranken, um knapp 20 Prozent besser wurde. Und das gilt natürlich nicht nur für Grundschüler. Viel trinken verdünnt das Blut und verbessert somit die

Durchblutung, was gleichbedeutend ist mit besserer »Treibstoff-Zufuhr« und »Müll-Abfuhr« (Abtransport von Stoffwechselabbauprodukten). Davon profitieren vor allem die Gehirnnervenzellen mit ihren versorgenden, mikroskopisch kleinen Blutgefäßen. Mit »Trinken« ist im Kern Wasser gemeint. Es dürfen in diese zweieinhalb Liter aber auch alle anderen Getränke (inklusive Suppen) eingerechnet werden, solange es sich dabei nicht nur um Weißbier, Kaffee und Limonade handelt. Wir trinken an einem durchschnittlichen Trainingstag locker vier Liter. Gibt es das ausnahmsweise einmal nicht, spüren wir das umgehend an der nachlassenden Konzentrationsfähigkeit und einer Tendenz zu Kopfschmerzen. Kaffee, die »Kopfarbeiterdroge« schlechthin, darf man neueren Untersuchungen gemäß als unbedenklich in Bezug auf den Flüssigkeitshaushalt einstufen. Wenn man nicht gerade mit Nervosität, innerer Unruhe oder Nicht-Abschalten-Können geplagt ist, gelten bis zu einem halben Liter pro Tag als unproblematisch, zumal die Bitter- und Gerbstoffe das Darmkrebsrisiko reduzieren.

Ein weiterer hirnförderlicher Aspekt ist, dass Wasser – neben grünem Obst, Salat und Gemüse – der Hauptlieferant für Magnesium ist. Magnesium ist einer der wichtigsten großhirnrelevanten-Mineralstoffe. In Phasen hoher Konzentration verbraucht das Großhirn beispielsweise achtmal mehr Magnesium als im entspannten »Standby-Modus«.

Reichlich Salat, Gemüse, Obst und (Nicht-Weißmehl-) Getreideprodukte
Drei Viertel der täglichen Nahrungsmenge sollten für eine gehirngerechte, balancierende und insgesamt vitalisierende Ernährung aus diesen Quellen kommen. Nehmen wir hinzu, dass wir aus diesen Bereichen das essen, worauf wir Lust haben (was uns schmeckt), belassen Fett und Zucker im Genussbereich (das heißt, weniger ist mehr), fokussieren bei den Fetten auf Nahrungsmittel mit hochwertigen, mehrfach ungesättigten Fettsäuren, trinken reichlich und ergänzen das mit hochwertigen Proteinen (je nach Lust Fleisch, Milchprodukte, Fisch oder Eierspeisen) haben wir damit das Fazit von »Brainfood«.

Ein weiterer, angenehmer Aspekt ist, dass wir uns hiermit auch wirklich satt essen können, ohne zuzunehmen, da diese Nahrungsquellen eine geringere Energiedichte (weniger Kalorien) aufweisen. Diäten, die auf »Mangel« basieren – das zeigen viele einschlägige Untersuchungen –, wirken langfristig sowieso nicht. Gerne sei hier auch nochmals erwähnt, dass diese Nahrungsmittel lediglich etwa zehn Prozent unserer Energie für Verdauung verbrauchen, das heißt, dass wir viel Energie für unsere anspruchsvollen Hirnaktivitäten zur Verfügung haben.

Tipps für den Alltag – Wie bringe ich es rüber?

Die nachfolgenden Übungen zielen darauf ab, den Teilnehmern (Klienten) das Thema »Ernährung und Brainfood« im Hinblick auf die Alltagsrelevanz erfahrungsorientiert näherzubringen. Die Geschichte soll einen intuitiv-metaphorischen Zugang zum Thema ermöglichen.

> **Übung: Auf der Zunge zergehen lassen**
>
> **Ziel:** Bewusstes Erleben von Geschmack.
>
> **Methode:** Kurzübung (ca. 2 Minuten) – bewusst langsames Schmecken, Kauen, Schlucken (Essen) mit anschließender Kurzreflexion.
>
> **Kernleitfrage:** Was (wie) schmecken wir?
>
> **Reflexionsleitfragen:** Was genau haben Sie wahrgenommen? Welche Unterschiede gab es zum sonstigen (alltäglichen) Vorgang des Essens?
>
> **Beschreibung:** Kleine Schoko-, Apfel-, Bananen- oder Nussstückchen verteilen, sodass jeder Teilnehmer ein für seinen Geschmack passendes Stück bekommt. Die Übung besteht darin (am besten mit geschlossenen Augen und größtmöglicher Aufmerksamkeit), das Lebensmittel so langsam und so bewusst wie möglich zunächst zu riechen, dann im Mund zu spüren, mit Zunge und Gaumen zu tasten, den Geschmack an unterschiedlichen Stellen im Mundraum zu schmecken und so langsam wie möglich zu kauen und zu schlucken.
>
> **Stolpersteine:**
> - Gewohnheit des unbewussten Essens. Deshalb Zeit lassen, damit das Erleben intensiver wird und die Übung verbal (mit obiger Anleitung) begleiten, um den Fokus immer wieder auf das Geschmackserleben zu lenken.

Übung: Brainfood-Quiz

Ziel: Sich mit den Brainfood-Inhalten auf der alltäglichen, persönlichen Ebene auseinandersetzen. Reflektieren des persönlichen Ernährungsverhaltens und gegebenenfalls daraus Veränderungsimpulse ableiten.

Methode: Quiz (je Frage etwa 2 Minuten) – vorzugsweise mit anschließendem Austausch zu zweit (dann nochmals zwei bis drei Minuten je Frage) – entlang des Fakteninputs »Brainfood«. Abschließende Quizauswertung mit Raum für weitere Fragen optional.

Material: Arbeitsblatt »Das Brainfood-Quiz«.

Kernleitfragen: Was ist Brainfood? Welche Aspekte von Brainfood praktiziere ich bereits?

Reflexionsleitfragen: siehe Brainfood-Quiz.

Beschreibung: Nach dem Fakteninput zu den genannten Leitsätzen jeweils eine kurze Pause geben, um die entsprechenden Leitfragen für sich selbst zu beantworten.
Variation: Die Auswertung kann auch als Transferimpuls (Hausaufgabe) gegeben werden.

Stolpersteine:
- Die Ernährungsthematik (und dadurch auch der Selbsttest) geht einerseits bei manchen Menschen »unangenehm« tief in die Privatsphäre, was andererseits eine Chance zur Reflexion und Veränderung birgt. Deshalb an das Prinzip der Freiwilligkeit appellieren und das Ziel des Tests (vielleicht auch das Ziel der gesamten Veranstaltung) aufzeigen, nämlich seine eigenen Gewohnheiten zu reflektieren und gegebenenfalls (neue) Wege (oder auch Bestätigungen) zu mehr Balance zu finden.

Das Brainfood-Quiz

Vorsicht Fett!
Welche dieser Lebensmittel essen Sie während Arbeitsphasen häufig oder reichlich?

A	Fleisch, Wurst, Käse	☐
B	Kuchen, Gebäck, Desserts, Schokolade, Chips und Snacks	☐
C	Fett ist mir egal, ich esse was mir schmeckt	☐
D	Fertiggerichte, Fastfood	☐
E	Obst, Salat, Gemüse, Joghurt, Pasta	☐

Wo können Sie Fette einsparen? Wie sorgen Sie zukünftig für eine gute Versorgung mit hochwertigen ungesättigten Fettsäuren?

....

....

Achtung Zucker!
Wie oft essen Sie gewöhnlich Süßes (außer Obst)?

A	Mehrmals täglich reichlich	☐
B	Meist einmal am Tag als »Genussinsel«	☐
C	Ich weiß nicht	☐
D	Nie	☐
E	Unter Spannung viel, sonst wenig	☐

Wie könnten Sie Ihre Zuckerlust eventuell gesünder befriedigen?

....

....

Viel Trinken – mehr als 2,5 Liter täglich!
Was trinken Sie überwiegend?

A	Kaffee, Schwarztee	☐
B	Limonade, Cola	☐
C	Frucht- und Gemüsesäfte	☐
D	Mineralwasser, Leitungswasser	☐
E	Kräuter- und Früchtetees	☐

Wie könnten Sie ab jetzt auf mehr als 2,5 Liter täglich kommen?

....

....

Vielseitig - aber nicht zu viel!
Welche Lebensmittel bilden bislang das »Rückgrat« Ihrer Ernährung?

A	Weißmehl-Getreideprodukte	☐
B	Gemüse, Salat, Obst	☐
C	Fleisch und Wurst	☐
D	Milchprodukte	☐
E	Fastfood, Fertiggerichte	☐

Welche Impulse gibt es für Ihre zukünftige tägliche Ernährung?

....

....

Reichlich Gemüse, Salat und Obst!
Wie oft gibt es bei Ihnen Gemüse, Salat und Obst?

A	Ab und zu, aber nicht regelmäßig	☐
B	Eher selten, dann aber reichlich	☐
C	Täglich ein wenig	☐
D	Täglich reichlich	☐
E	Mag ich nicht	☐

Wie könnten Sie Ihren Konsum von Gemüse, Salat und Obst erhöhen?

....

....

Mehr Vollkorn- und andere Nicht-Weißmehl-Getreideprodukte!
Welche Getreideprodukte essen Sie in der Regel?

A	Graubrot, Mischbrote, Type-1050-Nudeln (italienische Pasta zum Beispiel)	☐
B	Vollkornbrot, Vollkornnudeln, Voll- oder Naturreis	☐
C	Weißbrot, Weißmehlnudeln, weißer Reis	☐
D	Ich weiß nicht	☐
E	Müsli	☐

Wie könnten Sie mehr Nicht-Weißmehl-Produkte in Ihre täglichen Essgewohnheiten integrieren?

....

....

Der Blick über den Tellerrand – die Zusatzfrage!
Was tun Sie sonst noch für Ihr Gehirn?

A	Regelmäßig Muße und Entspannung (Lesen, Sauna, Spazierengehen etc.)	☐
B	Reichlich Aktivitäten mit netten Menschen	☐
C	Regelmäßig Ausdauersport (zum Beispiel Joggen, Radfahren, Hometrainer, Fitnessstudio)	☐
D	Genießen (gutes Essen, Gläschen Rotwein …)	☐
E	Ich mache regelmäßig Pausen und schlafe ausreichend	☐

Welchen neuen Aspekt von »Brainfood« werden Sie möglicherweise ab morgen in Ihren Alltag integrieren? Wer kann Sie dabei unterstützen?

....

....

Auswertung Brainfood-Quiz:

	1.	2.	3.	4.	5.	6.	Zusatzfrage (nicht einberechnen)
A	0	0	0	0	1	2	(2)
B	0	1	0	2	1	2	(2)
C	0	0	1	1	1	0	(2)
D	0	2	2	1	2	0	(2)
E	2	0	2	0	0	2	(2)

Meine Gesamtpunktzahl:

....

Über 11:
Sie wissen anscheinend sehr gut Bescheid und handeln konsequent gemäß den Erkenntnissen über »Brainfood«. Oder aber Sie hören auf Ihre offensichtlich gute Signalzone, welche Ihnen klar sagt, was Ihnen (und Ihrem Gehirn) guttut und was nicht. Gratulation!

5–10:
Sie wissen bereits, worauf es ankommt. Zur idealen Brainfood-Ernährung bedarf es nicht mehr viel. Tun Sie den nächsten Schritt, es lohnt sich!

Unter 5:
»Auch der längste Weg beginnt mit dem ersten Schritt«, sagte einst ein weiser Mensch. Schauen Sie nach, bei welchen Fragen Sie Punkte verloren haben, und leiten Sie konsequent den ersten Schritt ein, denn … »Es gibt nichts Gutes, außer man tut es« (Erich Kästner).

Übung: Geschichte zum Thema

Ziel: Bewusstmachen bestimmter Einstellungen und Zusammenhänge zum Thema Ernährung. Einen weiteren, intuitiven Zugang zum Thema eröffnen. Priming (im Sinne von »innere Suchprozesse auslösen«).

Methode: Geschichte vorlesen.

Kernleitfragen: Inwiefern können wir mit einer Geschichte die Teilnehmer berühren, bewegen, irritieren, inspirieren, öffnen, konfrontieren?

Reflexionsleitfragen: (optional – manchmal ist es zielführender, eine Geschichte einfach stehen zu lassen) Was kommt Ihnen jetzt gerade in den Sinn? Was löst diese Geschichte bei Ihnen (nicht) aus? Was nehmen Sie aus der Geschichte für sich (sicher nicht) mit?

Stolpersteine:
- Vermeiden Sie es, vor oder nach der Geschichte mögliche Interpretationen vorzugeben, damit die metaphorische Wirkung nicht verloren geht.

Geschichte: »Gott, Satan und Ernährung« (aus dem Internet, siehe Literaturverzeichnis »Geschichten«)

»Am Anfang …

… bedeckte Gott die Erde mit Brokkoli, Blumenkohl und Spinat, grünen und gelben und roten Gemüsesorten aller Art, dass Mann und Frau lange und gesund leben konnten. Und Satan schuf Mövenpick und Bahlsen. Und er fragte: ›Noch ein paar heiße Kirschen zum Eis?‹ Der Mann antwortete: ›Gerne‹ und die Frau fügte hinzu: ›Mir bitte noch eine heiße Waffel mit Schokosoße dazu.‹ – Und so gewannen sie jeder fünf Kilo.

Und Gott schuf den Joghurt, um der Frau die Figur zu erhalten, die der Mann so liebte. Und Satan brachte das weiße Mehl und den Zucker. – Und die Frau änderte ihre Konfektionsgröße von 38 auf 46.

Also sagte Gott: ›Versuch doch einmal meinen frischen Gartensalat.‹ Und der Teufel schuf das Sahnedressing und den Knoblauchtoast als Beilage. – Und die Männer und Frauen öffneten ihre Gürtel nach dem Genuss um mindestens ein Loch.

Gott aber verkündete: ›Ich habe euch frisches Gemüse und Olivenöl gegeben.‹ Und der Teufel steuerte kleine Bries und Camemberts, Hummerstücke in Butter und Hähnchenbrustfilets bei, für die man schon fast einen zweiten Teller benötigte. – Und die Cholesterinwerte des Menschen gingen durch die Decke.

Also brachte Gott Laufschuhe, auf dass seine geliebten Kinder ein paar Pfunde verlören. Und der Teufel schuf das Kabelfernsehen mit Fernbedienung, damit der Mensch sich nicht mit dem Umschalten belasten müsste. – Und Männer und Frauen weinten und lachten vor dem flackernden Bildschirm und fingen an, sich in Jogginganzüge aus Stretch zu kleiden.

Daraufhin schuf Gott die Kartoffel, fettarm und vor wertvollen Nährstoffen strotzend. Und der Teufel entfernte die gesunde Schale und zerteilte das Innere in Chips, die er in tierischem Fett briet und mit Unmengen Salz bestreute. – Und der Mensch gewann noch ein paar Pfunde mehr.

Dann schuf Gott mageres Fleisch, damit seine Kinder weniger Kalorien verzehren mögen und trotzdem satt werden könnten. Und der Teufel schuf McDonalds und den Cheeseburger für 99 Cent. Dann fragte Luzifer: ›Pommes dazu?‹ Und der Mensch sagte: ›Klar – ne extra große Portion, aber mit Majo!‹ Und der Teufel sagte: ›Es ist gut.‹ – Und der Mensch erlitt einen Herzinfarkt.

Gott seufzte und schuf die Bypass-OP am Herzen. Und der Teufel erfand die gesetzliche Krankenversicherung.«

Übergreifende Methoden – Menschen berühren, bewegen und befähigen

- Methoden im Vorfeld
- Methoden zu Beginn
- Methoden während der Veranstaltung
- Methoden zum Abschluss
- Methoden im Nachgang (Transfer)

↗ 03

»Wer Fische fangen will, muss ein Netz mitbringen«
aus China

Unter »übergreifenden Methoden« verstehen wir die Methoden, die sich nicht unmittelbar den acht Balance-8-Ansätzen (und damit nicht direkt den acht Kapiteln) zuordnen lassen. In den nachfolgenden Abschnitten beschreiben wir Methoden, die

- im Vorfeld,
- zu Beginn,
- während,
- als Abschluss beziehungsweise
- im Nachgang

einer Veranstaltung zum Einsatz kommen können. Im Abschnitt »Methoden im Nachgang« haben wir auch zwei Methoden beschrieben, die wir zu Beginn von Folgeveranstaltungen (Transfertage, Follow-ups) einsetzen.

Methoden im Vorfeld

Die nachfolgenden Übungen zielen darauf ab, die Teilnehmer (Klienten) im Vorfeld einer Veranstaltung auf das Thema »Balance« persönlich einzustimmen und so innere Suchprozesse und Selbstreflexion anzuregen.

> **Übung: Vorabaufgaben**
>
> **Ziel:** Einstimmen auf das Thema. Sensibilisierung, innere Suchprozesse und Selbstreflexion im Vorfeld anregen.
>
> **Methode:** Vortest (maximal 10 Minuten) via E-Mail und anschließend Auswertung und Reflexion in der Veranstaltung.
>
> **Material:** Arbeitsblatt »Vortest Life-Balance«.
>
> **Kernleitfrage:** Wie können wir eine Auseinandersetzung mit dem Thema Balance im Vorfeld anregen?
>
> **Reflexionsleitfragen:** Wie balanciert sind Sie? Wo sind Sie gut, wo nicht gut aufgestellt? Welche möglichen Konsequenzen leiten Sie daraus für sich ab?
>
> **Beschreibung:**
> - **Schritt 1:** Versenden des Vortests ohne Auswertung etwa zwei Wochen vorher an alle Teilnehmer.
> - **Schritt 2:** Auswertung im Seminar: Stellen Sie die Testauswertung kurz und visualisiert im Plenum vor. Laden Sie die Teilnehmer zu einem Zweieraustausch zu den obigen (visualisierten) Reflexionsleitfragen ein. Weisen Sie darauf hin, dass die Ergebnisse des Vortests nicht im Plenum veröffentlicht werden. Wir empfehlen, zum Abschluss den Raum für Fragen zu öffnen.
>
> **Variation 1:** Es eignen sich auch andere Tests als Vortests, so zum Beispiel »Test: Meine Signalzone« (s. S. 64 f.) oder »Kräftefeldanalyse Balance-8« (s. S. 44 f.).
>
> **Variation 2:** Auch (kurze) Geschichten oder Zeitungsartikel erfüllen den Zweck, Suchprozesse anzuregen.

Variation 3: Der Austausch kann auch in Kombination mit der Übung »Lernpartnerschaft« (s. S. 218) erfolgen.

Stolpersteine:
- Häufig ist es so, dass Teilnehmer im Vorfeld (verständlicherweise) ungern Zeit in die Vorbereitung einer Veranstaltung investieren. Daher sollte der Arbeitsaufwand unserer Erfahrung nach zehn Minuten nicht überschreiten.

Arbeitsblatt: Vortest Life-Balance

Schätzen Sie sich selbst in Bezug auf die jeweiligen Aussagen ein und kreuzen Sie dies auf der Skala an (1 = fast immer, 5 = nie). Die Auswertung erhalten Sie im Seminar.

	Aussagen	1	2	3	4	5
1	Ich schlafe sieben bis acht Stunden, zumindest an fünf Nächten in der Woche.	☐	☐	☐	☐	☐
2	Ich esse mindestens einmal am Tag ein warmes, vollständiges Essen.	☐	☐	☐	☐	☐
3	Ich gebe und empfange regelmäßig Zuneigung.	☐	☐	☐	☐	☐
4	Ich habe zumindest einen Verwandten oder Freund innerhalb von 100 km Entfernung, auf den ich mich verlassen kann.	☐	☐	☐	☐	☐
5	Ich trainiere mindestens dreimal pro Woche körperlich bis zum Schweißausbruch.	☐	☐	☐	☐	☐
6	Ich habe das richtige Körpergewicht für meine Körperlänge.	☐	☐	☐	☐	☐
7	Ich besuche regelmäßig Vereinsaktivitäten/soziale Aktivitäten.	☐	☐	☐	☐	☐
8	Ich habe genügend Freunde und Bekannte.	☐	☐	☐	☐	☐
9	Ich habe einen oder mehrere Freunde, mit denen ich über persönliche Dinge reden kann.	☐	☐	☐	☐	☐
10	Ich beziehe aus meinem Glauben Kraft.	☐	☐	☐	☐	☐

11	Ich bin in der Lage, offen über meine Gefühle zu sprechen, auch wenn ich wütend oder besorgt bin.	☐	☐	☐	☐	☐
12	Ich unterhalte mich regelmäßig mit den Menschen, mit denen ich lebe, über häusliche Probleme, wie zum Beispiel über Hausarbeit und Geld.	☐	☐	☐	☐	☐
13	Mindestens einmal in der Woche tue ich etwas zu meinem Vergnügen.	☐	☐	☐	☐	☐
14	Ich trinke weniger als drei Tassen Kaffee pro Tag.	☐	☐	☐	☐	☐
15	Ich rauche weniger als drei Zigaretten pro Tag.	☐	☐	☐	☐	☐
16	Ich trinke weniger als fünf Gläser eines alkoholischen Getränks pro Woche.	☐	☐	☐	☐	☐
17	Ich bin in gutem Gesundheitszustand (inklusive Augen, Ohren, Zähne).	☐	☐	☐	☐	☐
18	Ich gönne mir im Laufe des Tages etwas Ruhe für mich selbst.	☐	☐	☐	☐	☐
19	Ich bin in der Lage, meine Zeit richtig einzuteilen.	☐	☐	☐	☐	☐
20	Ich habe ein für mich ausreichendes Einkommen.	☐	☐	☐	☐	☐
	Einzelsummen					
	Gesamtsumme					

☐ Auswertung: Vortest – Life-(Dis-?)Balance

31–50 Punkte	=	gesunder Bereich
51–70 Punkte	=	leichte Anfälligkeit
> 70 Punkte	=	ernsthafte Disbalance (Überforderung/Unterforderung/Erschöpfung)

Übung: Eine typische Geschichte

Ziel: Einstimmen auf das Thema. Sensibilisierung, innere Suchprozesse und Selbstreflexion im Vorfeld anregen.

Methode: Zunächst Leitfrage via E-Mail verschicken. In der Veranstaltung folgt das Erzählen in der Kleingruppe oder im Plenum (maximal 5 Minuten).

Kernleitfrage: Wie können wir eine Auseinandersetzung mit dem Thema Balance im Vorfeld auf eine sehr persönliche Art anregen?

Reflexionsleitfrage: Was ist eine für Sie typische Geschichte (Metapher, Analogie, Märchen, Zitat), die den Umgang mit Ihrer persönlichen Balance möglichst treffend beschreibt?

Beschreibung:
- **Schritt 1:** Versenden der Reflexionsleitfrage etwa zwei Wochen vorher an alle Teilnehmer.
- **Schritt 2:** Erzählen der typischen Geschichten (am besten in der Anfangsphase). Durch die Geschichten erhalten Sie (und die anderen Teilnehmer) viele Informationen über diesen Menschen, die Sie für die weitere Prozessbegleitung nutzen können. Durch die intuitiv-metaphorische Auseinandersetzung (Auslösen innerer Suchprozesse) profitieren vor allem aber die Teilnehmer selbst.

Variation 1: Das Erzählen der typischen Geschichten kann, vor allem bei größeren Gruppen (aus Zeitgründen), auch in Kleingruppen erfolgen.

Variation 2: Das Erzählen kann auch in Kombination mit der Übung »Lernpartnerschaft« (s. S. 218) erfolgen.

Stolpersteine:
- Die Schwelle, eine typische Geschichte von sich zu erzählen, kann für manche Teilnehmer recht hoch sein. Leiten Sie daher das Erzählen mit einer persönlichen Geschichte ein und nutzen Sie gegebenenfalls die Variationen.
- Selbst wenn jemand keine Geschichte mitbringt, können Sie von einer gewissen Wirkung ausgehen, denn der eigentliche Fokus der Übung ist das Suchen, Erkennen und eventuell Definieren »was typisch ist« im Vorfeld.

Methoden zu Beginn

Die nachfolgenden Übungen zielen darauf ab, die Teilnehmer (Klienten) zu Beginn einer Veranstaltung auf das Thema Balance einzustimmen, innere Suchprozesse, Selbstreflexion und den Austausch darüber anzuregen. Die Zitate sollen einen intuitiv-metaphorischen Zugang zum Thema ermöglichen.

> **Übung: Zitate zum Thema Balance**
>
> **Ziel:** Einen intuitiven, metaphorischen Zugang zum Thema eröffnen. Umbewerten, Priming.
>
> **Methode:** Zitate im Raum vor Veranstaltungsstart aushängen.
>
> **Kernleitfrage:** Mit welchem Zitat können wir die Teilnehmer berühren, bewegen, irritieren, inspirieren, öffnen, konfrontieren?
>
> **Reflexionsleitfragen:** (optional – manchmal ist es zielführender, ein Zitat einfach stehen zu lassen) Was kommt Ihnen zu einem (oder mehreren) der Zitate in den Sinn? Was löst das Zitat bei Ihnen (nicht) aus? Was nehmen Sie aus dem Zitat für sich (sicher nicht) mit?
>
> **Beschreibung:** Hängen Sie bereits vor Trainingsbeginn einige Zitate im Raum (auf Flipchartpapier) auf. Nehmen Sie im Training situativ Bezug darauf oder lassen Sie sie unkommentiert. Über die bereits in diesem Buch platzierten Zitate hinaus arbeiten wir gerne mit folgenden:
>
> »Wege entstehen, indem man sie geht.«
> »Wer heute nichts tut, lebt morgen wie gestern.«
> »Mit der Zeit nimmt die Seele die Farben unserer Gedanken an.« (Mark Aurel)
> »Unser Leben ist das, wozu unser Denken es macht.« (Mark Aurel)
> »Muße: Platz nehmen in der Zeit.« (Ruth Mayer)
> »Die Seele nährt sich an dem, woran sie sich erfreut.« (Augustinus)
> »Die Weisheit des Lebens besteht im Weglassen des Unwesentlichen.« (Lin Yutang)

»Ich möchte die Dinge ändern, die ich ändern kann, mit den Dingen leben lernen, die ich nicht ändern kann, und die Fähigkeit, die einen von den anderen zu unterscheiden.« Sören Kierkegaard

»Lieber ein Licht entzünden, als auf die Dunkelheit schimpfen.« (Chinesisches Sprichwort)

»Das Glück in uns zu finden ist nicht leicht, es woanders zu finden ist unmöglich.« (Nicolas Chamfort)

»Freiheit (Bewusstheit) entsteht durch volle Präsenz (im Moment) und Leerheit (an Bewertung).« (Fred von Allmen)

»Wir sind heute, was wir gestern gedacht haben.« (Buddha)

»Es gibt bekannte Dinge und es gibt unbekannte Dinge. Dazwischen gibt es Türen.« (William Blake)

»Borders? I've never seen one. But I heard they exist in the head of some people.« (Thor Heyerdahl)

»I allowed the horse to kick me.« (Indianische Weisheit)

»You have to be the change you want to see in the world.« (Mahatma Ghandi)

»Wer den Blick hebt, sieht keine Grenzen.« (anonym)

»Unser Immunsystem lauscht ständig unserem inneren Dialog.« (Milton Erickson)

»Die Gegenwart prägt uns mehr als die Vergangenheit.« (Gunther Schmidt)

Variation: Siehe nachfolgende Methode »Zitategalerie«.

Stolpersteine:
- Keine bekannt.

Übung: Zitategalerie

Ziel: Einen anderen Zugang zum Thema eröffnen. Umbewerten, Priming (im Sinne von »innere Suchprozesse aktivieren«). Ankommen im Thema und kreative Vorstellungsrunde (Variation 2).

Methode: Intuitiv-metaphorischer, interaktiver Einstieg mit Musterbruch (je Teilnehmer ungefähr 3 Minuten mit insgesamt 5 Minuten Vorbereitung für alle).

Material: Im Raum ausgehängte Zitate.

Kernleitfrage: Mit welchem Zitat können wir die Teilnehmer berühren, bewegen, irritieren, inspirieren, öffnen, konfrontieren?

Reflexionsleitfragen: Welches Zitat spricht Sie momentan am meisten an? Was hat das Zitat mit Ihnen zu tun? Was sagt das Zitat über/für Sie (nicht) aus?

Beschreibung: Die Methode ist insofern ein Musterbruch, als das »normale« Muster zum Einstieg, nämlich Trainervorstellung, Teilnehmervorstellung, Erwartungen klären, Überblick geben »gebrochen« wird.
Verteilen Sie einige ausgewählte Zitate (8–10) im Raum (Wände, Flipchart, Pinnwände) wie in einer Galerie. Bitten Sie die Teilnehmer, sich alle Zitate durchzulesen und sich dann zu dem Zitat zu stellen, welches im Moment am meisten anspricht. Bitten Sie dann einen Teilnehmer nach dem anderen, kurz und prägnant zu erläutern, was ihn genau an diesem Zitat anspricht beziehungsweise anzieht.

Variation 1: Der Effekt vom Musterbruch wird noch verstärkt, wenn Sie diese Übung machen, noch bevor Sie sich vorstellen: Sie steigen direkt ein. Wir arbeiten meist mit Musterbrucheinstiegen und stellen uns daher in der Regel erst nach der ersten oder sogar zweiten Übung vor. Manchmal kündigen wir dies an, manchmal aber auch nicht. Die Wirkung ist meist positiv, da Musterbrüche emotionalisieren (häufige Teilnehmerrückmeldungen zu derartigen Musterbrucheinstiegen sind zum Beispiel: »Ich war schnell/sofort ...«, »... wach«, »... neugierig«, »... irritiert«, »... im Thema«, »... gespannt«). Eine weitere, effektvolle Variante bei Musterbrucheinstiegen ist der Beisatz: »... und mal sehen, was das mit unserem Thema hier zu tun hat ...« oder die offene Frage: »Was hat das denn jetzt mit unserem Thema zu tun?«.

Variation 2: Der Einstieg lässt sich gut mit einer Vorstellungsrunde verbinden. Eine kurze und knackige Variante ist zum Beispiel die »Drei-Sätze-Vorstellung«, bei der zu den drei Leitfragen (1. Name?, 2. Job/Funktion?, 3. und sonst ...? (Leidenschaft/Hobby)?) möglichst nur ein Satz (oder wenige Sätze) gesagt werden soll(en).

Stolpersteine:
- Lassen Sie die Deutungen der Teilnehmer stehen. Unterbinden Sie eine Diskussion über die Deutungsmöglichkeiten.
- Machen Sie diese Übung im Stehen und geben Sie einen groben Zeitrahmen vor, das beugt dem Ausschweifen vor.

Übung: Vorglühen

Ziel: Ankommen im Thema.

Methode: Interaktiver (Erfahrungs-)Austausch zum Thema Lebensbalance (10–15 Minuten).

Material: Pinnwand.

Kernleitfrage: Wie führen wir die Teilnehmer schnell in das Thema hinein?

Reflexionsleitfragen: Was heißt »Balance« für Sie (persönlich)? (A) Was sind Ihre persönlichen Wege dahin? (B) Was sind die Hindernisse, die Sie von Ihrer Balance abhalten? (C)

Beschreibung:
- **Schritt 1:** Bitten Sie die Teilnehmer, aufzustehen und sich einen Gesprächspartner zu suchen. Ein mögliches Kriterium für die Auswahl des Gesprächspartners ist der »Grad der Fremdheit«, um auch mit nicht oder wenig bekannten Teilnehmern (Kollegen) in Austausch zu kommen. Leiten Sie die Übung zum Beispiel wie folgt ein: »Das Ziel der Übung ist, in das Thema hineinzufinden. Vermutlich haben Sie sich zuvor mit anderen Dingen beschäftigt, weshalb wir Ihnen gleich – wie beim Vorglühen eines Dieselmotors – einige Fragen stellen möchten.«
- **Schritt 2:** Bitten Sie die Teilnehmer, sich zwei bis drei Minuten über die Reflexionsleitfrage (A) auszutauschen.
- **Schritt 3:** Stimmenfang: Sammeln Sie Schlüsselbegriffe (Schlagwörter) aus dem Zweieraustausch und visualisieren Sie diese.

Lassen Sie die Teilnehmer Schritt (1–3) für die Reflexionsleitfrage (B) und (C) mit jeweils neuen Gesprächspartnern wiederholen (so lernen die Teilnehmer bereits einige andere kurz kennen). Zum Abschluss der Übung können Sie die genannten Schlüsselbegriffe wiederholen oder auf Inhalte verweisen, die im Verlauf der Veranstaltung noch vertieft werden. Um die Teilnehmer abzuholen und einzubinden, greifen wir im weiteren Verlauf der Veranstaltung häufig auf diese Schlagwörter zurück. – Beispiele für »Regeneration und Akkus laden« nehmen wir aus den Teilnehmerbeiträgen der Reflexionsfrage (B) »Wege dahin?«; Beiträge aus der Reflexionsfrage (C) »Hindernisse?« greifen wir beim Thema Umsetzungshindernisse auf.

Variation: Wenn Sie für den Einstieg mehr Bewegung suchen, können Sie die Teilnehmer auch zu einem kurzen »Reflexionsspaziergang« (s. S. 212) zu den jeweiligen Reflexionsleitfragen auffordern. Das trägt gleich zu Anfang Dynamik in die Veranstaltung und fördert einen intensiveren Austausch untereinander.

Stolpersteine:
- Gerade zu Beginn eines Seminares kommt es häufiger vor, dass Teilnehmer eher abwartend sind. Unsere Devise lautet hier: »Aushalten!«. Wiederholen Sie Ihren Text beziehungsweise Ihre Leitfrage freundlich, aber bestimmt und würzen Sie je nachdem mit anderen Interventionen (beispielsweise Wertschätzung, Humor, Provokation).

Übung: Meine wichtigste Frage

Ziel: Bewusstmachen der persönlich wichtigsten Frage zum Thema Balance und Priming auf ein persönliches Umsetzungsziel.

Methode: Jeder Teilnehmer sucht die für ihn persönlich wichtigste Frage. Diese per Zurufmoderation einsammeln und visualisieren (je Teilnehmer 1–3 Minuten).

Kernleitfrage: Welche Frage ist für den einzelnen Teilnehmer besonders relevant?

Reflexionsleitfragen: Welches ist die für Sie wichtigste Frage zum Thema Balance? Auf welche Frage möchten Sie hier eine Antwort erhalten, damit Sie am Ende sagen können: »Es hat sich gelohnt«?

Beschreibung: Moderieren Sie dahingehend, dass Sie von jedem Teilnehmer die für ihn wichtigste Frage herausarbeiten. Unterstützen Sie gegebenenfalls durch Echo- und Fragetechnik, sodass die Formulierungen klar und prägnant sind und möglichst jeder Teilnehmer seine eigene Frage formuliert hat. Manchmal schließen sich Teilnehmer auch einer bereits gestellten Frage an, was natürlich auch in Ordnung geht. Sammeln Sie die Fragen und visualisieren Sie diese. Schreiben Sie eventuell den Namen dazu.
Durch die Methode erfahren Sie schnell die für die Teilnehmer relevanten Fragen und gleichzeitig eröffnen Sie den Teilnehmern eine persönliche Anbindung an das Thema. Sie können diese Fragen nun als inhaltlichen Leitfaden oder als Basis für gezielte teilnehmerorientierte Interventionen nutzen, wie zum Beispiel passende Beispiele, Geschichten, Übungen oder als Vorlage für einen gezielten Input.

Variation 1: Nutzen Sie die Fragen als Themensammlung für die Methode »Kollegiales Coaching« (s. S. 215 ff.).

Variation 2: Regen Sie zwischendurch (zum Beispiel zu Beginn des zweiten Tages) einen kurzen Austausch (zu zweit) über die persönlich wichtigste Frage an (Leitfragen: Wie weit sind Sie mit Ihrer Frage? Inwiefern gibt es schon Lösungsansätze, Antworten oder Umsetzungsvorhaben?). Das fördert die Auseinandersetzung mit dem persönlichen Thema, das hinter der Frage liegt, und erhöht so das Priming (Suchprozesse auslösen und bahnen).

Variation 3: Spannen Sie einen Bogen und greifen Sie die Fragen am Ende des Trainings erneut auf (siehe »Antwort auf meine wichtigste Frage« auf Seite 221).

Stolpersteine:
- Manchmal kommen anfangs noch Aussagen wie: »Ich möchte besser abschalten können!« Bieten Sie eine Gegenfrage an, zum Beispiel: »Welche für Sie wichtige Frage steckt dahinter?« oder: »Und als Frage formuliert hieße das …?« Begründen Sie diese Fragemethode (wenn nötig) wie folgt:
- »Die Neurobiologie hat gezeigt, dass unser Gehirn wesentlich stärker auf Fragen »anspringt« als auf Aussagen. Bewusste und vor allem unbewusste Suchprozesse werden durch Fragen deutlich stärker angeregt.«
- Die zentrale Leitfrage: »Was ist meine wichtigste Frage zum Thema?« anfänglich bereits visualisiert aushängen (wie die Zitate) und ruhig öfters wiederholen und variieren. So gewinnen die Teilnehmer Zeit zum Nachdenken. Manchmal ist es dann für zwei, drei Minuten etwas stiller – das ist ein gutes Zeichen!
- Halten Sie sich an die genauen Formulierungen der Teilnehmer (Matching, Echotechnik), um die Teilnehmer abzuholen.
- Wir setzen diese Übung im Training bewusst zu einem sehr frühen Zeitpunkt ein (in der ersten Stunde), um baldmöglichst inhaltlich in die Tiefe zu kommen und um die persönliche Bindung der Teilnehmer an das Thema (die Veranstaltung) zu fördern. Wir haben damit bislang nur positive Erfahrungen gemacht.

Übung: Mein Weg zu mehr Balance

Ziel: Priming auf einen Weg zu mehr Balance.

Methode: Intuitiv-metaphorischer Einstieg mit Priming (je Teilnehmer ungefähr 2 Minuten).

Material: Kartenset »Wege in der Natur«: Postkartensammlung mit verschiedenen Wegmotiven (zum Beispiel von Admos-media).

Kernleitfrage: Wie primen wir die Teilnehmer bereits zu Beginn auf einen persönlichen Weg zu mehr Balance?

Reflexionsleitfragen: Wie könnte Ihr ganz persönlicher Weg zu mehr Balance aussehen? (1) Was genau spricht Sie an diesem Motiv an? (2)

Beschreibung:
- **Schritt 1:** Verteilen Sie verschiedene Motive (mindestens doppelt so viele wie Teilnehmer) auf dem Boden.
- **Schritt 2:** Führen Sie die Übung mit folgenden Worten ein: »Es gibt viele Wege ans Ziel, manche scheinen ständig die Richtung zu wechseln und führen doch

- zum Ziel, manche Wege gabeln sich ..., schlüpfrige Pfade ..., steinige Pisten ... Wie könnte denn Ihr ganz persönlicher Weg zu mehr Balance aussehen?« Laden Sie die Teilnehmer ein, sich ein Motiv auszuwählen, das für ihren Weg steht.
- **Schritt 3:** Machen Sie ein kurze(!) Runde zur Reflexionsleitfrage (2). Dadurch erhalten Sie (und die anderen Teilnehmer) viele Informationen über diesen Menschen, die Sie für die weitere Prozessbegleitung nutzen können. Durch die intuitiv-metaphorische Auseinandersetzung (Auslösen innerer Suchprozesse) profitieren vor allem aber die Teilnehmer selbst.

Stolpersteine:
- Keine bekannt.

Methoden während der Veranstaltung

Die nachfolgenden Übungen zielen darauf ab, den Teilnehmern (Klienten) während einer Veranstaltung ihr persönliches Balanceanliegen erfahrungs- und handlungsorientiert näherzubringen sowie damit verbunden innere Suchprozesse, Selbstreflexion und den Austausch darüber anzuregen.

Übung: Reflexionsspaziergang

Ziel: Fördern von (Selbst-)Reflexion und Erfahrungsaustausch durch Bewegung und Ortswechsel in einer inspirierenden Lernumgebung.

Methode: Austausch (Reflexion) im Gehen (5–10 Minuten pro Teilnehmer).

Kernleitfragen: Wie tragen wir (geistige) Bewegung in die Veranstaltung? Wie können wir zusätzliche lernförderliche Rahmenbedingungen schaffen?

Reflexionsleitfragen: Gute Reflexionsleitfragen entstehen aus dem Prozess heraus meist situativ, dennoch geben wir hier einige allgemein gehaltene Beispiele. Ansonsten eignen sich die Reflexionsleitfragen aus den einzelnen Steckbriefen.
- Welche Erfahrungen haben Sie bisher mit diesem Thema?
- Welchen Einfluss hat … auf Sie?
- Welche möglichen Konsequenzen leiten Sie daraus konkret für sich ab?
- Was ist ihr persönliches Fazit zu …?

Beschreibung: Nach dem Motto der Peripatetiker (die Schule des Aristoteles):»Traue keinem Gedanken, der nicht im Gehen gedacht wurde« machen die Teilnehmer zu zweit einen Spaziergang zu konkreten Reflexionsleitfragen. Binden Sie, wenn möglich, die Natur mit ein.
Wir haben auch mit Coaching-Spaziergängen sehr gute Erfahrungen gemacht. Die Klienten (Teilnehmer) schätzen es in der Regel, wenn sie aus dem Büro-, Besprechungs- oder Seminarraum raus und nach draußen in Bewegung kommen können.

Stolpersteine:
- Unklarheit: Stellen Sie klare (und interessante) Reflexionsleitfragen und verabreden Sie den genauen Zeitpunkt, wann Sie im Plenum fortfahren.

Übung: Crazy Balance

Ziel: Emotionalisierung der Balanceschlüsselbegriffe und Integration auf der körperlichen Ebene. Priming. Spaß und Spiel.

Methode: Aktivierendes Bewegungsspiel (»Energizer«), kann aber auch als Priming wirken (5–15 Minuten).

Kernleitfrage: Wie können wir die Balanceschlüsselbegriffe in bewegten Bildern, mit Szenen sowie als Spaß und Spiel darstellen lassen?

Reflexionsleitfragen: Keine.

Beschreibung: Verschiedene »Figuren« zum Thema Balance werden von drei oder allen Teilnehmern dargestellt.
- **Schritt 1:** Alle Teilnehmer stehen im Kreis. Der Spielleiter (zu Beginn: Sie) ist in der Mitte des Kreises.
- **Schritt 2:** Demonstration: Jede »Szene« wird eingeführt und die Positionen für die drei beziehungsweise alle Teilnehmer demonstriert. Die Szenen sind im Folgenden beschrieben.
- **Schritt 3:** Zeigen Sie auf einen beliebigen Teilnehmer und nennen Sie eine Szene, zum Beispiel »Balance-8«. Dieser Teilnehmer steht in dieser Szene in der Mitte (beim »Dreier«) oder ist Start- und Endpunkt (bei »Alle«, »außer Balance«).
- **Schritt 4:** Zusammen mit dem Teilnehmer links und rechts von ihm müssen diese drei Teilnehmer die genannte Szene darstellen. Wer von denen zuerst zögert oder einen Fehler macht, nimmt den Platz in der Mitte des Kreises ein und wird Spielleiter (bis wieder ein anderer Teilnehmer einen »Fehler« macht). **Schritt 3–4** so lange laufen lassen, wie Spaß da ist.

Die einzelnenSzenen sind:
- **Balance:** Alle. Alle Teilnehmer heben gleichzeitig die Arme hoch und rufen »Ja!«.
- **Balance-8:** Dreier. Der Teilnehmer in der Mitte streckt seine Arme nach links und rechts unten aus. Der Teilnehmer links streckt seine Arme beide zur linken Seite, der Teilnehmer rechts zur rechten Seite.
- **Schweinehund:** Dreier. Die Teilnehmer links und rechts (sie stellen die Schweinehunde dar) gehen in die Hocke, machen Männchen und hecheln dabei. Der Teilnehmer in der Mitte hält die Leinen seiner Schweinehunde.
- **Bewegung:** Dreier. Auf der Stelle joggen.
- **Domino-Day:** Alle. Einen Impuls durch Klatschen im Uhrzeigersinn weitergeben bis dieser wieder bei dem auserwählten Teilnehmer angekommen ist.

- **Bewusstheit:** Dreier. Der Teilnehmer in der Mitte faltet lächelnd die Hände vor der Brust. Die Teilnehmer rechts und links geben dem mittleren Teilnehmer einen »Heiligenschein«, in dem sie mit beiden Händen über seinem Kopf einen Ring (Heiligenschein) bilden.

Variation: Lassen Sie die Teilnehmer selbst weitere Szenen erfinden. Das kommt vor allem bei einer Wiederholung der Übung gut.

Stolpersteine:
- Die Übung macht viel Spaß, deshalb kann es schon mal passieren, dass diese Übung länger geht als von Ihnen vorgesehen. Brechen Sie hier nicht rigide ab. Es passiert viel mehr in dieser Übung, als man vermuten möchte, versprochen! Beenden Sie die Übung aber, solange es noch am schönsten ist und bevor die Spaßkurve abfällt.

Übung: 99 Sekunden

Ziel: Warmstart in den Tag, Rückblick auf den Vortag, Emotionalisierung und Austausch.

Methode: Aktivierende Übung (»Energizer« – maximal 5 Minuten) und anschließende Feedbackrunde (5–10 Minuten).

Material: Eine Moderationskarte und ein Stift für jeden Teilnehmer.

Kernleitfrage: Wie bringen wir einen fokussierten Rückblick in Verbindung mit einer aktivierenden Übung?

Reflexionsleitfrage: Was vom gestrigen Tag (der vorherigen Einheit) war für Sie die persönlich wichtigste Erkenntnis (ein Aha-Erlebnis, eine offene Frage oder eine Irritation)?

Beschreibung: Vorbereitung: Verteilen Sie an jeden Teilnehmer eine Moderationskarte und einen Stift.
- **Schritt 1:** Einleitung: Bitten Sie die Teilnehmer, die Antwort auf die Reflexionsleitfrage zu formulieren und als ein Stichwort oder einen kurzen Satz auf die Moderationskarte zu schreiben. Lassen Sie den Teilnehmer Zeit (1–2 Minuten), damit diese wirklich die Gelegenheit haben, den Vortag (die vorherige Einheit) innerlich Revue passieren zu lassen. Wiederholen Sie die Leitfrage in dieser Zeit.

- **Schritt 2:** Die Teilnehmer haben nun genau 99 Sekunden Zeit, um für ihre Aussage Unterschriften (= Zustimmung) von den anderen Teilnehmern zu erhalten. Die Übung gewinnt an Dynamik, wenn Sie dem Teilnehmer mit den meisten Unterschriften (humorvoll) »atemberaubende Preise sowie Ruhm und Ehre bis ans Lebensende« in Aussicht stellen.
- **Schritt 3:** im Plenum: Jeder Teilnehmer benennt kurz seine Aussage und die Anzahl der Unterschriften, die er dafür erhalten hat.

Die Übung schlägt zwei Fliegen mit einer Klappe. Vordergründig aktiviert sie die Teilnehmer, hintergründig erhalten Sie (und die anderen Teilnehmer) – mit wenig Zeitaufwand – einen Einblick, was die Teilnehmer vom Vortag (von der vorherigen Einheit) bewusst hervorgehoben haben.

Variation 1: Die Übung eignet sich nicht nur als Rückblick auf den Vortag, sondern auch als eine allgemeine aktive Feedbackmethode in Bezug auf eine vorausgegangene Einheit.

Variation 2: Lassen Sie jeden Teilnehmer seine Aussage vorlesen, während die anderen Teilnehmer sich dazu auf einer (vorher von Ihnen im Raum definierten) Skala von 0 (= keine Zustimmung) bis 10 (= volle Zustimmung) aufstellen. Diese Variation ist eine interaktive Feedbackmethode, die in kurzer Zeit sehr viel an Information bietet.

Stolpersteine:
- Keine bekannt.

Übung: Kollegiales Coaching

Ziel: Einzelne Teilnehmer (»Coachingklient«) in der Bearbeitung persönlicher Anliegen durch Teilnehmer (Kollegen) und Trainer(-team) individuell unterstützen. Kennenlernen einer Struktur zur lösungs- und ressourcenorientierten Problemlösung. Auslösen von Suchprozessen auch bei den »scheinbar« unbeteiligten Teilnehmern.

Methode: Moderierter Erfahrungsaustausch und Coaching (Damit meinen wir alle denkbaren Interventionen und Techniken aus unserem beziehungsweise Ihrem Prozessbegleitungsrepertoire, wie zum Beispiel NLP, Psychodrama, Hypno-Systemik, Handlungslernen, Impact-Coaching, Provokativer Stil und vieles mehr).

Kernleitfrage: Wie können wir die Teilnehmer individuell in ihrer Balance (Umsetzung) unterstützen?

Reflexionsleitfragen: Gute Fragen sind bei dieser Methode häufig die stärksten Interventionen. Hier eine Auswahl:
- Fragen nach dem emotional attraktiven Ziel: »Wofür möchten Sie... (fitter sein, die Signalzone schärfen, mehr Zeit haben)?«
- Fragen nach dem verdeckten Nutzen: »Was nützt Ihnen Ihr(e) ... (Bequemlichkeit, schlechtes Gewissen, Nicht-Abschalten-Können, Heißhunger)?«
- Hypothetische Fragen: »Angenommen, Sie würden ... (nichts verändern, wo stünden Sie dann in zwei Jahren? Wie würde Ihre Familie dann damit umgehen)?«
- Vergleichsfragen: »Wie oft haben Sie noch vor zwei Jahren (durchgeschlafen, Freizeit genossen, Sport gemacht?«, »Welche Vor-/Nachteile hätte es, nichts zu verändern?«, »Welche Vor-/Nachteile hätte eine Veränderung?«
- Perspektivenwechsel: »Wie denken Sie, nimmt Sie Ihr Partner diesbezüglich wahr?«, »Wie Ihre beste Freundin?«, »Was sagt ihr bester Freund diesbezüglich zu Ihnen?«
- Provokation: »Sie sehen noch ganz lebendig aus, wieso sollten Sie denn was ändern wollen?«
- Hinterfragen: »Was genau hält Sie davon ab?«, »Wo genau machen Sie sich (im Sinne des Zitats von Hans Selye: »Disstress ist ein gedanklich vorweggenommener negativer Zustand«) Ihre Probleme selbst?«

Beschreibung: Diese Methode bieten wir in Trainings so oft wie möglich als freiwilliges Angebot an. Dabei wird ein Teilnehmer mit seinem persönlichen Anliegen von der Gruppe gecoacht (konkrete Themen der Teilnehmer haben Sie schon mit der Methode »Meine wichtigste Frage zum Thema« erarbeitet). Der Rest der Gruppe sowie der/die Trainer gehen in die Rolle des »Dienstleisters« und machen Angebote für den Coachingklienten. Nutzen Sie dazu einen Stuhlkreis, das schafft Abwechslung, fördert die »Nestwärme« und markiert einen inhaltlichen und methodischen Wechsel. Führen Sie die Methode kurz anhand der hier dargestellten Schritte 1–4 ein (und visualisieren Sie diese gemäß der genannten Stichwörter).
- **Schritt 1:** Anliegen/Ziel: Bitten Sie den Coachingklienten, sein Anliegen beziehungsweise sein Ziel für dieses Coaching zu nennen (Deckt es sich mit der wichtigsten Frage oder ist es ein anderes Thema?) und eine Schlüsselsituation zu schildern, damit alle »Dienstleister« das Anliegen besser verstehen können. Fordern Sie ihn dann auf, so kurz und prägnant wie möglich zu benennen, was sein konkretes Ziel für dieses kollegiale Coaching ist. Unterstützen Sie gegebenenfalls die Zielformulierung mit Fragen und Formulierungshilfen.
- **Schritt 2:** Fragen: Trainer und Teilnehmer stellen dem Coachingklienten nun (Verständnis-)Fragen (gegebenenfalls hinterfragen) zu seinem Anliegen/Ziel. Achten Sie hier darauf, dass die Phasen nicht vermischt werden.
- **Schritt 3:** Leiten Sie **Schritt 3** ein durch die Frage: »Sind noch Verständnisfragen offen?« Dann kommt die Angebotsphase: Jetzt dürfen Teilnehmer und Trainer

»Angebote« machen. Das können sein: weitere offene Fragen, Lösungsvorschläge, Geschichten, Beispiele, »Sharing« (im Sinne von eigenen Erfahrungen zum Thema), auch Hinterfragen oder Provozieren (natürlich nur in einem wertschätzenden Rahmen). In dieser Phase lehnt sich der Coachingklient bequem zurück und lauscht den Angeboten, ohne zu kommentieren. Das ermöglicht ihm, mehr in Kontakt mit sich zu bleiben. Unterbinden Sie Rechtfertigungen oder Diskussionen, betonen Sie stets den Angebotscharakter der Beiträge (siehe »Unser Rollenverständnis«, S. 17).
- **Schritt 4**: Fazit: Abschließend erhält der Coachingklient das Wort. Bitten Sie ihn um ein kurzes persönliches Fazit, zum Beispiel: »Was nehmen Sie konkret für sich mit? Welches Angebot hat Sie besonders angesprochen?«.

Beenden Sie die Übung wertschätzend, indem Sie sich beim Coachingklienten für sein Anliegen und bei den restlichen Teilnehmern für das »Dienstleisten« bedanken.

Variation: Einen spannenden Unterschied macht die Variation, dass in der Angebotsphase niemand mit dem Coachingklienten in Blickkontakt geht. Leiten Sie das entsprechend ein und erklären Sie das kurz. Das hemmt den Impuls, zu kommentieren, zu diskutieren und zu rechtfertigen. Ferner hilft es dem Klienten, besser mit sich in Kontakt zu bleiben und mehr Raum zum Zuhören und Spüren zu bekommen.

Variation 2: Relevante lösungsorientierte Aussagen des Coachingklienten (zum Beispiel förderliche Einstellungen, Einsichten) werden durch einen »Sprechchor« der »Dienstleister« verstärkt, beispielsweise durch Vorsprechen, Einflüstern, Rappen und anderes mehr. Der Trainer zitiert den relevanten Satz des Coachingklienten und gibt den Teilnehmern das Zeichen für die Sprechchoreinlage (Beispiele für Aussagen des Coachingklienten können sein: »Ich kann auch unter Druck gelassen sein« oder »Ich grenze mich wertschätzend ab«).

Stolpersteine:
- Bei der Wahl der Coachingklienten empfehlen wir, die Teilnehmer direkt anzusprechen, das erhöht den Aufforderungscharakter. Bei einer offenen Frage: »Wer möchte …?« ist die Zurückhaltung meist zu groß. Dies ist auch verständlich, da bis dahin noch kein Teilnehmer genau weiß, worauf er sich da einlassen würde.
- Wir haben gute Erfahrungen damit gemacht, für die Einführung dieses Angebotes ein, zwei Kandidaten auszuwählen, die erstens besonders offen und klar wirken und zweitens deren »wichtigste Frage« auch für die anderen Teilnehmer interessant erscheint.
- Ebenso wichtig ist für die erfolgreiche Einführung der Methode, dass die erste Runde gut läuft und der Nutzen sichtbar wird. Nach der ersten Coachingrunde ist es daher sinnvoll, kurz auf die Metaebene zu wechseln, um den Nutzen zu

erfragen (»War die Runde für Sie hilfreich oder haben wir hier Ihre Lebenszeit verschwendet?«), um die Attraktivität für die weiteren Teilnehmer hervorzuheben.
- Noch eine Anmerkung zum Thema »Fragen«: Fragekompetenz ist bei uns Trainern, Beratern und Coaches (hoffentlich) häufig ausgeprägter vorhanden als bei den Teilnehmern. Darum empfehlen wir bei den Fragen und mit Fragen zu führen. Stellen Sie Fragen, die vertiefen, die nahegehen, die vielleicht auch den Finger in die Wunde legen. Dazu finden Sie unter den genannten Reflexionsleitfragen einige Beispiele.

Übung: Lernpartnerschaft

Ziel: Austausch mit einem Lernpartner.

Methode: Reflexionsgespräch mit Lernpartner (5–10 Minuten).

Kernleitfrage: Wie können wir den Erfahrungsaustausch zwischen Teilnehmern intensivieren?

Reflexionsleitfragen: Welche Erfahrungen haben Sie bisher mit diesem Thema? Welche möglichen Konsequenzen leiten Sie für sich ab? Was ist ihr Fazit?

Beschreibung:
- **Schritt 1:** Die Teilnehmer suchen sich einen Lernpartner. Manchmal ist der »Grad der Fremdheit« (je fremder, desto besser) ein Auswahlkriterium, manchmal aber auch die kollegiale (menschliche) Nähe, je nach Ziel und Absicht. Für »fremd« spricht die Andersartigkeit des Denkens (oder Handelns), für »vertraut« das Unterstützungs- und Verständnispotenzial (zum Beispiel bei Umsetzungspartnerschaften an einem gemeinsamen Arbeitsplatz).
- **Schritt 2:** Die Teilnehmer tauschen sich miteinander zu einem bestimmten Thema (zum Beispiel entlang der Reflexionsleitfragen) aus. Anwendungsmöglichkeiten sind zum Beispiel nach der Auswertung des »Vortests« (s. S. 202 f.), bei der Reflexion zum Thema »Sich organisieren« (s. S. 74 f.), im Rahmen der Übung »Metaprogramme« (s. S. 94 ff.). Die Methode eignet sich grundsätzlich nach jeder Einheit.

Variation 1: Die Lernpartner können beibehalten werden oder wechseln.

Variation 2: Zum Abschluss eines Trainings können die Lernpartner gemeinsam den »Umsetzungsvertrag« (s. S. 132 f.) miteinander abschließen und als »Umsetzungspartnerschaft« (s. S. 222) weiterarbeiten.

Variation 3: Die Lernpartner können weitere Rollen, wie zum Beispiel Zielfindungspartner, »Advocatus Diaboli«, kollegialer Coach, Feedbackpartner (externer Spiegel) einnehmen.

Stolpersteine:
- Nicht jeder Teilnehmer kann oder will zu jedem Zeitpunkt in Austausch gehen. Bieten Sie die Methode als freiwilliges Angebot an.
- Monotonie: Wenden Sie diese Übung (wie alle anderen auch) nicht zu oft an. Bieten Sie stattdessen methodische Abwechslung.

Übung: Kernressourcenprozess

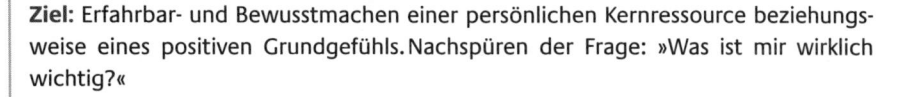

Ziel: Erfahrbar- und Bewusstmachen einer persönlichen Kernressource beziehungsweise eines positiven Grundgefühls. Nachspüren der Frage: »Was ist mir wirklich wichtig?«

Methode: Timeline-Arbeit mit Bodenankern (je Teilnehmer 15–30 Minuten) mit anschließendem Feedback und Reflexion.

Material: Papierwolken oder große Kärtchen als Bodenanker.

Kernleitfrage: Wie führen wir Teilnehmer zu ihrer persönlichen Kernressource beziehungsweise einem positiven Grundgefühl? (Variation: Wie übertragen wir die Kernressource auf die Gegenwart?)

Reflexionsleitfragen (vorab visualisieren):
- Was möchten Sie als Nächstes? (A)
- Wie ist es, wenn Sie es haben? (B)
- Was möchten Sie dann? (C)
- Wie fühlt es sich hier für Sie an? (D)
- Inwiefern verändert das Kernressourcengefühl den nächsten Schritt beziehungsweise den nächsten Wunsch? (E)

Beschreibung: Die Teilnehmer gehen paarweise zusammen. Teilnehmer 1 macht den Prozess, Teilnehmer 2 führt durch den Prozess. Danach Rollentausch. Wir empfehlen vorab eine kurze Demonstration der Übung nach der beschriebenen Vorgehensweise.

- **Schritt 1:** Teilnehmer 2 fragt 1: »Was möchten Sie als Nächstes?« (zum Beispiel eine neue Anschaffung, eine neue Wohnung/Job, sich neu verlieben, sich tren-

nen ...). 2 notiert die Antwort stichwortartig auf dem Bodenanker und legt ihn in einiger Entfernung vor 1 ab. Teilnehmer 1 definiert eine stimmige Entfernung.
- **Schritt 2:** 2 bittet 1, den Schritt auf den Bodenanker zu machen.
- **Schritt 3:** 2 fragt 1: »Wie ist es, wenn Sie es haben?« und notiert die Antworten erneut stichwortartig und legt sie zu dem Bodenanker. Hier sind offene Fragen mit Fokus auf die sinnlichen Eindrücke (sehen, hören, spüren, riechen, schmecken) wichtig, zum Beispiel: »Wie genau fühlt es sich jetzt an?«, »Welche(s) Gefühl(e) steigt in Ihnen hoch?«, »Was für Bilder (Geräusche, Gerüche ...) können Sie an dieser Stelle wahrnehmen?«. Teilnehmer 2 beobachtet – für das abschließende Feedback – dabei aufmerksam die (Veränderungen der) Körpersignale von 1.
- **Schritt 4:** Wenn 1 seine Beschreibung ausgeführt hat, folgt die nächste Frage an ihn: »Was möchten Sie dann?«. Teilnehmer 2 notiert die Antwort stichwortartig auf einer Karte und legt diese als Bodenanker in für 1 stimmiger Entfernung ab.
- **Schritt 5:** Ab hier wiederholen sich die Schritte 2–4 so lange, bis Teilnehmer 1 keine weiteren Wünsche mehr formuliert und die Reflexionsleitfrage (D) herausgearbeitet werden kann.

Wir empfehlen, nach der Übung den Raum für ein direktes Feedback von 2 an 1 zu öffnen. Wichtig an diesem Feedback ist, dass 2 nur Beobachtungen bezüglich der (Veränderung der) Körpersignale zurückspiegelt, keine Bewertungen oder Interpretationen. Danach wechseln die Rollen, und 1 führt 2 durch den Prozess.

Am Ende beider Prozesse empfehlen wir, den Raum für eventuelle Fragen im Plenum zu öffnen.

Variation: Nachdem jeder Teilnehmer seine Kernressource beziehungsweise sein positives Grundgefühl erfahren hat, wiederholen 1 und 2 den Kernressourcenprozess miteinander und übertragen die Erfahrung der Kernressource auf die Gegenwart und die Schritte aus dem ersten Kernressourcen-Prozess. Anstelle der Fragen (A–D) wird nun aber die Reflexionsleitfrage (E) gestellt.

Stolpersteine:
- Bei starken Disbalancen kann es sein, dass sich kein positives Grundgefühl einstellt. Suchen Sie ein Vier-Augen-Gespräch mit dem Teilnehmer und erläutern Sie ihm, was Sie wahrnehmen. Empfehlen Sie gegebenenfalls eine weiterführende Begleitung, zum Beispiel ein Coaching oder eine Therapie.

Methoden zum Abschluss

Die nachfolgenden Übungen zielen darauf ab, die für die Teilnehmer wichtigen Inhalte weiter zu vertiefen und zu integrieren sowie für eine zusätzliche Unterstützung der individuellen Umsetzungsthemen zu sorgen.

Übung: Antwort auf meine wichtigste Frage

Ziel: Antworten (im Sinne von Erkenntnissen, Lösungen, Zielen, Umsetzungsvorhaben) auf die persönlich »wichtigste Frage« (siehe Übung: »Meine wichtigste Frage«, S. 209) mit eigenen Worten formulieren und dadurch konkretisieren und verdichten.

Methode: Plenumsrunde (je Teilnehmer etwa 3 Minuten).

Kernleitfrage: Wie lenken wir den Fokus der Teilnehmer auf Antworten, Lösungen und Möglichkeiten seiner initialen, persönlich »wichtigsten Frage«?

Reflexionsleitfrage: Welche Antwort(en) geben Sie sich auf Ihre eigene Frage?

Beschreibung:
- **Schritt 1:** Bilden Sie einen Stuhlkreis und legen Sie die visualisierten Fragen der Übung »Meine wichtigste Frage zum Thema« in die Stuhlkreismitte auf den Boden.
- **Schritt 2:** Stellen Sie jedem Teilnehmer nun nochmals seine persönlich »wichtigste Frage« vom Beginn der Veranstaltung und lassen Sie ihn seine eigene Antwort(en) darauf formulieren (Beispiel: »Hubert, deine Frage lautete: ›Wie kann ich mehr Zeit für mich gewinnen?‹ Welche Antwort gibst du dir jetzt auf deine Frage?«).

Die Übung schließt einerseits einen Bogen – vom Anfang zum Ende – entlang der wichtigsten Teilnehmerfragen und verdichtet andererseits die für die Teilnehmer wichtigen eigenen Antworten. Ferner ist charmant, dass durch das laute Aussprechen (vor der Gruppe!) am Schluss einer Veranstaltung (wo die Energie besonders hoch ist) ein starker »Nachhall« der eigenen Antworten entsteht (im Sinne von Behaltensquotient und Selbstpriming).

Stolpersteine:
- Keine bekannt.

Übung: Umsetzungspartnerschaft

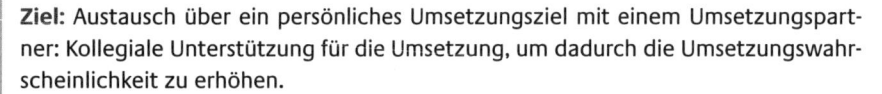

Ziel: Austausch über ein persönliches Umsetzungsziel mit einem Umsetzungspartner: Kollegiale Unterstützung für die Umsetzung, um dadurch die Umsetzungswahrscheinlichkeit zu erhöhen.

Methode: Transfergespräch mit Umsetzungspartner (pro Person 5–10 Minuten).

Kernleitfrage: Wie können sich Teilnehmer (Kollegen) gegenseitig in der Umsetzung unterstützen?

Reflexionsleitfragen: Was genau werden Sie umsetzen? (Ab) wann? Wie oft? Woran werden Sie sehen, spüren, dass die Umsetzung (nicht) gelingt? Woran würde dies Ihr Umsetzungspartner erkennen?

Beschreibung: Die Teilnehmer gehen zu zweit zusammen (das kann auch ein Lernpartner sein) und tauschen sich zu den obigen Reflexionsleitfragen aus.

Variation: Als Grundlage kann auch der »Umsetzungsvertrag« (s. S. 132 f.) dienen.

Stolpersteine:
- Nicht jeder Teilnehmer kann oder will zu diesem Zeitpunkt in Austausch gehen. Bieten Sie die Methode daher als freiwilliges Angebot an.

Übung: Reflecting Team

Ziel: Feedback bekommen und geben. Aktivierung von Ressourcen und Emotionalisierung. Die Veranstaltung mit einer gruppenorientierten, energetisierenden Übung beenden.

Methode: Plenumsrunde mit Feedback (je Teilnehmer 2–3 Minuten)

Kernleitfrage: Wie können wir die starke Wirkung einer Gruppe in ein abschließendes Feedback einbinden?

Reflexionsleitfragen: Was schätze ich an Ihnen in Bezug auf Ihre Lebens-Balance? Was genau würde ich Ihnen diesbezüglich noch wünschen?

Beschreibung:

- **Schritt 1:** Bilden Sie einen Stuhlkreis mit einem Stuhl weniger, als es Teilnehmer sind. Sie setzen sich mit in den Kreis, sodass ein Teilnehmer stehen bleibt. Mit diesem Teilnehmer – wenn er will – beginnt das Reflecting-Team-
- Feedback entlang der beiden Reflexionsleitfragen. Erklären Sie davor aber kurz die Übung wie folgt und fragen Sie den stehenden Teilnehmer, ob er das Feedback haben möchte (Freiwilligkeit betonen). Der stehende Teilnehmer sucht sich dann einen für ihn passenden Platz, wo er gut hören und (wenn er möchte) das Feedback notieren kann.
- **Schritt 2:** Laden Sie nun die Gruppe (alle sitzenden Teilnehmer) ein, so zu tun, als wenn der stehende Teilnehmer gar nicht im Raum wäre. Es soll weder Blickkontakt gesucht noch zu ihm gesprochen werden. Führen Sie die Übung so, wie wenn Sie und die Gruppe sich über den Feedbacknehmer unterhalten würden. Die Übung ist mit etwas Humor und ohne Struktur (wer etwas zu sagen hat, spricht, wer nicht schweigt) besonders leichtgängig.

Wir haben durchweg sehr gute Erfahrungen mit dieser Übung gemacht, da sie Ressourcen aktiviert, Nähe und Energie aufbaut und die unterschiedlichen Sichtweisen der gesamten Gruppe in die persönlichen Feedbacks einbindet. Den Feedbacknehmer aus dem Kreis zu nehmen, erleichtert das Bei-sich-Bleiben und hemmt Diskussions- und Erklärungsimpulse.

Stolpersteine:

- Die Übung ist sehr energievoll und emotionalisierend. Bieten Sie die Methode daher als freiwilliges Angebot an.

Methoden im Nachgang (Transfer)

Die nachfolgenden Übungen zielen darauf ab, den Transfer der Teilnehmer (Klienten) im Nachgang einer Veranstaltung zu unterstützen.

> **Übung: Transferaufgaben**
>
> **Ziel:** Den Transfer unterstützen, mögliche Veränderungen erkennen, Wiederholungsimpulse setzen.
>
> **Methode:** Transferfragebogen.
>
> **Material:** Arbeitsblatt Transferaufgaben: »Balancemanagement«.
>
> **Kernleitfrage:** Wie unterstützen wir den Transfer nach der Veranstaltung?
>
> **Reflexionsleitfragen:** Siehe Arbeitsblätter.
>
> **Beschreibung:** Versenden Sie die für Ihre Zielgruppe passenderen Transferaufgaben »Balancemanagement« (1 oder 2) vier bis sechs Wochen nach der Veranstaltung. Ändern Sie die Aussagen beziehungsweise Leitfragen gegebenenfalls.
>
> **Variation:** Wenn die Teilnehmer zum Beispiel den »Vortest Life-Balance« (s. S. 202 f.) oder andere Tests gemacht haben, eignen sich diese ebenfalls als Transferaufgabe nach einer Veranstaltung. So können die Teilnehmer mögliche Veränderungen (damals/heute) erkennen.
>
> **Stolpersteine:**
> - Setzen Sie nicht voraus, dass alle Teilnehmer dieses Angebot nutzen. Pädagogische Bescheidenheit ist angesagt: »Und wenn nur ein Teilnehmer davon einen Nutzen hat, hat es sich schon gelohnt«.

Transferaufgaben: Balancemanagement 1

Die folgenden Aussagen und Fragen sind eine Hilfe, mögliche Veränderungen vor beziehungsweise nach der Veranstaltung »Life-Balance« zu beleuchten. Überlegen Sie, wie sehr die einzelnen Aussagen vor (x) beziehungsweise nach (xx) dem Modul für Sie zutreffen, und kreuzen Sie die entsprechenden Antworten an.

	stimmt	Stimmt nicht
Ich führe ein bewusstes und erfolgreiches Balancemanagement.	☐	☐
Ich habe klare Vorstellungen über Sinn, Ziele und Prioritäten meines Tuns (beruflich und privat).	☐	☐
Ich kann mich sehr gut positionieren und über meine Gefühle und Wünsche sprechen (beruflich und privat).	☐	☐
Ich empfinde einen hohen Grad an innerer Ausgeglichenheit (das heißt, ich kann gut abschalten und negative Gefühle kontrollieren).	☐	☐
Ich verfüge über eine gute Selbstdisziplin und setze meine Vorhaben (beruflich und privat) konsequent um.	☐	☐
Ich schlafe genügend, mache regelmäßig Pausen und betätige mich mehrmals die Woche sportlich.	☐	☐
Ich bin zufrieden mit der Wertschätzung, die mir andere Menschen entgegenbringen (beruflich und privat).	☐	☐
Ich verfüge über ausreichend Zeit für mich (Muße), um meine Akkus wieder aufzuladen.	☐	☐

Auswertungsfragen:

- Sind Sie zufrieden mit dem Status quo beziehungsweise der Veränderung von vor (x) und nach (xx) der Veranstaltung oder ist das Ergebnis ein deutliches Alarmzeichen, dass etwas zu ändern ist?
- Mit welchem der Bereiche sind Sie sehr zufrieden? Was könnten Sie zur weiteren Stabilisierung dieses Bereiches in Zukunft tun?
- Wählen Sie einen Bereich, mit dem Sie wenig zufrieden sind, und entscheiden Sie sich für einen konkreten Veränderungsschritt. Wie sieht dieser Schritt genau aus? Was wird sich bis wann verändert haben?

Transferaufgaben: Balancemanagement 2

☐ Fragen	☐ Antworten (Raster = richtig)
Big Picture Was sind die vier kopforientierten Zugänge für ein gesundes Balancemanagement?	(A) Selbstmanagement (B) Sport (C) Bewusstheit (D) Entspannung (E) Einstellung/Mentaltraining (F) Selbstdisziplin (G) Atmung (H) Ernährung Alle genannten Zugänge sind wichtig, jedoch sind die vier mit Raster hinterlegten speziell »kopforientiert«.

Selbstdisziplin Was ist für die Zielerreichung besonders wichtig?	(A) große Schritte (»milestones«) (B) Regelmäßigkeit (C) emotionale Attraktivität des Ziels (D) gute Planung (E) mögliche Hindernisse erkennen und utilisieren (F) mittlere Priorität Persönliche Zielerreichung profitiert massgeblich von den mit Raster hinterlegten Anteilen.	
Mentaltraining Welches sind die drei Schritte des Mentaltrainings?	(A) Atmung (B) Zeitplanung (C) Entspannung/Distanz (D) Fokus (Sammeln und Bewusstheit) (E) Expertenbefragung (F) Selbstpriming Mentaltraining besteht aus den drei Schritten Entspannung – Fokus – Selbstpriming.	
Gedankenhygiene Was sind die vier Schritte zur Gedankenhygiene?	(A) Priorisierung eigener Werte und Einstellungen (B) Bewusstmachen der Gedanken (C) Positives Denken (D) Benennen der Gedanken im Sinne von: »Es denkt …« (E) Gedanken jederzeit freien Lauf lassen (F) Gefühle hinter den Gedanken bewusst wahrnehmen ohne Bewertung/Denken (G) Abschneiden der Gedanken Die Schritte B – D – F – G führen bei etwas Training zu innerer Ruhe und Gedankenhygiene	

Übung: Umsetzungsmemo

Ziel: Erinnern, unterstützen, motivieren.

Methode: E-Mail an alle Teilnehmer.

Kernleitfrage: Wie unterstützen wir den Transfer nach der Veranstaltung?

Reflexionsleitfrage: Was macht die Umsetzung?

Beschreibung: Schreiben Sie den Teilnehmern (4–8 Wochen nach einer Veranstaltung) eine kurze und prägnante Mail und erkundigen Sie sich nach deren Umsetzungserfolg. Auch Motivationshilfen in Form eines Zitats oder einer Geschichte (siehe dazu auch die Zitate in diesem Buch und die jeweiligen »Geschichten zum Thema«) eignen sich gut.

Stolpersteine:
- Versichern Sie sich am Ende einer Veranstaltung, dass Sie die Mailadressen der Teilnehmer haben.

Übung: Wiederholen

Ziel: Die wesentlichen Inhalte einer vorausgegangenen Veranstaltung auffrischen.

Methode: Kurzpräsentation durch die Teilnehmer (je Teilnehmer maximal 3 Minuten) nach einer Vorbereitungszeit (5–10 Minuten).

Material: Visualisierte Inputs und Gruppenarbeitsergebnisse aus dem ersten Teil der Veranstaltung.

Kernleitfrage: Wie können wir die Inhalte (Kernaussagen, Ergebnisse und Methoden) der vorausgegangenen Veranstaltung in die aktuelle Veranstaltung tragen?

Reflexionsleitfrage: War diese Übung für Sie hilfreich?

Beschreibung: Zu Beginn des zweiten (dritten …) Veranstaltungsteils (zum Beispiel ein Transfertag) werden die wesentlichen Inhalte aus Teil 1 kurz und prägnant durch die Teilnehmer präsentiert.
- **Schritt 1:** Hängen Sie die visualisierten Inhalte der vorausgegangenen Veranstaltung im Raum aus.

- **Schritt 2:** Stellen Sie das Ziel der Übung (Auffrischen von Kerninhalten) dar.
- **Schritt 3:** Lassen Sie die Teilnehmer dazu Kleingruppen bilden (Zweier-, Dreiergruppen, bei wenig Teilnehmern geht das aber auch allein) und vergeben Sie die einzelnen Inhalte an die Kleingruppen.
- **Schritt 4:** Die Kleingruppen bereiten das Thema auf (5–10 Minuten).
- **Schritt 5:** Präsentation der Inhalte im Plenum. Laden Sie die anderen Teilnehmer nach jeder Präsentation ein, Fragen zu stellen oder Ergänzungen zu machen. Fragen Sie die Teilnehmer auch gezielt nach eigenen Erfahrungen zu dem präsentierten Inhalt.

Stolpersteine:
- Achten Sie auf Ihre Ressourcenorientierung: Vermeiden Sie, zu viele Ergänzungen selbst zu machen beziehungsweise tun Sie das auf eine wertschätzende Art, die nicht korrigierend auf die Teilnehmer wirken könnte. Die Übung ist kein Wissenstest, sondern dient der Auffrischung und soll helfen, alle Teilnehmer auf den gleichen Wissensstand zu bringen.

Übung: Umsetzungsziele abholen

Ziel: Abholen der Umsetzungsziele einer vorausgegangenen Veranstaltung. Austausch und Wertschätzen der Umsetzungserfolge. Muster der Umsetzungs-Erfolgsfaktoren und der Umsetzungshindernisse bewusstmachen.

Methode: Interaktiver (Erfahrungs-)Austausch mit Zurufmoderation (je Teilnehmer 5 Minuten), Muster herausarbeiten.

Material: Pinnwand mit Papier oder zwei Flipcharts.

Kernleitfrage: Wie kann man den Teilnehmern ihre Umsetzungserfolge, die Umsetzungserfolgsfaktoren und die Umsetzungshindernisse bewusstmachen?

Reflexionsleitfragen: Was genau haben Sie umgesetzt? (1) Was hat Ihnen bei der Umsetzung geholfen (Erfolgsfaktoren)? (2) Was hat Sie bei der Umsetzung behindert (Hindernisse)? (3)

Beschreibung: Zu Beginn des zweiten (dritten …) Veranstaltungsteils (zum Beispiel ein Transfertag oder im Rahmen eines Coachingprozesses).
Vorbereitung: Bereiten Sie die Überschriften vor (zum Beispiel links die »Erfolgsfaktoren« und rechts die »Umsetzungshindernisse«).

Durchführung: Moderieren Sie diesen Austausch und führen Sie Schritt 1–3 für jeden Teilnehmer der Reihe nach durch.
- **Schritt 1:** Stellen Sie Reflexionsleitfragen (1), um die Umsetzungserfolge bewusstzumachen und zu vergemeinschaften.
- **Schritt 2:** Arbeiten Sie die Muster der Erfolgsfaktoren mit Reflexionsfrage (2) heraus. Visualisieren Sie diese.
- **Schritt 3:** Arbeiten Sie die Muster der Umsetzungshindernisse mit Reflexionsfrage (3) heraus. Visualisieren Sie diese.

Stolpersteine:
- Wenn ein Teilnehmer aus seiner persönlichen Sicht zu wenig umgesetzt hat und Sie eine Problemfixierung (Problemfokus) erkennen, wirken unserer Erfahrung nach folgende Angebote unterstützend (eine Auswahl): (metaphorische) Angebote, wie zum Beispiel: »Es gibt keine unlösbare Aufgabe, die nicht in viele lösbare Aufgaben unterteilt werden kann – das war ein erster Schritt« oder: »Wie isst man einen Elefanten? – Bissen für Bissen«, Erfragen der inneren Priorisierung des Umsetzungsvorhabens, der aktuellen Rahmenbedingungen (Disstressphase?), von Umsetzungshindernissen oder irritieren Sie (wertschätzend-humorvoll) durch »Zustimmung« (»Stimmt, bei Ihnen habe ich auch nicht mehr erwartet«.

Literaturverzeichnis

Einstellung, Bewusstheit und Signalzone

Bauer, Joachim: *Warum ich fühle, was Du fühlst.* Hoffman und Campe 2005
Bauer, Joachim: *Prinzip Menschlichkeit: Warum wir von Natur aus kooperieren.* Heyne 2008
Chödrön, Pema: *Den Sprung wagen: Wie wir uns von destruktiven Gewohnheiten und Ängsten befreien.* Goldmann Arkana 2010
Gladwell, Malcolm: *Tipping Point: Wie kleine Dinge Großes bewirken können.* Goldmann 2002
Gladwell, Malcolm: *Blink! Die Macht des Moments.* Campus 2005
Hüther, Gerald: *Bedienungsanleitung für ein menschliches Gehirn.* Vandenhoeck & Ruprecht 2010
Hüther, Gerald: *Was wir sind und was wir sein könnten. Ein neurobiologischer Mutmacher.* Fischer 2011
Hüther, Gerald: *Biologie der Angst. Wie aus Stress Gefühle werden.* Vandenhoeck & Ruprecht 2012
Ricard, Matthieu: *Glück.* Knaur 2009
Rosenberg, Marshall: *Gewaltfreie Kommunikation. Eine Sprache des Lebens.* Junfermann 2007
Seligman, Martin E. P.: *Der Glücksfaktor. Warum Optimisten länger leben.* Bastei Lübbe (8. Auflage) 2011
Singer, Wolf/Ricard, Matthieu: *Hirnforschung und Meditation. Ein Dialog.* Suhrkamp 2008
Späth, Thomas/Shi Yan Bao: *Shaolin – das Geheimnis der inneren Stärke.* Graefe und Unzer (5. Auflage) 2012
Spitzer, Manfred: *Lernen: Gehirnforschung und die Schule des Lebens.* Spektrum Akademischer 2003
Storch, Maja: *Das Geheimnis kluger Entscheidungen. Von Bauchgefühlen und Körpersignalen.* Piper (2. Auflage) 2011
Storch, Maja u. a.: *Embodiment. Die Wechselwirkungen von Körper und Psyche verstehen und nutzen.* Hans Huber (2. Auflage) 2012
Tolle, Eckhart: *Jetzt! Die Kraft der Gegenwart.* Kamphausen 2006

Umsetzung

Späth, Thomas/Shi Yan Bao: *Shaolin – das Geheimnis der inneren Stärke*. Graefe und Unzer (5. Auflage) 2012
von Münchhausen, Marco: *So zähmen Sie Ihren inneren Schweinehund*. Piper 2004

Selbstmanagement

Seiwert, Lothar: *Das neue 1x1 des Zeitmanagement*. Graefe und Unzer 2002
Seiwert, Lothar/Küstenmacher, Werner: *Simplify your Time. Einfach Zeit haben.* Campus 2010
Schnabel, Ulrich: *Muße*. Vom Glück des Nichtstuns. Blessing 2010
Mahlmann, Regina: *Konflikte managen*. Beltz (2. Auflage) 2000

Ernährung

Leitzmann, Claus: *Die 101 wichtigsten Fragen – Gesunde Ernährung*. C. H. Beck 2010
Pollmer, Udo/Warmuth, Susanne: *Pillen, Pulver, Powerstoffe*. Die falschen Versprechen der Nahrungsergänzungsmittel. Eichborn 2010

www.aid.de – Allgemeiner Informationsdienst für Ernährung, Landwirtschaft, Verbraucherschutz e. V.
www.dge.de – Deutsche Gesellschaft für Ernährung e. V.
www.euleev.de – Europäisches Institut für Lebensmittel- und Ernährungswissenschaften e. V.

Atmung

Schirner, Markus: *Atem-Techniken – Zahlreiche Atem-Übungen zur Selbstheilung, Verjüngung und Harmonisierung*. Schirner 2007

Bewegung und Entspannung

Über Qigong, Yoga, Progressive Muskelentspannung, Akupressur, Meditation, Autogenes Training, Achtsamkeitstraining: *Bücher von Graefe und Unzer (oft inklusive Audio-CD)*.
Schnabel, Ulrich: *Muße*. Vom Glück des Nichtstuns. Blessing 2010
Servan-Schreiber, David: *Die Neue Medizin der Emotionen*. Goldmann 2006

Storch, Maja u. a.: *Embodiment. Die Wechselwirkungen von Körper und Psyche verstehen und nutzen.* Hans Huber (2. Auflage) 2012

Methoden

Beaulieu, Danie: *Impact-Techniken für die Psychotherapie.* Carl Auer 2011
Besser, Ralf: *Transfer: Damit Seminare Früchte tragen.* Beltz (3. Auflage) 2004
Besser, Ralf: *Interventionen, die etwas bewegen.* Beltz 2010
Grawe, Klaus u. a.: *Psychotherapie im Wandel: Von der Konfession zur Profession.* Hogrefe (5. Auflage) 2001.
Meier-Gantenbein, Karl F./Späth, Thomas: *Handbuch Bildung, Training und Beratung.* Beltz (2. Auflage) 2012
Raab, Ursula/Späth, Thomas: *Handbuch Trainingsmethoden.* Ziel 2010
Weidenmann, Bernd: *Handbuch Active Training.* Beltz 2006

Geschichten

Brahm, Ajahn: *Die Kuh, die weinte.* Lotos (6. Auflage) 2009
Späth, Thomas/Shi Yan Bao: *Shaolin – das Geheimnis der inneren Stärke.* Graefe und Unzer (5. Auflage) 2012

Weitere Geschichten sind über Suchmaschinen unter dem Stichwort »Weisheitsgeschichten« im Internet zu finden.

Weblinks

http://www.sylvana-grabitzki.de/media.htm: Qigong Übungsreihe Erde-Himmel-Mensch, Audiodatei Mentaltraining
http://www.thomas-spaeth.de/media/index.shtml: Qigong Übungsreihe Erde-Himmel-Mensch, Audiodatei Mentaltraining
http://www.youtube.com/watch?v=Y7kjsb7iyms: Marshmallow-Test

BELTZ WEITERBILDUNG

Sylvia Kéré Wellensiek
Fels in der Brandung statt Hamster im Rad
Zehn praktische Schritte zu persönlicher Resilienz
2012. 142 Seiten. Broschiert.
ISBN 978-3-407-36511-8

Der vorgestellte Trainingspfad ermöglicht es, mit hochkomplexen Alltagsbedingungen, privat wie beruflich, souverän umzugehen: Nicht warten, bis Überbeanspruchung und die Erschöpfung zu groß werden und den ganzen Organismus schachmatt setzen, sondern im Vorfeld die Bremse ziehen, Symptomen auf den Grund gehen, Handlungsspielräume erkennen und Resilienz gezielt trainieren.

Sylvia Kéré Wellensiek
Resilienz-Training für Führende
So stärken Sie Ihre Widerstandskraft und die Ihrer Mitarbeiter
2012. 180 Seiten. Gebunden.
ISBN 978-3-407-36517-0

Diskontinuität, schnelle Veränderung, Komplexität und Entscheidungsdruck werden zunehmend unser Leben bestimmen. Welch großartige Chance, uns weiterzuentwickeln! Aber nur, wenn wir sie aktiv ergreifen und uns von den steigenden Belastungen nicht an die Wand drängen lassen. Resilienz denkt positiv und schaut auf die Ressourcen, statt auf die Defizite.

www.beltz.de

BELTZ WEITERBILDUNG

Bernd Heckmair
20 erlebnisorientierte Lernprojekte
Szenarien für Trainings, Seminare und Workshops
2008. 156 Seiten. Gebunden.
ISBN 978-3-407-36456-2

Lernprojekte sind ideale »Lernkraftverstärker« für erlebnisorientierte Seminare und Workshops. In diesem Methodenbuch werden 20 konkrete Lernprojekte für Gruppen von 6 bis 25 Personen ausführlich beschrieben. Gruppengröße, Zeit-, Raum- und Materialbedarf sind jeweils angegeben.

»Ein nützliches Buch für Trainer, Pädagogen und Weiterbildner.«
Süddeutsche Zeitung

Sandra Masemann, Barbara Messer
Inhalte merk-würdig vermitteln
45 Methoden, die den Merkfaktor erhöhen
2012. 240 Seiten. Gebunden.
ISBN 978-3-407-36519-4

Die Autorinnen präsentieren in diesem Buch ihren Methodenschatz zur Wissensvermittlung. Trainerinnen und Trainer erfahren eine Fülle an Methoden und Möglichkeiten, wie sie Inhalte so vermitteln können, dass die Teilnehmenden das Gelernte auch wirklich in ihren Köpfen behalten.

Auf der Grundlage der Suggestopädie stellen sie für die einzelnen Trainingsphasen geeignete Methoden vor.

www.beltz.de

BELTZ WEITERBILDUNG

Martin Hartmann, Michael Rieger, Rüdiger Funk
Zielgerichtet moderieren
Ein Handbuch für Führungskräfte, Berater und Trainer
2012. 200 Seiten. Gebunden.
ISBN 978-3-407-36514-9

Moderieren heißt, die Kraft der ganzen Gruppe zu nutzen und sie dabei zu begleiten, zielorientiert ein anspruchsvolles Ergebnis zu erarbeiten.
Mit diesem Buch erhalten Sie den idealen Leitfaden für alle Ihre zukünftigen Moderationen.

»Fazit: Ein überzeugendes Buch, das Schritt für Schritt den Weg in moderierte Besprechungen zeigt.« *Training aktuell*

Martin Hartmann / Rüdiger Funk / Horst Nietmann
Präsentieren
Präsentationen: zielgerichtet und adressatenorientiert
2012. 224 Seiten. Gebunden.
ISBN 978-3-407-36513-2

Von der Art und Weise einer Präsentation hängt entscheidend ab, ob man überzeugt und verständlich informiert. Die Autoren dieses Buches geben praktische Hilfestellung für die Durchführung guter Präsentationen. Schrittweise erhält der Leser einen Einblick in die verschiedenen Planungs- und Arbeitsphasen der Vorbereitung und Durchführung von Präsentationen.

»Man merkt dem Buch deutlich den Praxisbezug an.« *Süddeutsche Zeitung*

www.beltz.de

BELTZ WEITERBILDUNG

Matthias zur Bonsen, Carole Maleh
Appreciative Inquiry (AI): Der Weg zu Spitzenleistungen
Eine Einführung für Anwender, Entscheider und Berater
2012. 120 Seiten. Gebunden.
ISBN 978-3-407-36512-5

Appreciative Inquiry, frei übersetzt »wertschätzende Erkundung«, ist eine Methode, die Veränderungen anregt und gezielt das Positive in Unternehmen identifiziert und weiterentwickelt.

»Übersichtlich und leicht lesbar erläutern die Autoren, was die Methode der ›wertschätzenden Erkundung‹ bewirken kann und auf welche Weise Changeprozesse mit ihr angekurbelt werden.«
managerSeminare

Hubert Kölsch, Monika Pietsch
Seil-Settings
Teamtrainings erlebnisorientiert gestalten
2012. 177 Seiten. Gebunden.
ISBN 978-3-407-36518-7

Gestalten sie abwechslungsreiches, effektives und nachhaltiges Teamtraining: Die Seil-Settings verbinden viele Elemente aus Erlebnispädagogik und Outdoortraining und helfen, Teamentwicklung durch spezielle Übungen sichtbar zu machen.

Im Mittelpunkt steht dabei der Transfer in den beruflichen Alltag. Eine Rahmengeschichte greift den Ablauf und eventuell auftretende Probleme auf und zeigt die verschiedenen Möglichkeiten zur Weiterarbeit.

www.beltz.de

BELTZ WEITERBILDUNG

Ulrike Pilz-Kusch
Burnout: Frühsignale erkennen – Kraft gewinnen
Das Praxisübungsbuch für Trainer, Berater und Betroffene
8 Focusing-Schlüssel, die wirklich helfen
2012. 188 Seiten. Gebunden.
ISBN 978-3-407-36510-1

Die Autorin zeigt, wie sich jeder selbst vor Überlastung und Burnout schützen kann. Alltagstaugliche Werkzeuge helfen Frühsignale zu erkennen und in Handlungskraft umzuwandeln. Trotz komplexer Anforderungen kann so der Arbeitsalltag besser gemeistert werden.

Zum Einsatz in Trainings oder Beratungen und mit Übungsanleitungen zum Download.

Ralf Besser
Interventionen, die etwas bewegen
Prozesse emotionalisieren, mit Konfrontation aktivieren, über Grenzen gehen, wirksame Rituale gestalten
2010. 252 Seiten. Gebunden.
ISBN 978-3-407-36489-0

Prozesse geraten ins Stocken, nichts geht mehr vorwärts – planmäßiges Vorgehen hilft nicht, neue Wege sind gefragt. Genau dies ist der Augenblick, um auf eher ungewöhnliche Weise einzugreifen: mit Interventionen, die besonders in kritischen Situationen weiterhelfen. Ralf Besser hat diese Interventionen in seiner langjährigen Praxis entwickelt und für dieses Buch zusammengestellt. Er beschreibt Ablauf und Einsatzmöglichkeiten, bringt Beispiele und weist auf Schwierigkeiten hin.

www.beltz.de